Uma longa espera

Uma longa espera

Pelo espírito
Alexandre Villas

Psicografia de
Fátima Arnolde

LÚMEN
EDITORIAL

Uma longa espera
pelo espírito *Alexandre Villas*
psicografia de *Fátima Arnolde*

Copyright © 2010 by
Lúmen Editorial Ltda.

2ª edição – Julho de 2011

Direção editorial: *Celso Maiellari*
Assistente editorial: *Fernanda Rizzo Sanchez*
Revisão: *Mary Ferrarini*
Diagramação: *Mariana Padoan / Casa de Ideias*
Arte da Capa: *Casa de Ideias*
Impressão e acabamento: *Orgrafic Gráfica*

Dados Internacionais de Catalogação na Publicação (CIP)
(Câmara Brasileira do Livro, SP, Brasil)

Villas, Alexandre (Espírito).
Uma longa espera / pelo Espírito Alexandre Villas ; psicografia de Fátima Arnolde. -- São Paulo : Lúmen, 2010.

ISBN 978-85-7813-036-7

1. Espiritismo 2. Psicografia 3. Romande espírita I. Arnolde, Fátima. II. Título.

10-11962   CDD-133.93

Índices para catálogo sistemático:

1. Romances espíritas : Espiritismo   133.93

LÚMEN
EDITORIAL

Rua Javari, 668
São Paulo - SP
CEP 03112-100
Tel./Fax (0xx11) 3207-1353

visite nosso site: www.lumeneditorial.com.br
fale com a Lúmen: atendimento@lumeneditorial.com.br
departamento de vendas: comercial@lumeneditorial.com.br
contato editorial: editorial@lumeneditorial.com.br
siga-nos no twitter: lumeneditorial

2011
Proibida a reprodução total ou parcial desta
obra sem prévia autorização da editora

Impresso no Brasil – *Printed in Brazil*

Sumário

Pelo amor ou pela dor ...7
Nem tudo acabou ...17
A vida nem sempre é como esperamos ...22
Provações ...30
Deus não desampara seus filhos ...40
Virtude, paciência e tolerância ...45
A cobrança de atitudes ...52
Nem tudo é permitido ...64
A curiosidade não é boa conselheira ...75
As palavras têm força ...90
O amor liberta ...94
Reparação das faltas ...102
Infinitas provas ...119
Amargura ...129
Tudo tem explicação ...140
Reparações ocultas ...149
Grandes lições ...166
O amor sempre vence ...169
Dividindo segredos ...180
O amor deve ser treinado ...193
Nada é impossível para Deus ...199
Acima de todas as coisas ...212
A semeadura é livre ...225

Só evoluímos quando aprendemos 229

Uma chance de ser melhor 236

Doação 241

Sem caridade não há salvação 249

Em busca do entendimento 264

A união é provação 270

Almas afins 277

Harmonia e equilíbrio 288

Conforto 292

Força no coração 304

Amadurecimento 313

O tempo é um santo remédio 326

O amor não escolhe 338

Vencendo provas 345

Esperar é uma virtude 349

Tudo passa 363

O passado traz revelações 366

A caminho da evolução 377

A seara do bem 382

Pelo amor ou pela dor

Eram seis horas da manhã do dia 19 de setembro, Laura estava no hospital, precisamente na sala de parto.

– Vamos, Laura, falta pouco!!! Tenha coragem, minha querida!

Laura apertava a mão de Isabel cada vez que as dores se intensificavam, estava exausta, mas não desistia.

– Ai, doutor!!! O que está acontecendo? Por que tanta demora?

O médico não respondeu, apenas se concentrava em Laura, que estava sofrendo muito. Depois de várias horas de luta, nasceram duas crianças lindas.

O médico fez de tudo para estancar a hemorragia, mas Laura não suportou e morreu. Isabel, embora tivesse seu coração apertado pela perda de Laura, tinha de se manter forte, pois Danilo e Daniel, eram os nomes que Laura havia escolhido, precisariam dela. Laura teve uma gestação delicada, todo o cuidado era pouco. Além do sangramento, teve problemas com a pressão, que subia a cada mês. Ela passava mais tempo no hospital do que em casa. Mas foi guerreira, lutou até o fim para que seus bebês chegassem ao mundo. Durante toda sua gestação ela fez Isabel lhe prometer que, se morresse, não deixaria por nada desse mundo seus filhos, e, principalmente, nunca os separaria.

Isabel chegou a casa com os bebês e os colocou cada qual em seu berço; sentou-se na cama de Laura e, olhando tudo a sua volta, deixou as lágrimas invadirem sua alma. Abraçando uma peça de roupa que havia sobre sua cama, pensou em voz alta:

– Por quê, meu Deus, o Senhor tirou Laura de nós? Ela merecia estar aqui com seus filhos!!! Estar aqui comigo!

– Por que foi injusto com ela? Ela possuía tantos sonhos ainda!!!

Isabel estava profundamente triste e perdida, naquele momento só conseguia sentir muita revolta.

– Ah, minha querida, você se revoltar não vai trazer Laura de volta!!!

Isabel olhou para a porta do quarto e viu Matilde parada; sentindo uma dor terrível em seu peito, correu para abraçá-la.

– Ah, Matilde... Por que Deus a levou? O que ela mais queria era ver seus bebês aqui; lutou tanto para que pudesse desfrutar desse momento, e o que Deus fez? Isso não é justo!!!

– Deus é sempre justo, sua revolta não vai adiantar. Laura sempre contou com você, e não vai ser agora que irá decepcioná-la. Você sabia que a gravidez dela era de risco, ela se encontrava com a saúde frágil.

Matilde afrouxou o abraço de Isabel, pegou em sua mão e a conduziu diante dos bebês, que dormiam tranquilamente, dizendo carinhosamente:

– Agora você deve pensar neles. Laura sabia que não ia resistir a tantos problemas, por essa razão já deixou tudo preparado para que você continuasse o que ela, por motivos alheios ao nosso entendimento, infelizmente não pôde. Então confie e olhe para eles, que estão tão inocentes a tudo o que está acontecendo. Danilo e Daniel vão precisar de você. Você é a mãe deles agora, e como mãe tem de se sentir feliz, porque não há como não sentirmos felicidade com duas coisinhas tão lindas como essas!!! Ao invés de se revoltar, seja grata a Deus por tudo o que vai aprender por meio dos seus dois filhos do coração.

Isabel sentiu uma força impulsioná-la para o caminho que teria de percorrer e, pousando suas mãos em cada um dos bebês, sorriu e disse:

– Matilde, estou com muito medo, mas, se me ajudar, sei que vou conseguir criá-los como Laura me pediu!!!

– Isso! É assim que se deve falar. Sabe que eu estarei aqui para ajudá-la em tudo o que puder; Danilo e Daniel serão nossa maior alegria de viver.

Matilde, depois de encorajar Isabel, contou-lhe que o enterro de Laura foi acompanhado por toda a vizinhança e que todos lamentaram profundamente sua partida.

CR

10 ◠◿ Uma longa espera

Passaram-se alguns meses e Danilo e Daniel pegaram forma; cada dia ficavam mais parecidos, eram gêmeos idênticos. Isabel se dividia no trabalho e, como mãe cuidadosa, muitas vezes pensava em largar o emprego, ao mesmo tempo em que se perguntava como iria suprir as necessidades de sua casa, tudo agora era em dobro e podia faltar qualquer coisa para ela, mas nunca para os gêmeos. Matilde também trabalhava em casa de família como doméstica, mas largou tudo e veio morar com Isabel, para que pudesse cuidar dos afazeres da casa e dos meninos, a quem ela se afeiçoava mais a cada dia. Tudo era difícil para as duas mais fiéis amigas de Laura, e elas se sentiam felizes com a benção que Deus lhes confiou cegamente.

– Puxa, Matilde!!! Hoje o dia foi difícil, pensei que os pacientes da clínica nunca mais fossem acabar.

– Não reclame, graças a Deus está empregada.

– Graças ao dr. Fernando, isso sim!!! Sabe como é, não são todos que confiam em uma fisioterapeuta recém-formada.

– Também não exagere, você é boa no que faz e, para mim, não tem fisioterapeuta tão dedicada como você. Bem, deixa de conversa e vai tomar um banho, logo o jantar estará pronto.

– Puxa, Matilde, o que seria de mim sem você?

– Pode parar, estou aqui porque quis, e depois quem iria cuidar da casa e dos meninos?

– Alguém tem de trabalhar nesta casa, não é mesmo? Se quer saber, eu não conseguiria mais viver sem você e os meninos.

Isabel deu um abraço apertado em Matilde e foi ver os meninos antes de tomar banho. Por muitas vezes, Isabel sentia como se alguém estivesse a observando, achava até que estava ficando louca, principalmente quando dormia no quarto deles. Muitas vezes, acordava assustada no meio da noite e gritava por Matilde, com medo.

Em uma das noites, antes de dormir, Isabel foi ao quarto dos meninos e segurou as mãozinhas deles. De repente, como se estivesse completamente embriagada, ouviu uma voz que lhe falava ao ouvido, bem baixinho:

– Isabel, você tem de procurar por Rodrigo... Ele precisa saber dos gêmeos...

Isabel largou as mãozinhas dos pequenos e saiu correndo transpirando, como se estivesse dentro de uma sauna. Matilde saiu do seu quarto assustada.

– O que foi, Isabel?

– Aconteceu outra vez!!!

– Calma, minha filha. Vou pegar um pouco de água.

– Matilde, será que estou ficando louca?

– Claro que não; diga-me, o que ouviu agora?

– Que eu devo procurar Rodrigo.

– Você tem certeza?

– Não sei... Mas por que Rodrigo não sai dos meus pensamentos? Ainda mais eu! Você sabe que não posso nem ouvir seu nome!!!

– Quem sabe não é para você ir procurá-lo mesmo?

– Nem morta, depois, ele vive na Europa. E, por mim, ele pode ficar por lá pelo resto de sua vida.

– Isabel, quando vai esquecer aquele episódio? Não faz bem cultivar mágoa.

– Nunca vou esquecer o que ele fez, quero que ele morra!!!

– Não fale assim, Isabel. E, depois, Laura já o perdoou, tenho certeza.

12 ❧ Uma longa espera

– Laura era uma idiota em suas mãos. Quando ela mais precisou, ele foi viajar para a Europa. Estava estressado, coitadinho!!!

– A bem da verdade, nós não sabemos o que realmente aconteceu. E depois...

– E depois o quê?

– E depois, você querendo ou não, ele é o pai de Danilo e Daniel.

– Mas nunca, nunca mesmo ele vai saber, nem que eu tenha de fazer um pacto com...

– Pense bem o que vai dizer!!! Essas coisas não se falam, nem na mais forte revolta, um deles poderá ouvir... E aí, quem sabe, não virá cobrá-la! As palavras têm muita força.

Isabel começou a chorar de raiva, não conseguia perdoar Rodrigo por ter deixado Laura depois de jurar amor eterno. Por muitas vezes, ela tentou alertar a amiga de que Rodrigo não servia para ela, mas foi em vão, Laura se apaixonou perdidamente. Ele era filho único de uma rica família, porém, ela nunca confiou nas gentilezas dele, sempre o achou imaturo e filhinho da mamãe. Laura trabalhava em uma grande empresa de tecidos, onde acabou conhecendo o herdeiro direto de Osmar, homem justo, honesto, que tinha domínio sobre Rodrigo, que sempre dizia amém para tudo. Quando descobriu que seu filho estava saindo com uma de suas funcionárias, não pensou duas vezes, mandou-a embora. Rodrigo, na época, ficou muito triste, mas não conseguiu mudar os fatos e se impor ao pai. Sua mãe, por sua vez, não ficava atrás, escolheu a dedo uma moça para que seu filho namorasse e se casasse, sonhava com o casamento do filho, fazia mil planos para que esse dia chegasse, mesmo contra a vontade dele, que, às vezes, se achava um covarde, sem personalidade, mas que estava cansado de discutir sempre as mesmas coisas com seus pais e preferia deixar que eles tivessem seus sonhos.

ᘉ

Depois que Laura foi demitida, começou a trabalhar em um supermercado como caixa, mas, mesmo assim, se encontrava com Rodrigo às escondidas de seus pais e também de Isabel, que não punha fé no relacionamento.

— Puxa, Laura, eu estava com tantas saudades!!!

— Eu também.

Rodrigo, quando estava nos braços de Laura, esquecia-se do mundo. Amava-a com tanta intensidade, que tinha vontade de fugir com ela para qualquer lugar, onde ninguém pudesse encontrá-los, mas lhe faltava coragem.

— Rodrigo, até quando vamos ficar assim, nos encontrando escondido de seus pais?

— Tenha paciência, meu amor, logo tudo isso vai mudar. Você cobra de mim, mas sua amiga também não aceita nosso namoro.

— Mas é bem diferente.

— É diferente por quê? Pensa que não sei que ela enche sua cabeça contra mim?

— Isabel fala, mas gosta de você. Ela fica chateada porque você não me assume perante seus pais, mas se você enfrentá-los para ficarmos juntos, ela vai acabar nos apoiando.

— Bem... Vamos parar de falar deles e vamos nos amar, eu te amo muito e quero você bem pertinho de mim!!!

Rodrigo e Laura se encontravam todos os dias, e parecia que nada desse mundo iria separá-los, até que Laura começou a se sentir mal e a ter enjoos insuportáveis, chamando a atenção de Isabel, que comentou com Matilde, que vinha nos fins de semana à casa das amigas.

Era tarde de um sábado quando Matilde pegou Laura de surpresa e perguntou:

— Laura, quanto tempo faz que não menstrua?

— O quê?

— Não finja que não entendeu!!!

— O que quer dizer, Isabel?

— Isso que você entendeu, dona Laura. Vamos, fiz-lhe uma pergunta.

— Ah, sei lá... Por que isso agora?

— É isso mesmo, Laura!!! Pensa que não sei que anda enjoando pelos cantos da casa?

— Ah, Isabel, pare de bobagens!!!

— Estamos preocupadas com você.

Laura abaixou a cabeça e começou a chorar. Isabel se condoeu pela amiga e abraçou-a carinhosamente, dizendo:

— Tudo bem... Tudo bem... Acalme-se.

— Não se zangue comigo, mas minha menstruação está atrasada mesmo, acho que estou grávida.

— Nós já desconfiávamos. Até quando iria esconder essa gravidez?

— Eu ia contar, só estava esperando o momento certo.

— E Rodrigo, já sabe?

— Ainda não.

— Então é um ótimo dia para ele saber!!!

— Mas hoje? Hoje é sábado, como vou encontrá-lo?

— Em sua casa, oras!!!

— Mas...

– Nem mais, nem menos mais...

– Vamos lá, agora!

Depois de muita resistência de Laura, Isabel acabou convencendo-a, e ambas foram à casa de Rodrigo. Assim que chegaram diante do portão, viram um grande movimento por toda a mansão. Isabel, já aguçando o sexto sentido, logo foi entrando, puxando Laura pelo braço. O segurança da casa foi atrás delas na tentativa de impedi-las de entrar. Assim que se aproximou, segurou fortemente o braço de Isabel e, irritado, gritou:

– Onde pensa que vai, mocinha?

– Não é da sua conta!!!

– Vocês foram convidadas para a comemoração do casamento?

– Casamento? – perguntou Laura chocada.

– Não, não fomos, mas vamos entrar de qualquer jeito e você não vai nos impedir.

– É melhor vocês se acalmarem, não quero encrencas para o meu lado.

Laura começou a tremer, mal parava em cima das pernas. Isabel, por sua vez, magoada, vociferou:

– Se não chamar Rodrigo agora, nem você, nem ninguém vai me impedir, eu entro nessa festa e faço o maior escândalo!!!

O segurança entrou e voltou rapidamente, conduzindo-as à copa, onde Márcia já se encontrava as esperando. Assim que Laura e Isabel entraram, ela as puxou para um canto e disse sem rodeios:

– O que querem aqui? Vieram estragar nossa festa? Falem logo, quanto querem para deixar esta casa agora? Não quero que meu filho as veja aqui. Rodrigo tem um futuro brilhante pela frente e você, Laura, não faz parte dele!!!

– Com quem pensa que está falando? Pensa que somos alguma... alguma...

– Calma, Isabel, vamos embora... Por favor, vamos embora... Deixa que Rodrigo seja feliz...

– Nem pensar, Laura, e a senhora vá chamá-lo agora ou eu...

– Ou você o quê, mocinha? Por favor, segurança, coloque-as para fora da minha casa agora!!!

Laura começou a passar mal, não suportou tantas humilhações e desmaiou, deixando Isabel em pânico.

– Laura... Laura... Por favor, fale comigo! Pelo amor de Deus!!!

Uma das empregadas da casa se penalizou com tanta perversidade da patroa e se debruçou por cima da garota, fazendo com que todos a sua volta se afastassem. E com um copo de água nas mãos, fez Laura voltar a si. Assim que Laura se recuperou, Isabel apoiou a amiga em seu ombro e saiu dizendo, com ira nos olhos:

– Nós vamos embora, dona Márcia, mas nunca, nunca, em toda sua vida vai pôr seus olhos em cima do neto que Laura carrega em seu ventre, e diga a seu filho que, se um dia ele aparecer na minha frente, vai se arrepender para o resto de seus dias, e que ele é o homem mais covarde que eu já conheci. Eu vou ficar torcendo para que ele seja o ser mais infeliz da face da Terra!!!

Márcia não teve tempo de dizer nada, apenas abriu e fechou a boca, de tão perplexa que ficou ao ouvir que Laura teria um filho de Rodrigo, e que por consequência seria seu neto. Naquele exato momento, sentiu um arrependimento súbito, mas não era hora nem lugar de tomar qualquer atitude, apenas se deixou cair na cadeira que uma das empregadas puxou para ela.

Nem tudo acabou

Passaram-se algumas semanas e Márcia não conseguia pensar em outra coisa que não fosse o neto, mas não contou nada para Rodrigo, proibindo também que os empregados comentassem qualquer coisa a respeito do que ouviram naquela noite em que Laura fora a sua casa. Laura estava com o coração amargurado por confiar todo seu amor ao pai de seu filho. Mas, mesmo assim, seu amor continuava em sua alma.

Era uma tarde como qualquer outra na rotina de Laura. Ao sair do supermercado em que trabalhava, ela foi abordada por Rodrigo.

– Laura, como está? Estou morrendo de saudades de você!!!

Quando Laura viu Rodrigo na sua frente, não acreditou e engoliu em seco. Continuou andando.

– O que aconteceu? Está estranha. Pensei que estivesse com saudades de mim também!!!

Laura não respondeu, continuou andando em direção ao ponto de ônibus. Mas Rodrigo insistiu, pegando em seu braço.

– O que houve, meu amor? Não me quer mais?

Laura estava com seu coração aos gritos de tanta mágoa e sofrimento, mas tinha de ser forte e acabar com tudo que a faria sofrer. Assim, procurando inspirar tranquilidade, disse:

– Não, não o quero mais...

Rodrigo, assustado, pôs-se na frente de Laura e a segurou pelos ombros.

– Não acredito! Você disse que me amava.

– Eu sinto muito, mas me enganei.

– Como se enganou? Um amor como o nosso não se acaba assim.

– Você tem certeza do que está falando?

– Claro que tenho. Eu a amo como nunca amei ninguém em minha vida!!! E sei que também me ama.

– É, Rodrigo, mas infelizmente você está errado, você não tem mais lugar em minha vida.

– Pelo amor de Deus!!! O que está dizendo?

– Por favor, Rodrigo, não vamos ficar discutindo, vá embora, esqueça-me.

– Tudo bem, eu vou, mas só depois que me der um motivo real, pois não acredito que seu amor por mim tenha acabado.

– Rodrigo, onde esteve esse tempo todo? Faz mais de um mês que não me procura!!!

– Estive na Europa a trabalho, eu lhe falei que ia me ausentar por uns tempos, só não sabia quando, liguei várias vezes para avisá-la. Isabel não lhe deu o recado?

– Quem pensa que engana?

– Do que é que está falando?

– Do seu casamento!!! Pensa que não sei que se casou? E, claro, estava na Europa em lua de mel.

– Laura, do que está falando? Eu estava na Europa mesmo, mas a trabalho.

– Rodrigo, faça-me um grande favor, vá embora, tudo acabou entre nós, vá cuidar da sua esposa.

– Que esposa? Laura, vamos conversar, você está muito nervosa, se me der cinco minutos, vamos nos entender.

Laura não conseguiu enxergar mais nada, a mágoa e a decepção a cegaram, e com o coração em pedaços, vociferou:

– Eu confiei em você... Ninguém no mundo vai amá-lo como eu, mas não quero que me procure nunca mais, você é um covarde, nunca enfrentou e nunca fez nada por esse amor que diz que sente. Eu cansei, siga seu caminho que eu vou seguir o meu...

Ela entrou no ônibus e foi embora; ele, sem ação, pois sabia que Laura estava certa em dizer que ele nunca fizera nada pelo amor que dizia sentir, apenas se sentou na calçada e chorou a perda de um amor que poderia ser eterno, se não fosse sua falta de coragem.

☙

Laura chegou em casa com os olhos vermelhos, mas não deixou que Isabel e Matilde fizessem interrogatório, apenas subiu para seu quarto e chorou o amor eterno que tinha certeza de que carregaria para o resto de sua vida.

Rodrigo chegou em casa desalentado e foi direto para o quarto. Não demorou muito, sua mãe bateu na porta e entrou.

20 ❧ Uma longa espera

– O que foi, meu filho? Está tão abatido!
– Deixe-me em paz, mãe, estou pedindo, por favor.
– Mas, Rodrigo, precisamos conversar!!!
– Conversar o quê, mãe?
– Sobre seu casamento com Raquel.
– Mãe, eu vou para a Europa!!!
– O quê? Você chegou há apenas dois dias!
– A senhora não está entendendo, eu vou para a Europa e não volto mais.
– Ah, meu Deus, meu filho enlouqueceu. Ajude-me, Senhor!!!
– Mãe, não adianta fazer drama, dar seus chiliques, não vai adiantar; a indústria está crescendo muito lá, precisa de alguém para administrá-la, e esse alguém sou eu, não quero mais viver no Brasil, vou embora amanhã mesmo.
– Você não pode fazer isso comigo e com seu pai, você é tudo o que temos, não vou conseguir viver sem você ao meu lado.
– Pois então terá de aprender, porque aqui no Brasil não vivo mais.
– O que deu em você? Nunca falou assim comigo! Ah... Já sei, foi aquela sem eira nem beira que pôs você contra mim!!!
Rodrigo, pela primeira vez na vida, não se importou com as chantagens da mãe, levantou-se e começou a arrumar sua mala.
Márcia não se conformou em perder o filho de vista e, desesperada, abraçou-o:
– Ah, meu filho se não quer se casar com Raquel, tudo bem, mas, por favor, não faça isso, eu juro que eu e seu pai não vamos mais nos meter em sua vida. Se quiser, pode trazer aquela... Aquela... Moça aqui em casa!!!

— Não, mãe, Laura não é "aquela"... Ela é uma das pessoas que mais amei em minha vida, mas não precisa me chantagear mais uma vez, porque ela não quer um homem covarde como eu, sem vontade própria nem personalidade, aliás, acho que nunca fui homem.

Rodrigo saiu sem se preocupar com o desespero de sua mãe. Estava decidido, não viveria debaixo do mesmo teto que seus pais, ele precisava crescer na vida, decidir o seu caminho, nem que fosse para errar, mas nunca mais deixaria ninguém dizer o que ele deveria ou não fazer. Rodrigo comprou a passagem para o dia seguinte e foi viver em Lisboa, Portugal, onde eles tinham uma filial da fábrica de tecidos, que crescia a cada dia. Osmar, no começo, chorou muito, mas alguém tinha mesmo de cuidar dos negócios, e nada melhor que seu filho. Ao chegar, Rodrigo se instalou em um hotel até que seu apartamento ficasse pronto. Sentia-se muito triste pelo amor que doía em seu peito, mas queria provar para Laura que ele poderia ser um homem de verdade, deixaria passar o tempo que fosse preciso para que ela se orgulhasse dele no dia em que fosse buscá-la.

A vida nem sempre é como esperamos

Passaram-se dois anos, e Danilo e Daniel brincavam no jardim da casa. Matilde estava em seus afazeres domésticos, hora ou outra ia espiá-los para ver se estavam bem; até que ouviu Danilo entrar correndo e chorando muito.

– O que foi, Danilo? Por que está chorando?

– Daniel foi embora, tia Matilde!!!

– Foi embora para onde? Se ele tivesse ido embora, você teria visto!!!

– Mas eu fui pegar um carrinho, tia... Vem, tia... Vem... Quero meu irmão...

– Como iria embora? Deve estar escondido. Vamos procurá-lo.

Matilde procurou pelo menino desesperadamente, até que não teve alternativa a não ser ligar para Isabel, que chegou aos prantos, muito aflita. Assim que entrou, pegou Danilo no colo e gritava:

— Cadê seu irmão, Danilo? Cadê ele? Já não disse para vocês cuidarem um do outro?

Danilo, inocente, chorava com Isabel. Até então, ele nunca havia visto sua mãe tão nervosa.

— Fale, menino, cadê seu irmão? Pelo amor de Deus!

Matilde, completamente abalada, pegou Danilo nos braços e disse:

— Calma, Isabel, gritando desse jeito você não vai conseguir tirar nada dele!!! Ele não sabe se explicar, ele só tem dois aninhos!

— Como posso ter calma numa hora dessas, levaram meu filho e você pede para eu ter calma?

A essa altura, não só a casa de Isabel estava cheia de curiosos, como todos especulavam o acontecido. Como não houve jeito, chamaram a polícia. Depois de 24 horas começaram as buscas por Daniel.

A polícia fez uma varredura por todo o bairro, mas foi em vão, nem sinal do menino. Foi preciso mobilizar mais policiais para que pudessem fazer uma busca melhor. Isabel pensou que não fosse sobreviver, tamanha amargura e tristeza. Danilo acabou ficando doente pela ausência do irmão. Matilde não sabia o que fazer com a tristeza e a desolação que pairavam naquela casa. Depois de muito tempo de trabalho, não só da polícia, mas de todos os vizinhos que cultivavam a amizade das duas mulheres, todos sentiram que as esperanças estavam minando, mas Isabel precisou continuar sua caminhada.

— Daniel, venha almoçar, querido, a sua comidinha está no prato.

— Vó... Mas o vovô não vai chegar?

— Daqui a pouco, meu querido, não precisa ficar triste.

— Nossa, dona Márcia, ele gosta muito do avô, mesmo, nunca vi igual.

— É, Regina, esse garoto é minha alegria. Depois que Rodrigo foi embora, eu pensei que minha vida não teria mais alegria, mas hoje sou a avó mais feliz do mundo.

— É, Deus foi bom mesmo para a senhora, como poderia imaginar que fosse adotar um garoto tão lindo assim! Mas, dona Márcia, a senhora disse que veio passar uns tempos aqui para que Daniel ficasse bom da bronquite, mas nunca vi esse menino dar uma tossidela...

— Não viu justamente porque vim para cá, mas em São Paulo vivia sempre com crise.

— A senhora vai morar aqui para sempre?

— Não acha que está querendo saber muito?

— Desculpe, dona Márcia, mas é que Daniel logo, logo, vai ter de ir à escola.

— E, por um acaso, nesta cidade não tem escola, não?

— É, mas pensei...

Márcia não deixou Ruth terminar a frase e rebateu...

— Ruth, é melhor não pensar muito. Quando chegar a hora de Daniel ir para a escola, eu cuido disso, você só tem de cuidar das suas obrigações, pare de querer se meter em assuntos que não lhe dizem respeito.

Assim que Márcia abordou Daniel e o convenceu a ir dar uma volta com ela, foi morar em Santa Catarina. Durante muitas noites ele acordava exaltado chamando pelo irmão, mas, para

Márcia, eram apenas ilusões de criança, jamais poderia supor que existisse um irmão. No começo, Osmar achou uma loucura terrível, mas ficou feliz quando soube que Daniel era seu neto.

Danilo sonhava muito com o sumiço do irmão, mas quando acordava tinha apenas uma leve lembrança, o que não ajudou em nada os policiais.

Ele sentia falta do irmão, e isso fazia com que uma tristeza enorme se instalasse em seu pequeno coração, porém ele não sabia definir bem esse sentimento, ainda era muito pequeno. Com a falta de Daniel, ele piorava a cada dia, vire e mexe caía doente. Isabel não sabia lidar com aquela situação desesperadora. Estava perturbada.

∝

Os negócios da empresa estavam de vento em popa, expandiam-se dia a dia. Rodrigo se sentia realizado como homem, pois, a partir de sua decisão, realmente cortou o cordão umbilical definitivamente com seus pais. Errou e acertou muitas vezes, mas estava sendo ele mesmo, sem regras para seguir e sem ter de dar satisfações a ninguém. Rodrigo fez amizades e se afeiçoou a elas, nada soava falso ou com rótulos. Teve, também, alguns romances, mas nada que pudesse fazê-lo esquecer Laura. Muitas vezes tinha ímpetos de buscá-la, mas sentia receio de ela estar namorando ou até ter se casado, mas o amor por ela continuava latente em sua vida. Era tarde da noite e Rodrigo estava no escritório de sua casa, quando sentiu o perfume forte de Laura. Ele se levantou e começou a apurar seu olfato para ver de onde vinha, quanto mais andava pela casa, mais sentia, e com uma saudade incontrolável voltou para o escritório e começou a escrever uma carta.

Querida Laura

Espero que quando estiver lendo esta carta esteja muito bem. Sei que não mereço nada que venha de você, nem sequer sua amizade, mas preciso saber da sua vida, de como está. Talvez seja tarde, mas gostaria que soubesse que depois daquele dia em que você, com toda a razão, terminou comigo, vim morar em Portugal. Precisava dar um rumo a minha vida, e o único jeito foi vir para cá e começar novamente. Sei que não devia, mas nunca esqueci você, até gostaria muito de ter um novo amor e me casar, mas não consigo amar ninguém depois de você. Como eu disse, talvez seja tarde, e até tenha se casado e constituído sua família, mas, se isso não aconteceu, espero-a aqui o tempo que for preciso. Muitas coisas mudaram em meu caminho; hoje posso dizer que sou um homem de verdade, com falhas, erros, mas uma coisa é certa, sempre será eterno em mim o meu amor por você.

Não quero fazer drama, mas, se não me casar com você, não vou me casar com ninguém.

Um abraço de quem te ama muito,

Rodrigo

Depois que Rodrigo escreveu a carta, o perfume de Laura se perdeu no ar, e ele serenou seu coração, mas, sem coragem, abriu a gaveta e a guardou, apagou as luzes da solidão do seu escritório e foi dormir.

❧

Todos os fins de semana, Osmar ia para Santa Catarina e ficava até a metade da semana em companhia da esposa e do neto. A vida do casal se transformou. Osmar temia pela esposa, que não se dava conta do ato que cometera. Ela não pensava que, se a polícia os encontrasse, ela até poderia ser presa. Por conta dos atos impensados, eles tiveram de se ausentar da cidade onde moravam. E o que era pior: se Rodrigo soubesse da verdade, nunca iria perdoá-los.

– Márcia, onde eu estava com a cabeça para apoiá-la nessa loucura?

– Ah... Já vai começar?

– Você disse que só ia passar um dia com o garoto e olhe agora, já se passaram quatro anos, daqui a pouco não vai ter mais como esconder de Rodrigo, ele tem o direito de saber!!!

– Nem pense numa coisa dessas. Em primeiro lugar, ele nunca vai nos perdoar; em segundo, vai tirar Daniel de nós. Não podemos, em hipótese nenhuma, deixar que alguém descubra.

– Mas estamos errados. Nossa vida mudou visivelmente, não podemos ficar aqui para o resto da vida.

– Eu sei e já pensei em tudo. Vamos voltar para São Paulo.

– E deixar Daniel aqui?

– Ninguém sabe de Daniel, ficamos algum tempo por lá e depois voltamos.

– E até quando vamos viver assim?

– Ai, Osmar, chega de drama, podemos muito bem viver um pouco em São Paulo e um pouco aqui.

– E Daniel? Vai ficar com quem?

– Com Ruth. Ela é de confiança e, de mais a mais, ela não sabe nada sobre nossa vida, pensa que Daniel é filho de uma empregada que morreu em São Paulo, e que eu o crio por caridade.

– Ah, não sei não... Não estou gostando dessa conversa, mentira tem perna curta. Rodrigo tem o direito de saber que tem um filho.

– Nem pensar, Osmar!!! Você também compactuou, o que deu em você agora?

— Isso é crime, mulher!

— Mas bem que quando lhe contei que era seu neto, você concordou.

— Mas pensei que fosse devolver o garoto!

— Laura não tem como manter uma criança, aqui Daniel tem tudo. Se quer saber, deve ter sido um alívio para ela.

— Como pode dizer uma coisa dessa, mulher! Qual mãe se alivia em perder o filho? Daqui um pouco alguém vai descobrir. A foto de Daniel estava por toda São Paulo.

— Ah, esquece, Osmar... Isso foi só no começo, agora tudo já foi esquecido, assim como tudo é esquecido aqui no Brasil.

— Espero que você esteja certa. Que Deus tenha misericórdia de nós.

Depois que Osmar viu que não tinha mais jeito, vieram para São Paulo e deixaram Daniel em companhia de Ruth.

Depois de três dias, Rodrigo desembarcou em São Paulo.

— Ó de casa... Cheguei...

— Meu filho querido... Como está?

Márcia abraçou o filho sem acreditar que ele estava de volta.

— Eu estou bem, mãe... E a senhora?

— Agora muito melhor. Quanto tempo, pensei que nunca mais fosse vê-lo!!!

— Para falar a verdade, estava com saudades de vocês. Cadê o meu pai?

— Ah, já deve estar chegando... Mas me deixe olhá-lo...

— Pare com isso, mãe, não faz tanto tempo assim... Afinal, foram apenas alguns anos.

— A mim, pareceram séculos...

— Mãe... Nós nos falamos tanto por telefone...

– Ah, mas não é a mesma coisa.

Assim que Osmar chegou, ficou surpreso ao ver o filho.

– Puxa, pai, não fica feliz em me ver?

– Claro, meu filho... Estou feliz...

Osmar abraçou o filho, mas seu coração batia descompassado e, tentando disfarçar o remorso, ele preparou um aperitivo e tomou em um gole só.

– Como estão as coisas em Portugal?

– Puxa, meu pai, não poderiam estar melhores.

– Vai ficar por muito tempo aqui no Brasil?

– Ainda não sei, mas preciso descansar por algum tempo. Esse tempo todo que fiquei por lá, deixei tudo organizado, não precisa se preocupar, treinei pessoas competentes, já estão aptas para tocar nossa fábrica com muito desempenho.

Aquela noite foi de alegria na casa dos pais de Rodrigo, com exceção de Osmar, que não conseguia relaxar, sua consciência lhe cobrava a verdade.

Provações

Passaram-se alguns dias, Isabel estava em companhia de Matilde arrumando a cozinha quando ouviram alguém bater palmas.

— Nossa, quem será a esta hora?

— Deixa, minha filha, eu vou ver.

Assim que Matilde se aproximou do portão, tomou um susto e ficou pálida na hora.

— Minha nossa senhora santíssima!!!

— Como vai, dona Matilde?

Matilde ficou paralisada, não conseguiu se mover, seu coração batia tão forte, que pensou que fosse desfalecer. Rodrigo, percebendo o mal-estar da senhora, abriu o portão e a segurou, levando-a para dentro de casa. Isabel, ouvindo uma voz masculina, entrou na sala e deu de cara com seu maior inimigo.

– Rodrigo!!!

– Como vai, Isabel?

Isabel sentiu o sangue ferver seu rosto, mas não se deu por vencida, contou até dez e, tentando suportar tal impacto, disse rispidamente:

– Rodrigo! O que quer aqui?

– Puxa!!! Pensei que depois de tanto tempo já houvesse um pouco de educação!

– Nem que se passem anos, nunca vai mudar o que sinto por você.

– Calma, Isabel... Calma, minha filha... Por favor, seu Rodrigo sente-se, fique à vontade.

Isabel mal podia andar, mas foi em direção à porta e, apontando para a rua, disse com ódio:

– Não fique à vontade, não senhor, e, por favor, retire-se já de minha casa!!!

Rodrigo não se espantou com a atitude de Isabel, pois sabia que ela o hostilizava com tanto amargor que o fel nutria a cada dia seu coração.

– Por quê... Por quê... não me suporta? Por mais que tenha repugnância por mim, pode pelo menos me responder a uma única pergunta?

Isabel não respondeu nada, apenas emudecida deixou as lágrimas descerem pelo seu rosto, tentando segurar um grito que ecoava dentro de seu peito.

– Pode perguntar, meu filho – disse Matilde conciliadora.

– Eu fui até o supermercado e não souberam me dar informações de Laura, eu resisti muito até chegar aqui, mas minha vontade foi maior. Eu só quero saber uma única coisa. Quero saber de Laura.

Isabel, não suportando o ódio que a consumia, foi para cima de Rodrigo e começou a esmurrá-lo sem dó nem piedade. Rodrigo, assustado e surpreso com a atitude de Isabel, apenas a abraçou, acalmando sua fúria:

— Por que sente tanto ódio por mim? Não lhe fiz nada que pudesse alimentar tanto rancor assim! Eu amo Laura... Por mais que eu tenha sido fraco, não se justifica essa sua atitude.

Matilde estava apavorada pelo comportamento de Isabel e, ríspida, concordou com Rodrigo:

— O Rodrigo tem razão... Por mais que defenda Laura, essa sua atitude não se justifica.

Isabel parou e caiu em si. E, num repente, empurrou Rodrigo e saiu correndo para o quarto.

— Meu Deus! O que eu fiz para ela me odiar tanto?

— Eu não sei. Isabel está magoada sim, mas nunca pensei que chegasse a esse ponto.

— Dona Matilde, perdoe-me por tudo isso... Eu vou embora.

— Por favor, Rodrigo, fique, está tão nervoso também, acalme-se, vou buscar um café para você.

— Não precisa, já vou indo, prefiro que a senhora socorra Isabel.

Rodrigo tirou do bolso um cartão e pediu:

— Dona Matilde, não sei se mereço, mas se a senhora achar que deve, ligue-me assim que tudo se acalmar, eu lhe peço encarecidamente, preciso saber de Laura e de Isabel também.

Rodrigo saiu completamente assustado com a atitude de Isabel, não sabia que ela nutria tanto ódio por ele. Assim que entrou no carro, deu partida e saiu o mais rápido que pôde. Ele suava frio, arrancou a gravata e abriu os botões da camisa para que pudesse respirar melhor. Ficou remoendo seus pensamentos na tentativa de entender tudo o que havia acontecido e, em voz alta, fez mil perguntas a si mesmo:

– Por que Laura não se encontrava com elas? O que pode ter acontecido depois de minha partida para Portugal? Por que Isabel estava tão furiosa?

Depois que Rodrigo foi embora, Matilde terminou de arrumar a cozinha, apagou as luzes e foi para o seu quarto. Achou melhor deixar Isabel sozinha, ela precisava ficar só, no dia seguinte seria um novo dia e, com certeza, ela estaria melhor.

Rodrigo chegou a sua casa e foi direto para o quarto. Jogando-se na cama, virou-se de um para lado para o outro, mas não conseguia relaxar. Aquelas cenas não saíam de sua cabeça. Ficou ali vivenciando-as até ficar esgotado, depois adormeceu.

ᘓ

Isabel mal conseguiu dormir. Quando Matilde se levantou, foi direto para a cozinha e encontrou Isabel sentada à mesa.

– Bom dia, Isabel.

– Acho que nunca mais vou ter um bom dia.

– Não fale isso, minha filha.

– Como não? Acha que depois de ontem à noite vou conseguir viver?

– Para de dizer bobagem... Rodrigo voltou e você sabe o que veio procurar.

– Mas por que depois de tanto tempo? Ele não tem direito nenhum.

– Você sabe que ele tem todo o direito do mundo. Ele precisa saber que Laura morreu e deixou dois filhos.

– Pois ele não vai saber!

– Até quando vai esconder um fato que pertence a ele?

— Nada pertence a ele. Ele nunca se incomodou com Laura, sempre a fez de idiota, nunca lutou por ela, nunca enfrentou seus pais, nem depois que fomos a sua casa. Ele não merece absolutamente nada.

— Isabel, sei que está defendendo Laura, sei que ela sofreu muito, mas será que Laura aprova o que você está fazendo?

Isabel começou a chorar desesperadamente, sem perceber que Danilo havia se levantado.

— Por que está chorando, mamãe?

— Ah, meu filho, você já se levantou? Ainda é muito cedo!!!

Isabel abraçou o filho e carinhosamente colocou-o em seu colo. Danilo enxugava as lágrimas da mãe e dizia baixinho:

— Não chora, mamãe, um dia meu irmão vai voltar, eu sei disso.

Isabel não conseguiu responder, apenas abraçou o pequeno Danilo sentindo um temor terrível em pensar na volta de Rodrigo.

— Ah, meu amor, fique sossegado, a mamãe não vai mais chorar.

Isabel foi arrumar Danilo para tomar café e depois o levou para a escola. Assim que voltou, disse para Matilde:

— Vamos arrumar nossas malas.

— Arrumar as malas para quê?

— Assim que Danilo chegar da escola, vamos para a casa dos meus pais.

— Tem certeza disso, Isabel? É melhor pensar melhor...

— Não há o que pensar, já decidi, vou para casa de minha mãe e vou levar Danilo comigo.

— Você sabe que essa atitude não é a correta!

— E o que está correto? Esperar Rodrigo voltar aqui e tirar Daniel de mim? O que está correto? Depois de abandonar

Laura aqui para ter seus filhos sozinha, eu ter de entregá-lo de mão beijada? Não, dona Matilde, isso decididamente não!!!

– Isabel, essa atitude não é de uma pessoa de bem. Vá procurá-lo, converse com ele, vai ser melhor.

– Quem sabe o que é melhor sou eu. Quero que ele pague por tudo o que fez, quero vê-lo sofrer o mesmo que Laura sofreu.

– Por que essa vingança besta? Laura não aprovaria essa atitude tão cruel!

– Mas Laura não está aqui para decidir, portanto, eu decido, e ninguém vai tirar meu filho de mim.

Isabel estava rancorosa, não perdoava de forma alguma Rodrigo. E assim foi feito. Quando Danilo chegou, eles partiram rumo a outra cidade. Matilde não conseguiu mudar a decisão de Isabel e, sem alternativa, pois não queria abandoná-la, resolveu ir junto. Passava das oito horas da noite quando chegaram à fazenda de seus pais.

– Minha nossa senhora... Que vento a trouxe para essas bandas?

Isabel abraçou o pai e, chorosa, perguntou:

– Ah, pai, posso ficar aqui por uns tempos?

– Mas é claro, minha filha, a casa é sua também, você foi para a cidade grande porque quis. Vem ver, mulher, quem está aqui!!!

– Que nossa senhora Aparecida seja louvada! Minha fia, que saudades.

Jandira correu para abraçar a filha querida, deixou as lágrimas descerem pelo seu rosto igual uma criança, e feliz disse:

– Como *tá* bonita, minha *fia*, num *tô* acreditando em que meus olhos estão vendo!

– Mãe, vim para ficar...

– Mas era tudo o que eu queria ouvir, minha *fia*, aqui é seu lugar, sempre foi, por mim nunca teria ido *pra* cidade grande, por mim não teria saído de perto de mim. E esse menino aqui? Foi dele que você falou, minha *fia*?

– Foi sim, minha mãe, é meu filho Danilo, e essa é Matilde, nós morávamos juntas.

– Puxa vida... Sabia que minha santinha ia escutar minhas preces e trazer você de volta, *fia*. Aqui é o seu lugar, fique o tempo que quiser, sejam bem-vindos.

– Bentinha... Bentinha...

– A senhora *tá* chamando, dona Jandira?

– E não *tô*, menina? Ajude seu patrão a levar as malas lá *pra* cima e arrume os quartos *pra* mode elas se instalarem.

– E João, mãe? Não está em casa?

– Ah, minha *fia*... Sabe como é, vira e mexe ele inventa uma. Agora cismou que quer ensinar a andar de cavalo.

– A senhora quer dizer dar aulas de hipismo?

– É isso mesmo. Não sei falar bonito, mas é a mesma coisa.

– Puxa... É mesmo, deixe-o, sabe que tudo o que ele inventa dá certo, ele tem jeito para ganhar dinheiro.

– E você, menino, chegue aqui perto, quero conhecer a razão da alegria da minha *fia*.

Danilo chegou perto de Jandira e estendeu a mãozinha para cumprimentá-la.

– Agora você vai morar com a gente, e pode ter certeza que vai gostar daqui, vai tomar leite direto da vaca e vai ficar forte que nem touro, viu?

Jandira abraçou Danilo como se já o conhecesse há muito tempo. Sentiu uma alegria em seu coração que não sabia descrever, mas sabia que iria amar profundamente aquele garoto.

— Você já andou a cavalo?

— Não, senhora.

— Pois aqui vai andar, amanhã vou te levar para escolher um e, se *num* gostar de nenhum, Zé te leva para escolher um novinho, viu?

— Mãe, pare com isso, não quero exagero, não comece a querer dar tudo o que encontrar pelo caminho. Danilo teve até agora uma vida simples, ele sabe dos meus limites.

— Ah, mas isso é você, *fia*, a sua vó aqui é outra coisa, não é mesmo, Danilo? E a senhora, é a Matilde?

— Sim, senhora.

— Sinta-se à vontade aqui, viu?

— Nossa, dona Jandira, sua casa é muito bonita, Isabel falava da fazenda, mas nunca pensei que fosse assim tão grande.

— Dona Matilde, estou muito feliz pela senhora ter vindo também e por olhar minha *fia* em São Paulo.

— Que é isso, dona Jandira, eu e Isabel somos como mãe e filha, gosto muito dela.

— Mas, com certeza, vieram por causa de algo que não está nada bem, não é mesmo?

— Mãe...

— Eu *tô* errada, Matilde? Se *tô*, pode falar, aqui *num* tem cerimônia!

— Não, a senhora está certíssima.

— Mas vamos deixar *pra* amanhã, não é mesmo? Amanhã, com tempo, a gente conversa, não é mesmo, minha *fia*?

— É sim, minha mãe, estamos muito cansadas.

— Bentinha... Bentinha...

— A senhora *chamô*?

— Chamei sim, os quartos já estão prontos, Bentinha?

— Já sim, senhora.

— Pois então leve dona Matilde e o menino Danilo para se acomodarem, e depois prepare a mesa para elas mais o menino comer alguma coisa.

— Sim, senhora.

Matilde saiu acompanhada de Danilo, deixando mãe e filha a sós.

— Mãe, quero dizer...

— Não carece dizer nada, minha *fia*, eu já estava esperando sua volta. Afinal de contas, vamos ter muito tempo *pra* conversar, não é mesmo?

— É sim, minha mãe.

— Então vá se banhar, que sei que deve de *tá* cansada pela viagem, e depois vamos comer um lanche bem reforçado *pra* você ter forças *pro* outro dia.

— Puxa, mãe, abrace-me forte, preciso muito da senhora.

Depois do banho, Jandira, abraçada à filha, levou-a para se acomodar. Assim que se sentaram para comer, Isabel perguntou:

— E mãe Cida? Pensei de vir até aqui para me despedir, mas não tive coragem.

— É *fia*, Cida sofreu muito antes de partir, sua saúde já *num tava* lá essas coisas, você sabe que aquela doença não perdoa, mas quando soube da *fia*, se entregou de vez e depois de uma semana fizemos seu enterro.

— Meu Deus!!! Ela deve ter sofrido mesmo.

— *I num* foi!!! Sua alma fico tão amargurada, tão amargurada que jejuou até a morte.

— E a senhora não fez nada, mãe?

— E como, *fia*? Só se eu enfiasse a comida goela abaixo. Cida era uma pessoa muito boa, mas era teimosa que nem uma porta!!!

– Eu sei, mãe, mas não tem nada que um dia não seja reparado.

– Mas que tanto amargor, *fia*... Isso não é bom...

– Eu acho a mesma coisa, dona Jandira.

– É, mais vamos deixar essa prosa *pra* uma outra hora, não é mesmo? A hora da comida é hora sagrada, portanto, comam tranquilas.

No dia seguinte, José Roberto, mais conhecido como seu Zé, levantou bem cedo e fez questão, ele mesmo, de ordenhar o leite para o café da manhã. Tornou-se um grande fazendeiro. Nasceu em São Paulo, mas largou tudo para viver em uma cidadezinha pequena do interior de Minas Gerais, transformando-se num grande criador de gado. Assim que se instalou na pequena cidade, conheceu Jandira, uma caipira mesmo, mas uma bela mulher. Apaixonou-se e se casou, teve dois filhos, João e Isabel, que eram tudo o que mais amava em sua vida. Ele era um homem estudado e de bem com a vida, dizia sempre: a vida é uma grande escola, simples e soberana, e temos de ficar atentos para filtrarmos o que de melhor ela pode nos oferecer, e temos todos os dias lições para enriquecer nossas almas. José permitiu que a filha fosse para cidade grande estudar e se formar como sonhava, mas seu desejo era que ela voltasse para sua casa e montasse uma clínica em sua cidade, porém ela se recusou, dizia que uma cidade no fim do mundo não precisava de fisioterapeuta, ao contrário de São Paulo, onde o campo profissional era imenso. Então, o pai teve de se conformar, mas nunca perdeu a esperança de ter sua filha a seu lado.

Deus não desampara seus filhos

Rodrigo acordou com o corpo pesado, como se tivesse trabalhado a noite toda. Sua cabeça doía muito, mas o pior foi acordar e se lembrar de Isabel olhando-o com tanto ódio. Imerso em seus pensamentos, ouviu quando sua mãe bateu na porta e entrou:

— Bom dia, meu filho.

— Bom dia, mãe.

— O café já está na mesa, deve estar morrendo de fome.

— Não, mãe, pelo contrário, estou enjoado.

— Enjoado? Não me diga que bebeu demais ontem!

— Não, mãe, não bebi nada, apenas não me sinto muito bem.

— Se não saiu para beber com os amigos, onde foi ontem, que chegou tarde?

– A nenhum lugar.

– Se não foi a nenhum lugar, por que não veio nem para o jantar?

– Ah, mãe... Estava dando umas voltas por aí.

– Minha intuição de mãe me diz que você foi aonde não devia.

Rodrigo não respondeu, apenas se levantou e foi para o banheiro.

– Rodrigo, o que está me escondendo? Quando falo com você e finge que não ouviu, é porque fez o que não devia.

Ele apanhou dois comprimidos no armário e os ingeriu com alguns goles de água. Respondeu:

– Mãe, quando você vai enxergar que estou mais do que maduro para me interrogar dessa maneira?

– Eu sou sua mãe, tenho direito de saber.

– Dona Márcia, preste bem atenção, se continuar insistindo em me tratar como um moleque, vou para um hotel.

– Não vou perguntar mais nada, fique sossegado. Raquel esteve aqui ontem, veio especialmente para pôr o assunto em dia, diz que está com muitas saudades.

– Mãe, gostaria de tomar um banho, será que a senhora poderia me deixar sozinho, por favor.

Márcia sentiu que o filho voltara muito mudado, e não gostou nada, mas preferiu deixá-lo, temia que fosse mesmo para um hotel.

– Tudo bem, meu filho, mas me prometa que vai telefonar para Raquel. Ela pediu tanto, fico sem graça, não sei o que dizer quando ela pergunta por você.

– Fique descansada, eu ligo para ela.

Márcia deixou-o sozinho e desceu para o café. Assim que se sentou, Osmar perguntou:

– E Rodrigo, não vem tomar café conosco?

– Não, quer dizer, ainda não.

– Aconteceu alguma coisa? Você está tão estranha!

– Estranho está seu filho, isso sim.

– Por quê, aconteceu alguma coisa?

– Não sei, mas não estou gostando nada do que estou pressentindo.

– Será que foi atrás de Laura?

– É disso que tenho medo. E, para mim, ele foi procurá-la.

– Será, Márcia?

– Quero ver o que vai fazer se ele descobrir tudo.

– Pare de falar bobagens, ele vai descobrir como? Se nem ela sabe onde está o filho.

– Fale baixo, as paredes têm ouvidos, se alguém descobrir estamos perdidos.

– Eu falei... Eu falei para devolver o garoto, eu falei... Sinto até uma coisa ruim percorrer meu corpo só de pensar o que pode acontecer se Rodrigo descobrir.

Laura estava a um canto lamentando a escolha de Márcia.

– Por que Márcia não ouve o marido e devolve Daniel? Por que as pessoas estão sempre cometendo os mesmos erros? São egoístas.

– Exatamente, minha querida, a maior parte dos nossos erros é cometida por egoísmo. E depois, mesmo que Márcia se arrependa e queira devolver Daniel, não vai achar mais ninguém na casa.

– Eu sei o que está querendo me provar.

– Provar não, minha querida, e sim mostrar o que é o certo.

– Sei que acha que Isabel também está errada.

– Laura, não acho nada, do jeito que coloca suas palavras dá a impressão de que estou contra Isabel, eu apenas quero que enxergue o óbvio.

– Mas eu confio em Isabel, ela deve ficar com meus filhos.

– Mas você há de concordar que Isabel também está sendo egoísta.

– Mas ela só está cumprindo o que me prometeu.

– Sabe, Laura, muitas vezes fazemos promessas difíceis de ser cumpridas, porque não é o que devemos realizar.

– Mas quem seria a pessoa certa para criar meus filhos? E, depois, além de confiar em Isabel, também a amo muito, e sei que ela ama meus filhos como se fossem dela.

– Eu sei, minha querida. Bem, vamos embora esperando que tudo seja encaminhado.

– Mas pensei que pudesse ver Rodrigo.

– Agora não é permitido. Rodrigo precisa ficar consigo mesmo, e com você perto poderá ser influenciado em suas atitudes.

– Não a estou entendendo, eu o quero muito bem, sei que posso ajudá-lo, meu amor por ele é o que de mais profundo eu já senti.

– Por tudo isso mesmo, minha querida, quando você está próxima dele, a vibração é tão forte que o perturba. Ele toma atitudes, mas não as conclui, porque é o que você sente, o que você gostaria que acontecesse, e não o sentimento dele. Lembra-se da carta? Ele escreveu, mas não a enviou.

– Você tem razão.

– Sabe que não precisa estar perto dele para ajudá-lo.

– Às vezes, esqueço o que devo fazer e coloco minhas vontades na frente.

— Não tem importância, estou aqui para lembrá-la e elucidar seus sentimentos.

Laura aceitou as explicações de irmã Olívia e ambas foram embora.

Virtude, ❦
paciência e tolerância

Depois do café da manhã, Danilo foi com o vô Zé conhecer a fazenda. E Jandira convidou Matilde e a filha para se sentarem na varanda.

– Danilo logo se acostuma aqui e, olha, vai gostar muito. Mas ele não *tava* estudando lá em São Paulo, *fia*?

– Estava sim, mãe.

– E por que tirou o menino da escola e veio de carreira pra cá?

– Sabia, mãe, que iria me perguntar isso.

– Se sabia, *fia*, então é só responder.

– Sabe, mãe, tenho muita coisa para contar para a senhora, a conversa vai ser longa.

– Então comece, *fia*, adoro uma prosa.

Isabel ia começar a contar tudo à mãe quando João a interrompeu:

46 ⊂ℛ Uma longa espera

— Minha irmã querida, que saudades!

— Puxa, João, como está bonito!!!

João abraçou forte a irmã e a rodopiou com alegria.

— Deixe-me ver como você está crescidinho.

— Crescidinho? Já sou um homem formado.

— Olha só, quem vê pensa que é grande coisa.

— E não sou, mãe? Já fiz 21 anos.

— Puxa, João, como você está homem formado e muito bonito! Deve estar arrasando corações!

— Ah, isso *tá* mesmo. Lembra, *fia*, quando esta casa vivia cheia de menino e menina? Pois é, continua assim, com a diferença de que agora *tá* tudo crescido igual à *vocêis*, mas *tão* tudo maluco também. As *moça tudo* vêm buscar seu irmão toda hora *pra* sair.

— Ah, mãe, é a modernidade.

— Ah, Isabel, não adianta falar nada, a mãe não concorda.

— Deixe de prosa e vai junto de seu pai e do menino Danilo.

— Não está ajudando mais o pai aqui com a fazenda?

— Claro que estou, minha irmã, sabe que adoro tudo isso, mas tenho muita novidade para contar para você, estou bolando algo novo para as pessoas desta cidade.

— Mas pode ficar *pra* outra hora, sua irmã vai ficar aqui com a gente, vão ter tempo *pra* colocar a conversa em dia, *vai* se encontrar com seu pai e conhecer Danilo, você vai gostar dele, meu *fio*, é um menino encantador.

— Mas, antes, quero que conheça dona Matilde.

— Seja bem-vinda, dona Matilde.

— Obrigada, João, sua irmã fala muito de você.

— Espero que bem.

— Ah, menino, deixe de ser atrevido e *vai* andando.

João se despediu das mulheres e saiu, deixando Jandira dar continuidade ao que mais a preocupava.

– Pode continuar, minha *fia*, quero sabe o que está afligindo tanto você.

Isabel olhou Matilde, que estava preocupada, e continuou:

– Lembra que liguei contando que havia adotado uma criança?

– Lembro sim, minha *fia*, que, claro, é Danilo!

– Pois então, mas a verdade mesmo é que ele é filho de Laura.

– Minha virgem santíssima!!! O que *tá* dizendo, *fia*?

– E tem mais, minha mãe, Laura não teve um filho, teve dois.

– Minha Nossa Senhora da Aparecida!!! O que *tá* dizendo, *fia*?

– Eu vou lhe contar tudo, minha mãe, e a senhora vai entender tudo.

– Pois, então, conte logo.

Isabel revelou tudo o que havia escondido até então, desde o namoro de Laura com Rodrigo até sua morte. Não ocultou nada, nem que fugiu de Rodrigo para não lhe entregar o filho.

– Mas, minha *fia*, *tá* tudo errado, o que será de tua vida agora? Mentira tem perna curta, cedo ou tarde ele vai descobrir, *fia*!!!

– Por favor, mãe, jura que não vai contar tudo isso nem para o pai? Jura para mim, mãe?

Jandira ficou desesperada, começou a andar de um lado para o outro, tentando, em sua humilde sabedoria, entender o porquê de sua filha ter agido daquela maneira.

– Mas, minha *fia*, não foi isso que eu e seu pai a ensinamos!!!

– Por favor, mãe, jure para mim, mãe!!!

– Eu juro, minha *fia*... Eu juro pela minha santinha Nossa Senhora de Aparecida, mas *num* vou me conformar com essa mentira, *fia*.

48 ∽ UMA LONGA ESPERA

Isabel se agarrou a sua mãe e chorou como uma criança. Jandira ficou penalizada, acariciou os cabelos da filha e disse:
– Quer dizer que a menina Laura não foi atropelada? Morreu no parto dos gêmeos que colocou no mundo?
– Exatamente, dona Jandira, Isabel não quis lhe contar por causa de dona Cida. Eu até tentei convencer Laura a contar a verdade sobre a gravidez, sobre os gêmeos, porém ela não teve coragem, dizia que sua mãe iria se decepcionar, ainda mais depois que soube que o pai se casara com outra.
– *Tá* vendo o que dá começar uma mentira?
– Mas, dona Jandira, Isabel não teve culpa, se Laura não quis contar para a própria mãe sobre a gravidez, Isabel precisou inventar a adoção.
– *Quer dizer* que se o tal do pai *num* tivesse aparecido na sua casa, você não tivesse que fugir *pra* cá, nunca que eu e seu pai íamos ficar sabendo a verdade, *fia*?
– Não, mãe, eu ia contar, só estava esperando uma oportunidade.
– Mas, minha *fia*, isso não *tá* certo. *Pra* que tanta mentira? Você não acha que seu pai deve saber? Ele é seu pai e é muito instruído, sabe de lei, vai poder ajudá-la.
– Tudo bem, mãe, eu concordo, mas vamos esperar um pouco, não sei nem se vou ficar aqui. E, se o pai souber, não vai me deixar ir embora.
– Não vai ficar aqui? E vai *pra* onde?
– Não sei, minha mãe, até quando Deus quiser eu ficarei. Mas uma coisa eu digo, e não tenho medo, se for preciso fugir para a Europa eu vou, mas Rodrigo não vai ficar com Danilo, aliás, nunca vai conhecê-lo.
– Mas *pra* que tanta *brabeza*, *fia*?

– Eu não gosto dele, eu odeio esse homem.

– Olha que o ódio anda lado a lado com o amor.

– Deus me livre, minha mãe.

Jandira abraçou a filha e achou melhor se calar, mas como uma autêntica mineira, desconfiou do ódio que Isabel dizia sentir. Mineira astuta e sábia, ela elevou seus pensamentos para sua querida companheira Cida, chorou por ela ter partido sem saber que a filha havia deixado dois netos e que, por ironia do destino, um deles estava ali tão próximo de tudo o que ela ajudou a construir durante sua passagem por essas terras de meu Deus.

Mãe Cida era assim chamada carinhosamente por todos. Perdeu seus pais ainda pequena e foi criada pelos pais de Jandira, que assim que se casou com José Roberto a trouxe junto. Elas eram mais que duas amigas verdadeiras e fiéis, eram duas irmãs por afinidade. Cida se casou com um dos empregados da fazenda e teve Laura, que consequentemente foi criada junto dos filhos de José e Jandira. Isabel foi para São Paulo estudar e se formar, logo depois, Laura foi para lá para cursar o ensino superior; cursava o primeiro ano de enfermagem e José Roberto custeava tudo com muito gosto. Mas Laura não achava justo viver em São Paulo sem ajudar nas despesas da casa, por essa razão foi trabalhar na fábrica de tecidos, onde traçou o seu destino.

– O que foi, mãe, está tão calada! Eu sei que está desapontada comigo, não é isso?

– Não, minha *fia, num* é isso, estou aqui pensando com meus botões que minha irmã Cida poderia estar aqui e conhecer o neto, tudo poderia ser bem diferente. Por que Deus muda nossos destinos assim tão de repente?

– É, dona Jandira, muitas vezes me faço a mesma pergunta. Mas só o Criador é quem sabe a resposta.

– Bem, minha *fia* Isabel, não aprovo esse negócio de fugir do pai do menino, mas, no momento, não podemos fazer nada, temos de esperar e ver o que Deus, nosso Criador, vai nos reservar. Aquiete seu coração, você pode contar com sua mãe, no que depender de mim, tudo vai ficar bem. Agora chega de prosa, preciso ver o que Bentinha vai preparar para o almoço.

– Eu a acompanho, dona Jandira.

As duas mulheres saíram e Isabel continuou sentada na varanda pensando em Rodrigo.

– Quem ele pensa que é? Acha que pode sumir durante todo esse tempo e depois voltar querendo saber de Laura. Não tem vergonha mesmo, está casado e ainda quer saber de Laura? Ela era ingênua demais, mas comigo não, comigo ele vai cair do cavalo. Quero que ele sofra muito!

– Minha querida e amada Isabel, não cultive tanto rancor, isso fará mal a si mesma.

– Laura!!! É você?

– Sim, sou eu, minha querida.

– Eu sei, eu sei que está aqui me ouvindo... Olha, fique sossegada, Rodrigo não vai tirar Danilo de mim, eu lhe prometo. E eu lhe suplico, ajude-me a encontrar Daniel antes de Rodrigo.

Laura se aproximou de Isabel e disse com muita tristeza no coração:

– Não, Isabel, não é assim que deve proceder, quero que tire do seu coração esse ódio que sente por Rodrigo. Entenda, em vez de atacá-lo, procure a parte boa de Rodrigo, pois, como todo mundo, ele também tem suas virtudes, ensine-o quais são os verdadeiros valores, doe amor, que receberá amor.

Isabel não ouvia exatamente Laura, mas sentia que Laura estava por perto.

– Eu sei que se estivesse aqui pediria para eu não alimentar mágoa, eu sei que se dependesse de sua vontade eu teria mais tolerância com ele, mas você sabe que é mais forte que eu, não consigo perdoá-lo. Não se zangue comigo.

– Está vendo, Laura... Ela sente você, ela recebeu sua mensagem, não é maravilhoso?

– Contudo, ela ainda tem muita mágoa dele.

– Não se apresse, o trabalho é lento, mas você vai conseguir. Quais são as virtudes mais importantes?

– Já sei, paciência e tolerância.

– Isso mesmo, Laura, são esses sentimentos que teremos de trabalhar em você mesma e em Isabel.

– Laura, se ainda estiver aqui, quero lhe pedir que me ajude a encontrar Daniel, por favor, ajude-me. Nunca perdi a esperança, sei que vou encontrá-lo.

– Não se aflija, tudo tem sua hora, tem seu tempo, primeiro você tem de cultivar valores morais, aprenderá muitas coisas, apenas faça sua parte e aceite Rodrigo com carinho. Meu tempo está se acabando; em outra oportunidade estarei aqui para fortalecê-la. Fique em paz. Que Deus a abençoe.

A cobrança
de atitudes

Rodrigo não se sentia bem, mas foi para a empresa. Assim que chegou, pediu para uma das secretárias ligarem para Raquel.

— Seu Rodrigo, Raquel está na linha.

— Raquel, tudo bem? É Rodrigo.

— Oi, Rodrigo, como está? Quanto tempo não nos falamos!!!

— Para falar a verdade não estou muito bem, será que podemos nos ver à noite?

— Mas você está tão aflito, aconteceu alguma coisa?

— Não, só preciso de você, preciso conversar.

— Ah, já entendi, sem problemas; passe para me pegar por volta das oito e meia da noite.

Rodrigo desligou o telefone um pouco mais animado, mas não conseguia tirar da cabeça a lembrança de Isabel tão transtornada. Passou as mãos pelos cabelos na tentativa de esquecer tais fatos. Na hora marcada, apanhou Raquel em sua casa e foram para um restaurante.

– Puxa vida, pensei que não voltaria mais para o Brasil.

– Para falar a verdade, não queria voltar, mas...

– Mas você não conseguiu esquecer Laura, não é isso?

– É, não consegui.

– Se quer tanto vê-la, por que não foi procurá-la?

– Aí é que está, eu fui, mas me disseram que faz muito tempo que ela deixou o emprego.

– Você sabe onde ela mora, vá até lá.

– Eu fui. Raquel, só tenho você para me ajudar.

– Não o estou entendendo. Se foi até lá, por que precisa de mim?

– Eu fui a sua casa, mas antes não tivesse ido.

– Por quê? O que houve?

– Isabel me recebeu com quatro pedras nas mãos.

– Não acredito!!! Ainda não se entenderam?

– Ainda não, e acho que nunca vamos.

– Mas o que aconteceu realmente?

– Bem, dona Matilde estava lá e veio me atender no portão, mas, quando eu entrei, Isabel ficou tão furiosa que, além de chispar fogo pelas ventas, ainda me agrediu.

– Mas tenho certeza de que Laura já sabe e vai vir procurá-lo.

– Não creio. Do jeito que Isabel ficou, com certeza ela nem vai ficar sabendo que eu a procurei.

– Ah, Rodrigo, nem sei o que dizer.

– Eu vou lhe contar o que aconteceu. É por esse motivo que preciso de você. Só você me entende...

Raquel cortou Rodrigo e se adiantou:

– Se é o que estou pensando, não tem acordo.

– Por favor, só você pode fazer isso por mim.

– Não... Não, de jeito nenhum... Se ela soltou os cachorros em você, que dirá em mim!!!

– Por favor, Raquel, estou implorando...

– Com que cara vou chegar lá e dizer: por favor, Laura está? Elas nem me conhecem!!!

Depois de longos minutos, Rodrigo conseguiu convencer Raquel a ir procurar Laura. Ela era a mais fiel e verdadeira amiga dele, mas escondia uma paixão de muitos anos, pelo menos ela achava que era um segredo só dela. E Rodrigo amava muito Raquel, mas como uma grande amiga e confidente. Ela sabia mais de Rodrigo do que seus pais, ela, sim, o entendia e sempre estava ali com um ombro amigo para o amado, mas sofria muito por conta disso, pois Rodrigo a tinha como "Aquele Cara Legal" e confidenciava coisas que só se conta para um amigo muito íntimo. Enfim, Raquel era seu camarada.

Depois que Raquel concordou em ajudá-lo, Rodrigo relaxou e ficou mais simpático, apreciando o jantar com mais apetite. Já passava da meia-noite quando ele parou o carro em frente à casa dela e se despediu.

No dia seguinte, Raquel parou o carro em frente à casa de Laura e ficou por algum tempo pensando se deveria ou não fazer o que Rodrigo lhe havia pedido.

– Meu Deus, por que sou tão idiota? Será que devo mesmo ir até lá? Era só o que me faltava, procurar pela minha rival! Tudo bem... Tudo bem, Raquel, respira fundo e vai, foi para isso que veio até aqui.

Raquel falava consigo mesma se questionando sobre o que deveria fazer quando bateram no vidro do seu carro, ela se assustou:

– Hei, moça...Hei, moça...

Raquel abriu o vidro com as mãos trêmulas e, sem jeito, perguntou:

– Pois não?

– Por um acaso veio à casa de Isabel?

– Sim... Sim, senhora...

– Pensei que você estava trazendo notícias dela!!!

– Notícias!!! Não a estou entendendo.

– Ah, você não sabe? Isabel e Matilde sumiram há dois dias.

Raquel desceu do carro para conversar melhor com a vizinha.

– Muito prazer, eu sou Raquel. O que a senhora está me dizendo?

– É isso mesmo, moça, há dois dias estamos procurando informação delas e até agora nada, sumiram sem deixar vestígios, e nós todos aqui estamos preocupados, pois Isabel é uma moça muito boa e sensata, e agora sumiu!!!

– Mas vocês não sabem nada?

– Não, moça; não sabemos nada, estamos preocupados, eram tão boas vizinhas!

– Mas não ouviram nada? Nem arrombamento, algo parecido... Sabe como é... Hoje em dia tudo pode acontecer.

– Não, moça, você mesma pode entrar e ver, está tudo intacto, entramos pela lateral da casa e ninguém mexeu em nada, todos os utensílios estão no mesmo lugar. O que será que pode ter acontecido com Isabel e Matilde para sumirem assim?

– A senhora disse Isabel e Matilde? Mas aqui também não morava uma moça chamada Laura?

– Ah, morava sim, mas Laura partiu há muitos anos...

— Partiu? Partiu para onde? Ela se mudou?

— Não, moça, Laura, há muitos anos, morreu...

Raquel tomou um baque tão grande que ficou com as pernas bambas, e, pálida como cera, teve uma vertigem tão aguda que tateando suas mãos no muro de frente a casa, segurou-se.

— Moça... Moça... Você está se sentindo mal?

A senhora socorreu Raquel fazendo-a sentar em um banco que havia em frente a casa e foi correndo pegar um copo de água. Assim que Raquel tomou alguns goles, perguntou:

— A senhora tem certeza do que acabou de dizer?

— Olha, moça, tenho sim, Laura morreu há muitos anos, mas não vou dizer mais nada, estou achando muito esquisito você não saber nada e chegar agora sem mais nem menos e fazer tantas perguntas, não sei quem é você!!!

— Não se preocupe, já estou indo embora, a senhora não precisa me responder mais nada e, fique tranquila, sou apenas amiga de muito tempo delas, só vim fazer uma visita. Já vou indo.

— Você não acha melhor descansar mais um pouco?

— Não... Não... Já estou bem.

Raquel não estava nada bem, mas precisava sair de lá o quanto antes, e foi o que fez, entrou no carro e saiu muito apressada. Depois de rodar com o carro por muitas horas, foi para a casa de Rodrigo. Estava atordoada, mal conseguia raciocinar. Márcia, assim que viu Raquel meio cambaleante, foi ao seu encontro.

— O que foi, Raquel? Aconteceu alguma coisa com Rodrigo?

— Não, dona Márcia, mas vai acontecer.

— O que está dizendo, menina? Não está falando coisa com coisa!!!

– Ligue para Rodrigo. Ligue para Rodrigo, ele tem de saber.

– Não antes de eu saber o que houve.

– Rodrigo pediu que eu fosse procurar por Laura.

– E você, muito idiota, foi.

– Fui, dona Márcia, mas antes não tivesse ido.

– Por quê, o que houve? Ela a colocou para fora, não foi?

– Não, dona Márcia, ela morreu, Laura morreu!!!

– Você tem certeza disso?

– Absoluta. Ligue para Rodrigo.

– Espere, espere um pouco, deixe-me pensar.

– Pensar no quê, dona Márcia? Rodrigo tem de saber!!!

– Raquel, preste atenção, nós vamos ligar para Rodrigo, sim; mas vamos mudar um pouquinho essa história.

– Como assim, dona Márcia?

– Você ama Rodrigo, não ama?

Raquel do mal-estar passou à perplexidade com Márcia.

– Eu, dona Márcia?

– Deixe de ser sonsa, Raquel, só o paspalho do meu filho que não vê.

– Mas, dona Márcia...

– Nem mais, nem menos, agora é sua oportunidade.

– O que a senhora está inventando? Pelo amor de Deus!!!

– Que mania vocês têm de colocar Deus em tudo.

Márcia quis saber tudo sobre o que seu filho havia pedido; depois fez um trato com Raquel, que não gostou nada da proposta. Quando ela ia rebater e se negar a compactuar com Márcia, Rodrigo chegou. Admirado ao ver Raquel em sua casa e ainda mais em companhia de sua mãe, perguntou:

– Raquel!!! Mãe!!! O que está acontecendo aqui?

– Ah, meu filho... Calma, meu amor... Chegou a hora de você saber de tudo... Eu não queria, porque fiz uma promessa, mas não tem mais jeito, vou ter de lhe contar tudo o que está há anos consumindo, dia a dia, minha alma e a de Raquel também. Raquel mal conseguia respirar, pois sabia que Márcia iria fazer um teatro diabólico e, sem ação com a atitude dela, apenas se limitou a olhar apavorada para Rodrigo.

– Vocês estão me deixando assustado, falem logo!!!

– Eu sei que pediu para Raquel procurar por Laura, e sei também que Raquel quis recusar, não foi?

– Sim, foi, mas o que a senhora tem com o pedido que fiz a Raquel? A senhora não vai começar, aliás...

– Pare, Rodrigo, deixe-me terminar, depois que eu lhe contar tudo, você vai entender.

– Pois, então, conte-me logo.

– Como eu ia dizendo, você pediu para Raquel, mas ela teve de me procurar.

– Mas procurá-la para quê? Isso é um assunto meu e de mais ninguém!!!

– Você vai ou não me deixar terminar de falar?

– Tudo bem, continue.

– Após alguns meses que você embarcou para Portugal, Laura veio me procurar...

– Laura?

– Sim, meu filho, Laura me procurou, ela estava muito doente, mas muito mesmo, e estava com os dias contados.

Rodrigo engolia em seco com os olhos grudados em sua mãe, mal piscava tamanha emoção que sentiu invadir seu corpo. E Márcia, quando percebeu a fragilidade do filho, investiu mais e friamente continuou seu drama.

– E não teve outro jeito, tive de recebê-la. Você sabe que não simpatizava muito com ela, mas, diante do que meus olhos viram, não tive como não estender a mão.

– Pelo amor de Deus, minha mãe, fale logo!!!

– Laura veio me procurar com um filho nos braços e me fez jurar que eu ficaria com o bebê se algo de ruim viesse a lhe acontecer, e, por ironia do destino, ela veio a falecer.

Rodrigo se deixou cair no chão e, com as mãos segurando seu rosto, chorou desesperadamente, seus gemidos podiam ser ouvidos por toda a casa, seu peito doía como se um caminhão tivesse passado por cima dele sem dó nem piedade, parecia que Deus queria puni-lo, fazendo com que ele sentisse dores insuportáveis percorrendo todos os seus poros, comprimindo seus vasos sanguíneos. E, num grito latente, vociferou:

– É mentira sua!!! A senhora está mentindo.

Raquel chorava, não acreditando no que Márcia estava sendo capaz de fazer, sem ter misericórdia de seu próprio filho. Ela, por sua vez, foi para junto do filho, acolhendo-o em seus braços, deixando que suas lágrimas se misturassem às dele, e, sem sentir remorso de um ser tão frágil e vulnerável, disse:

– Eu sei que está doendo terrivelmente, mas você ficou com um pedaço de sua amada. Seu filhinho é lindo.

Por alguns instantes, Rodrigo passou a mão pelo rosto na tentativa de decepar as lágrimas doídas, olhando para a mãe perguntou:

– Um filho!!!

– Sim, meu querido, Laura teve um filho seu.

Raquel, sem suportar tamanha desumanidade, olhou para Márcia incrédula, perguntando-se o que ela seria capaz de fazer para saciar seus desejos egoísticos.

— A senhora quer dizer que eu tive um filho com Laura?

— Isso mesmo, meu filho.

— E por que nunca me contou?

— Porque ela me fez prometer que não ia contar a ninguém. Ela temia que suas amigas não o deixassem conviver com o pai.

— E onde está meu filho?

— Bem seguro. Em outro estado.

— Mas por quê?

— Justamente para ninguém saber. Laura tinha muito medo de que ele não pudesse crescer junto de você. Só eu, seu pai e Raquel sabemos onde ele está.

— Você sabia, Raquel, e não me contou?

Márcia se adiantou e não deixou Raquel responder:

— Raquel foi uma mulher fiel e, por amor a você, sugeriu que eu o levasse para bem longe daqui, e foi o que fiz. Ah, meu filho, ele é a coisa mais linda do mundo!!!

— Puxa!!! O amor da minha vida partiu e eu não estava aqui, não vou me perdoar nunca.

— Pare de dizer bobagens, tem de se perdoar, sim, tem um filho para criar.

— Mas ela deve ter precisado de mim e eu não estava ao lado dela.

— Eu sei que dói muito. Laura teve o destino dela e teve de partir, mas seu filho está aqui e vai precisar de você. Em memória de Laura, precisa ter forças e cuidar do seu filho. Onde ela estiver vai ficar feliz de ver pai e filho juntos.

Rodrigo estava tão mal consigo mesmo que não conseguia raciocinar direito, passava suas mãos trêmulas em seus cabelos tentando aliviar o remorso que o impedia de avaliar o cinismo que continha os olhos de sua mãe.

– Rodrigo, eu estou lhe dizendo que Laura deixou um filho maravilhoso e você não sente nada? Era um bebê tão frágil e tão lindo ao mesmo tempo!!!

– Mãe, por que não me contou tudo isso antes?

– Eu já disse que...

– Isso não é justo, já se passaram anos e a senhora não me contou nada? Eu amava Laura, eu a amava muito.

Rodrigo, desnorteado, não esperou pelas respostas e saiu. Raquel, completamente penalizada, fez menção de ir atrás dele, mas Márcia a impediu.

– Raquel, volte e sente-se aqui, deixe-o sozinho, ele precisa pensar.

– E a senhora fala com essa tranquilidade? A senhora não tem coração.

– E você, com todo o coração do mundo, não conseguiu fazê-lo esquecer aquela infeliz.

– Como pode fazer isso com seu próprio filho? Não viu como ele ficou desesperado?

Márcia, sem paciência, pegou no braço de Raquel e a fez sentar-se bruscamente no sofá:

– Pare de drama e tome uma atitude, será que não vê que é sua chance? Será que não vê que agora Rodrigo pode ser seu?

– Mas não quero Rodrigo pela metade, não vê que ele ainda sofre por Laura? E agora esse filho! Ele está péssimo!!!

– E daqui a pouco ele vai sofrer por Maria, Rosa, Cristina etc. Se você não preencher seu coração, isso que ele sente vai sentir ainda muitas vezes em sua vida, principalmente se não tomar uma atitude e tomá-lo para si.

– Dona Márcia, às vezes me assusto com a senhora.

– Raquel, você ama ou não meu filho?

— Eu o amo, mas ele não me ama.

— Raquel, seja prática, é sua oportunidade de estar ao lado dele, seja solícita, mostre-lhe que você é a mulher certa, aproveite que ele está frágil, vulnerável, use a cabeça, faça com que ele sinta algo mais por você.

— Que algo mais, dona Márcia?

— Por tudo isso que você nunca conquistou Rodrigo. Por acaso acha que a cegonha trouxe Daniel para ele? Laura deixou que ele sentisse o que é o fogo de uma paixão, ela se entregou por inteiro e não ficou acolhendo-o como uma grande amiga. Ah, por favor, Raquel, não preciso ser mais explícita, mostre-lhe o que você tem para oferecer, seja esperta, pense com a cabeça e aja com o corpo, você vai ver que logo, logo, ele estará a seus pés.

— Eu não sei fazer isso.

— É claro que não, em vez de seduzi-lo, prefere oferecer o ombro para ele chorar. Raquel, você quer Rodrigo ou não?

— A senhora sabe que sim, mas não...

Márcia a interrompeu e concluiu:

— Deixe comigo, vou ajudá-la a ser sensual para que ele possa notá-la.

— E como vai fazer isso?

— Ah, Raquel, saiba que homem pensa com a emoção, e não com a razão. Deixe de ser amiga, seja uma boa amante.

— Mas, dona Márcia, cada um tem o seu jeito.

— Mas, às vezes, temos de mudar. Por exemplo, temos de mudar seu guarda-roupa.

— O que tem meu guarda-roupa?

— O que é que tem? Não estou falando do seu guarda-roupa, e sim das roupas que usa.

– Não vejo nada de mais em minhas roupas.

– Pelo amor de Deus, Raquel! Esse ar de executiva tem de mudar, chega de terninhos, saias e *blazer*.

– Mas são modelos que tenho de usar, meu trabalho exige.

– Mas os homens não gostam de mulheres que passam segurança, independência financeira.

– Não?

– Claro que não. Os tempos mudaram, mas os homens ainda preferem mulheres frágeis, dependentes, enfim, eles preferem uma boa amante, charmosa, bonita, que chame a atenção, em vez de uma mulher exigente, durona, que manda e desmanda, que seja concorrente de profissão, entende?

– Desculpe, dona Márcia, mas não vou mudar o que sou.

– Ah, Raquel, deixe de ser sempre tão formal, tão certinha, dá para conciliar as duas coisas, a executiva e a mulher jovial, bonita, sensual.

– Ah, não sei se vou conseguir, sempre fui assim, sempre agi e me vesti dessa maneira.

– Raquel, preste atenção, é tudo tão fácil! Eu sei que em seu trabalho há algumas exigências, mas à noite, ou quando estiver com Rodrigo, pode moldar tudo, desde roupas até seu comportamento.

Márcia ficou horas discutindo com Raquel sobre como se comportar, o que usar, até mesmo o que dizer para envolver Rodrigo, e, mesmo a contragosto, Raquel acabou se convencendo, pois desde os tempos de escola era apaixonada por Rodrigo. Assim, pensou que talvez fosse a hora de conquistar o amor de sua vida, que já estava mais que no tempo de deixar de ser apenas sua amiga de todas as horas, afinal de contas, não era pecado lutar para tê-lo como esposo.

Nem tudo é permitido

Rodrigo estava emocionalmente perturbado. Depois de rodar várias horas com o carro e lamentar muito por ter abandonado Laura, voltou para casa, onde seus pais o esperavam ansiosos.

– Rodrigo, meu filho, até que enfim chegou!!!

Rodrigo não respondeu, apenas acelerou os passos para não ouvir mais nada.

– Meu filho, não vai dizer nada? Nós estávamos preocupados.

O remorso tomava conta de Rodrigo, que parou diante da escada e rapidamente se virou para seus pais:

– Pai, o senhor também sabia o que minha mãe me revelou?

– Bem, meu filho, eu sabia sim, mas...

– Não precisa continuar, era só o que eu precisava confirmar.

Rodrigo não disse mais nada, apenas subiu para o quarto, fechou a porta e se jogou na cama.

Osmar ficou muito zangado com a mulher, e disse:

— Está vendo, Márcia, o que você fez?

— Ah, Osmar, pare de drama, daqui a alguns dias tudo voltará ao normal.

— Eu cansei de alertá-la, mas não, você sempre acha que sabe de tudo. E agora, o que vamos fazer?

— Nada, Osmar, não vamos fazer nada, vamos dar um tempo para Rodrigo. Assim que ele conhecer o filho, tudo vai passar, até essa paixão absurda que teve por Laura.

— Como você tem coragem de dizer uma coisa dessas? Laura é a mulher que ele amou. E mais, é a mãe do seu filho!!!

— Não sei por que vocês complicam tanto as coisas, isso passa, tudo passa na vida. É só aparecer um novo amor que ele esquecerá tudo, ninguém é insubstituível.

— Mulher, o que você está aprontando agora?

— Nada que uma boa sacudida de mulher não ajeite.

— Márcia, não quero que me meta em outra enrascada, vai ser difícil ele nos perdoar, veja lá o que vai aprontar.

— Você é um medroso mesmo, não se preocupe, está tudo sob controle.

— É, estou vendo o que deu seu controle.

— Ah, meu querido, não precisa se envolver, deixe comigo.

— Márcia, espero que não conte comigo mesmo, eu amo meu filho e não quero me indispor por conta de seus planos.

— Tudo bem, tudo bem, deixe esse assunto comigo, meu amor, você sabe que faço tudo por nossa família. Agora, vamos dormir que amanhã será outro dia.

Osmar e Márcia se recolheram para o quarto enquanto Rodrigo não se conformava com o que seus pais tiveram coragem de lhe esconder. No silêncio de seu quarto remoía pensamentos revoltos:

— Por que, por que fiz isso com Laura? Por que a abandonei? Meu Deus, é por essa razão que Isabel não quer me ver, odeia-me ainda mais. Meu Deus, ajude-me, faça com que Laura me perdoe onde estiver, se é que alguém pode perdoar uma coisa dessas!!!

Laura e irmã Olívia estavam ao lado de Rodrigo.

— Puxa, como gostaria de estar com Rodrigo.

— É, eu sei, minha querida, mas nem tudo o que desejamos nos é permitido. Se você está aqui conosco agora, é porque tinha de ser assim. O que temos de fazer é ajudá-lo a continuar seu caminho, pois, como disse Márcia, ele tem um filho para criar.

— Eu também espero que assuma a paternidade.

— Então, vamos elevar nossos pensamentos a Deus e aos nossos colaboradores para que Rodrigo possa refletir sobre tudo o que acontecerá a partir de agora em sua caminhada.

— Mas nós vamos estar junto dele, não é mesmo, irmã Olívia?

— Sim, minha querida, mas peço a você que se fortaleça para não pôr tudo a perder.

— O que está querendo dizer, irmã?

— Não se perturbe com o que eu disse, apenas fortaleça seu amor e queira o melhor para Danilo, Daniel e Isabel.

— Por quê, irmã, tem algo que eu ainda não sei?

— Não é que você não saiba, apenas foi esquecido, mas como eu lhe disse, fortalecendo-se e realmente desejando ajudá-los, não há o que temer.

Laura ficou preocupada, mas não quis perguntar mais, entendia que saberia de tudo na hora certa. E, fechando seus olhos, acompanhou irmã Olívia nas preces junto de Rodrigo. Em seguida, ambas se retiraram. Rodrigo não conseguia conciliar o sono, seus pensamentos eram todos em Isabel.

— Eu preciso voltar lá na casa de Isabel e saber tudo o que realmente aconteceu, mesmo que ela sinta ódio de mim, vai ter de me receber.

Rodrigo acabou adormecendo depois de tanto pensar nos últimos acontecimentos. Faltavam dez minutos para as seis horas da manhã quando se levantou, tomou banho e desceu para tomar café.

— Bom dia, meu filho.

Rodrigo se limitou em dar apenas bom-dia ao pai.

— Meu filho, até quando vai ficar assim comigo? Eu posso lhe explicar.

Rodrigo se manteve calado, em sua alma só cabia mágoa e decepção.

— Não adianta ficar assim, meu filho, uma hora terá de conversar comigo.

— O que quer que eu diga, pai?

— Qualquer coisa, mesmo que for para dizer desaforos.

— Pai, não tenho o que falar.

— Claro que tem, meu filho, sua mãe, quando veio falar comigo, já estava com Daniel, não pude fazer nada.

— Claro que poderia, mas achou melhor se calar, sabe o que senhor pensou? Para que avisá-lo, no fundo acabará fazendo tudo o que nós quisermos mesmo. Mas sabe quem é culpado de tudo isso? Sou eu mesmo, sabe por quê? Porque nunca tive coragem de enfrentar o que realmente gostaria para mim, e isso é tudo o que tenho a dizer, agora me dê licença.

Rodrigo se levantou sem esperar a resposta de seu pai.

— Meu filho, vamos buscar Daniel, você não vem conosco?

— Tem vocês para buscá-lo, não precisa de mim.

Márcia chegou a tempo de ouvir o fim da conversa:

— O que está acontecendo aqui?

Osmar apenas fez sinal para que ela o deixasse ir e, desalentado, deixou as lágrimas fluírem.

— Osmar, o que houve, preciso saber.

— É, Márcia, não vai ser tão logo que nosso filho vai nos perdoar.

— Por quê, diga-me.

— Ele não quer saber nem de Daniel, disse que nós não precisamos dele.

— Meu Deus! Se conheço Rodrigo, ele vai procurar saber mais na casa daquelas desocupadas. Tenho de fazer alguma coisa.

— Márcia, por favor, não mexa mais no vespeiro.

— Como não? Vou ligar para Raquel.

Márcia, mais do que depressa, ligou para Raquel:

— Raquel, sou eu, Márcia, sei que Rodrigo vai atrás de mais informações sobre aquela fulaninha. Você tem de interferir.

— Interferir como?

— Ligue para ele, faça alguma coisa, senão não só nós, como você também, vamos perdê-lo. Você entendeu?

— Está bem, está bem!!!

— Mas faça isso agora, antes que seja tarde.

Isabel, junto de Danilo e Matilde, logo se acostumou com a vida pacata do interior, mesmo porque o principal era estar longe de tudo o que ameaçasse o menino. Isabel não se permitia sequer pensar na hipótese de perder seu filho amado. Tio João, era assim que Danilo o chamava, matriculou-o em uma escola conhecida da cidade, e todos os dias o levava e buscava. Todas as atenções do mundo eram para o pequeno, que se afeiçoava cada vez mais a todos da casa, principalmente ao *vô* Zé e à *vó* Jandira, que não mediam esforços para ensiná-lo tudo sobre a terra, os cavalos, os gados, enfim, tudo o que envolvia uma razoável fazenda bem trabalhada. Com os passar dos meses, Danilo mostrou um grande interesse pelo trabalho da terra propriamente dito, dizia que quando chegasse a hora, estudaria tudo sobre aquele mundão de terra. E Isabel, que era apaixonada pela cidade grande, uma fã incondicional da vida urbana, sempre o repreendia. Na realidade, não lhe agradava nada, nada ver o filho se interessando pela vida do campo, por essa razão sempre procurava chamar a atenção dele quando carregava nos *erres*, o que era típico dos habitantes do interior, ao contrário de Jandira, que achava lindo o neto com aquele sotaque caipira cada vez mais carregado.

— Vem, Danilo, o almoço já está na mesa, mais tarde você vai ver o bezerro com tio João.

— Não, mãe, depois do almoço Danilo vai estudar.

— Mas, *fia*, o que tem? Deixe o menino andar por essas terras.

— Não, mãe, Danilo precisa estudar, isso sim.

— Mas ele gosta, *fia*.

70 ⊂ଧ Uma longa espera

– Mas eu não, não gosto ver Danilo no meio de cavalo, vacas e porcos.

– E o que tem de mais? Fique sabendo que foi justamente o trabalho das terras e dos bichos que te deram estudo!!!

– Eu sei, mãe, mas não incentive Danilo, meus planos para ele são outros.

– E quais são seus planos, *fia*? Ser um doutor de qualquer coisa e depois guardar o diploma em um baú?

– Ah, mãe, a senhora sabe do que estou falando. Assim que eu puder voltar para São Paulo, vou levar Danilo comigo.

– De jeito nenhum, Danilo fica com a gente!!!

– O senhor também, pai?

– Danilo não vai para São Paulo e a senhorita também não.

– Por que não, pai?

– Diga-me, minha filha, vai fazer o que em São Paulo? Está lhe faltando alguma coisa aqui?

– Claro que não, pai, mas eu tenho minha carreira, quero continuar o que comecei, aqui vou ficar sem saber...

Zé a interrompeu e concluiu:

– Ficar sem saber o quê? Pensa que não sei o que está querendo? Já faz algum tempo que venho notando essa ansiedade que está sentindo de saber do tal de Rodrigo.

– Pai!!!

– É isso mesmo, minha *fia*, você não fala de outra coisa a não ser nesse Rodrigo.

– Você também, mãe? A senhora sabe que eu odeio esse homem.

Todos os que estavam em volta da mesa olharam para Isabel espantados, mas Matilde se pronunciou:

– Não precisa ficar preocupado, seu Zé, eu sou testemunha de que Isabel nunca gostou de Rodrigo.

— Mas não é o que está parecendo, um dia desses, mesmo, defendeu esse moço com unhas e dentes!

— Mas é claro, papai o chamou de playboy folgado.

— Ué, mas não foi você mesmo que chamou ele disso, minha *fia*?

— Não, mãe, eu falei que era filhinho de papai.

— E não é a mesma coisa, *fia*?

— Não, não é, ele é bobalhão, faz tudo o que os pais querem, mas é um cara que trabalha, e trabalha muito por sinal. Ele até fez crescer muito a empresa em Portugal.

— E como você ficou sabendo? – perguntou o irmão, irônico:

— Ah... Fiquei sabendo... Lendo... É isso mesmo, ele aparece toda hora nas revistas, e eu leio muito... Por esse motivo... Não tem nada de mais...

— Olha, *fia*, eu já te falei que o ódio e o amor estão muito pertinho um do outro.

— Sabe de uma coisa, vocês estão é ficando malucos, eu odeio Rodrigo, viu!!!

Isabel, muito furiosa, saiu da mesa soltando fogo pelas ventas, porém não convenceu seus pais.

— *Vô*, por que a mamãe ficou brava?

— Não foi nada, Danilo, coma toda a comida e depois vai com tio João ver o bezerrinho – disse Matilde conciliadora.

Jandira, preocupada, perguntou:

— Matilde, agora que estamos sozinhas, posso te fazer uma pergunta?

— Claro, dona Jandira, pode perguntar.

— Como é esse moço Rodrigo?

— Como assim?

— Ou melhor, fale um pouco desse moço.

– Bem, eu o conheço muito pouco, mas tenho certeza de que é ótima pessoa.

– E Laura o namorou por muito tempo?

– Não sei ao certo, mais ou menos uns dois anos. Por que a senhora quer saber?

– Por nada não, é só curiosidade.

– Ah, dona Jandira, é só curiosidade mesmo? Estou vendo em seu rosto um ar de preocupação.

– É, Matilde, a senhora está me saindo melhor que a encomenda, já deu *pra* me conhecer, não é mesmo?

– Já sim, e gostaria que a senhora fosse mais clara.

– Sabe o que é? Tenho algumas dúvidas cá comigo. Quem conheceu esse Rodrigo primeiro, Laura ou minha *fia* Isabel?

– Ah, sabe que eu já havia me esquecido. Agora que a senhora tocou no assunto me lembrei.

– E o que foi que se lembrou, Matilde?

– Isabel o conheceu primeiro. É isso mesmo, Isabel o conheceu na noite... Como eles falam hoje em dia, foi em um barzinho noturno.

– E o que é esse raio de barzinho noturno?

– Ah, dona Jandira, é uma casa onde os jovens vão para dançar. É como João comentou, sabe?

– Ah, então é isso? Conte mais, conte mais.

– Contar mais o quê?

– Mais, Matilde, e como Laura entrou nessa história?

– Ah, Rodrigo e Isabel fizeram amizade, sabe?

– Sei sim, Matilde. Continue.

– Então, parece-me que Isabel pediu um emprego para Laura lá na fábrica.

– E Laura foi trabalhar lá com eles?

– Foi sim, mas por que a senhora quer saber?

– E depois que se conheceram começaram a namorar, não foi?

– Foi isso mesmo. Mas como a senhora soube disso?

– Ah, Matilde, porque coração de mãe não se engana, não.

– Dona Jandira, aonde a senhora quer chegar com essa história?

– Onde eu já cheguei, Matilde, onde eu já cheguei!!!

– Espere um pouco, se é o que estou pensando, a senhora está enganada.

– Tem certeza, Matilde?

– Mas Isabel o odeia!!!

– É mesmo? E por que minha *fia* ficou tão amiga dele assim? Ou melhor, por que minha *fia* ficou com tanto ódio dele?

– Ah, vai ver que não era uma amizade tão grande assim. E também porque ele não assumiu o namoro de verdade, oras. Ah, dona Jandira, foram muitos os motivos, sei lá.

– E você, Matilde, acredita nisso?

– Mas é o que sempre me pareceu.

– Matilde, aprenda uma coisa, nem tudo o que parece é. Você, embora seja um pouco mais velha que as meninas, não sabe muita coisa da vida, é só você colocar reparo na minha *fia* que vai logo, logo saber.

– Não creio. Acho que a senhora está enganada.

– É mesmo? E por que, então, minha *fia* fica suspirando pelos cantos? Depois, quando a esmola é muita, o santo desconfia. O que eu quero dizer, por que tanto ódio assim? A interessada em conhecer os pais do moço era Laura, se ela aceitou o que ele ofereceu, por que minha *fia* ficou tão zangada, essa história é só *pra* boi dormir.

74 ⚬ UMA LONGA ESPERA

– Meu Deus!!! Será que Isabel cultiva um amor em segredo?

– Mais que isso, minha cara, Isabel e Laura eram mais que irmãs, porque irmã ainda briga, e elas tinham uma amizade mais que fiel. Diante disso, o que minha *fia* podia fazer era só chorar pelos cantos, mesmo. Ele se apaixonou por Laura e não por ela, aí o que teve de acontecer? Minha *fia* teve de se afastar, mas ficou com muita raiva, o amor encruou, e quando o amor encrua, só restam a mágoa e o rancor.

– Dona Jandira, a senhora tem ideia do que está falando de sua própria filha?

– E não tenho, Matilde? Mas doa a quem doer, Isabel é apaixonada pelo moço Rodrigo, sim.

– Puxa vida!!! Coitadinha, se é assim deve ter sofrido muito.

– Deve, não, sofre muito. Mesmo porque, além de não poder ver mais o moço, não tem mais argumento para ir atrás dele. O que ela vai dizer, que desculpa vai dar? Ela diz que odeia ele, não é mesmo?

– Mas a senhora não vai ajudá-la?

– Ainda não, como se diz, deixe a fruta amadurecer mais um bocadinho.

– Ah, dona Jandira, sua sabedoria me espanta!!!

– É, Matilde, não tive muita instrução não, mas sei ler muita coisa nas almas das pessoas. Têm umas que *dói* demais, mas vai fazer o quê?

A curiosidade não é boa ⌘ conselheira ⌘

Raquel, a pedido de Márcia, ligou para Rodrigo:

— Oi, Rodrigo, é Raquel.

— Oi, Raquel...

— Rodrigo, preciso muito conversar com você.

— Desculpe, Raquel, mas não temos nada para conversar.

— Ah, Rodrigo, por favor, vamos marcar em algum lugar, você precisa me ouvir.

— Ouvir o quê? Mais alguma coisa que minha mãe me escondeu?

— Por favor, Rodrigo, não fale assim.

— Tudo bem, onde que me encontrar e a que horas?

— Não pode ser agora?

— Não, agora não vai dar, tenho um compromisso.

Raquel tinha de arrumar uma desculpa, pois a desconfiança de Márcia estava correta.

Rodrigo, com certeza, iria à procura de Isabel.

— Eu preciso vê-lo agora, não dormi nada esta noite, estou até passando mal, e depois tenho muitas coisas para lhe contar, e sei que quer saber.

Como a curiosidade, muitas vezes, não é boa conselheira, Rodrigo desistiu de ir atrás de Isabel e atendeu a amiga prontamente, marcando um encontro em uma casa de café próxima ao escritório em que Raquel trabalhava.

— Daqui a meia hora estarei chegando.

— Vou estar esperando-o.

Quando Rodrigo chegou, ela já o esperava ansiosa.

— Oi, Rodrigo, como você está?

— Como gostaria que eu estivesse?

— Sei que está chateado comigo, mas como poderia lhe dar uma notícia daquelas?

— Há quanto tempo sabe que Laura morreu?

— Não muito tempo.

— Mas minha mãe disse que você os ajudou com o garoto?

— O garoto ao qual está se referindo é seu filho.

— Isso não vem ao caso, quero saber o que houve com Laura.

— Puxa, Rodrigo, você não está ajudando muito.

— Ah, quer dizer que eu ainda não estou ajudando muito?

— Não foi isso que eu quis dizer, o que quero dizer...

— Raquel, por favor, deixe de dar voltas, o que quero saber, mesmo, é por que nunca me procurou para contar que Laura havia morrido?

Raquel não estava muito preparada para tantas perguntas tão precisas, mas sabia que era sua oportunidade de ficar bem com o homem da sua vida. Lembrou-se do que Márcia havia dito sobre fragilidade e investiu.

– Rodrigo, não faz muito tempo que soube da morte de Laura e do filho que vocês tiveram juntos, mas posso lhe garantir que tentei muitas vezes lhe contar, só esperava uma oportunidade apropriada, você entende?

– Eu entendo que você está me enrolando mais uma vez.

– Está bem, está bem. Vou contar-lhe tudo o que houve. Quando você pediu para que eu fosse procurar por Laura, eu já sabia tudo o que havia acontecido, mas naquela hora não tive coragem de lhe dizer.

– Pois, então, diga agora.

– Por favor, não me deixe mais nervosa do que já estou.

– Então continue.

– Já faz um bom tempo que Laura morreu; seu filho já tem seis para sete anos.

Rodrigo passava as mãos pelos cabelos, na intenção de dissipar a amargura que estava sentindo em sua alma, pois o remorso o fazia sofrer cada vez mais.

– Não há ninguém mais naquela casa.

– Como assim? O que você está me dizendo?

– Isso que você ouviu. Quando você me pediu para ir até lá, eu fui e as vizinhas disseram que Isabel e Matilde sumiram, ninguém sabe para onde foram, não deixaram vestígio nenhum.

– Não é possível, alguém deve saber de alguma coisa.

– É inútil você querer ir até lá, nenhuma vizinha soube me dar informações.

– Mas não é possível, alguém, um vizinho, preciso saber para onde foi Isabel.

– Não está acreditando em mim?

– E por que deveria? Você sempre soube de tudo e nem para me telefonar.

– Por favor, Rodrigo, não é que não quisesse, mas você há de convir comigo que não era um assunto tão simples para ser resolvido em um telefonema.

– Raquel, eu conheço muito bem a minha mãe, e sei que vocês estão juntas nisso tudo.

Ela começou a chorar, pois tudo o que não queria era mentir para Rodrigo, mas se desmentisse, ela arrumaria a maior inimiga de sua vida e, contando até dez, preferiu não revelar a verdade, pois estava confiando que sua futura sogra a ajudaria a conquistar Rodrigo.

– Tudo bem, Raquel, pare de chorar, não suporto ver mulher chorando.

– Mas eu sei que está com raiva de mim.

– Não é nada disso, apenas estou magoado por ser tão minha amiga e me esconder um assunto tão delicado como esse.

Rodrigo pegou a mão de Raquel e depositou um beijo. Ela, lembrando-se das palavras de Márcia, fez-se de mulher frágil.

– Ah, Rodrigo, diz que me perdoa, por favor, não conseguiria viver brigada com você.

– Tudo bem, esqueça tudo, mas nunca a vi tão dengosa. Cadê aquela mulher forte de todas as horas?

– Não é porque sou independente, batalhadora, que não sou, muitas vezes, frágil. Antes de qualquer atributo, sou mulher e sensível.

Rodrigo não sabia o que era, mas achou Raquel diferente, não sabia se era o cabelo ou a roupa, mas a achou mais bonita.

– O que deu em você? Nunca a vi falar assim?

– Assim como?

– Sei lá, cheia de dengo, tão sensível, como você diz.

Raquel não quis ser mais ousada, sabia que tinha de ir devagar com Rodrigo, mas ficou feliz por ele ter reparado algo diferente nela.

– Bem, Rodrigo, espero que continue confiando em mim e me perdoe mais uma vez, prometo-lhe que nunca mais vou esconder qualquer coisa que venha a acontecer.

– Raquel, promete-me que nunca mais vai esconder nada de mim, mesmo?

– Eu lhe prometo.

Raquel levou os dedos em cruz à boca e fez um juramento. Bem mais confiante, levantou-se, deu um beijo no rosto de Rodrigo e foi embora. Ele permaneceu sentado pensando que nunca havia reparado que ela era uma mulher muito bonita e, pela primeira vez, a olhou como mulher, mas logo passou a mão pelos cabelos e disse para si mesmo que tudo não passava de bobagens, pois Raquel sempre foi "o seu melhor amigo".

Já passava do meio-dia quando Raquel esperava Márcia em um restaurante, pois ela queria saber quais tinham sido os resultados entre ela e seu filho.

– Boa tarde, dona Márcia.

– Boa tarde, Raquel.

– Vamos, conte-me logo, o que aconteceu?

Quando Raquel ia falar, o garçom se aproximou.

– O que as senhoras vão querer?

– Por favor, apenas uma água, daqui a pouco faremos o pedido.

E, voltando-se para Raquel, perguntou ansiosa:

– Conte-me, conseguiu impedi-lo de ir atrás da amiga?

– Acho que sim, mas ele está muito magoado conosco.

– Isso logo passa, o importante é ele não procurá-la, senão vai descobrir tudo.

– Ah, dona Márcia, até quando vamos conseguir levar essa história toda?

– Até quando for preciso. O que não podemos demorar é com suas atitudes.

– Como, com minhas atitudes?

– Raquel, está na hora de você conquistá-lo.

– Não sei se vou conseguir, ele era muito apaixonado por Laura.

– Mas temos de fazer com que ele a esqueça de vez.

– Estou com medo de ele me odiar.

– Pare de ser tola, não temos culpa que Laura morreu, e depois a vida continua, nada melhor que unirmos o útil ao agradável.

– Como assim?

– Você se casa com Rodrigo e eu fico com meu neto próximo de mim.

– Não sei se vai ser tão fácil assim como a senhora diz.

– E por que não? Vou até buscar Daniel!

– Sinto muito, dona Márcia, mas Rodrigo não está muito interessado no filho.

– O que está me dizendo?

– Isso mesmo que a senhora ouviu. Quando falei de seu filho, logo mudou de assunto.

– Isso não é possível!!!

– Mas é a pura verdade, a única coisa que ele quis saber foi sobre Laura.

– Raquel, temos de agir rapidamente, você precisa conquistar Rodrigo.

— Mas como?

— Casando-se com ele. Assim que vocês estiverem juntos, cabe a você, como mãe, fazer com que eles se entendam.

— A senhora fala como se fosse fácil!

— E é fácil.

— Mas nem conheço seu neto e, depois, nunca me dei bem com crianças.

— Larga mão de ser tola, é sua oportunidade de se mostrar uma boa amante e uma boa mãe.

— Não é tão simples assim.

— Claro que é. Vamos fazer o seguinte, você vai comigo buscar Daniel, é tempo suficiente para se entender com ele e, assim que chegarmos, ele enxergará, por si próprio, que você é a mulher certa para ele e Daniel.

— Ah, dona Márcia, não sei se vou conseguir conquistar o amor de Daniel e, principalmente, de Rodrigo. E depois, tenho de trabalhar, não conseguirei acompanhá-los.

— Claro que vai conseguir, comigo ao seu lado vai saber ser uma ótima esposa para meu filho e conquistar o amor dos dois.

❧

Passava das oito horas da noite quando Rodrigo chegou em casa. Márcia e Osmar esperavam-no para o jantar.

— Puxa, meu filho, como você demorou!

Rodrigo cumprimentou seus pais e foi em direção à escada que dava acesso aos quartos.

— Meu filho, não vai jantar?

— Estou sem fome.

— Mas eu e seu pai estávamos esperando por você.

— Não precisava. Estou cansado, vou tomar um banho e dormir.

– Por favor, meu filho, não faça essa desfeita, tente nos entender.

– Não estou fazendo desfeita nenhuma, apenas estou cansado.

– Tudo bem, meu filho, tome seu banho sossegado, nós o esperaremos, por favor.

Rodrigo meneou a cabeça e subiu para tomar banho, enquanto seus pais o esperavam para jantar. Entrou no banho e deixou que a água invadisse seu corpo. Seus pensamentos corriam como rodamoinhos tentando, com toda emancipação, alcançar qualquer resposta que pudesse saciar o que não poderia mais voltar no tempo e trazer-lhe grandes emoções de uma vida que, mesmo que desejasse infinitamente, não estava mais ali. Suas lágrimas se confundiam com a água que descia torrencialmente indo ao encontro do paradeiro de Isabel, queria ao menos recordar alguns poucos momentos que tiveram quando ainda eram amigos. E entender o porquê de tudo ter se transformado em antipatia de dois inimigos mortais, em grande mágoa de duas pessoas que até então haviam se conhecido e acabaram deixando para trás momentos bons. Rodrigo, por mais que se esforçasse, não conseguia deixar de sentir um enorme desejo de reencontrar Isabel para que os dois, juntos, fluíssem a dor que talvez nunca pudessem apagar de seus corações sedentos de respostas por tão cruel realidade de terem perdido um grande amor em comum. Rodrigo fechou o chuveiro, enrolou-se em uma toalha e, passando a mão no espelho, pôde enxergar em seus olhos um grande vazio, como se sua vida não estivesse mais ali, e sim em qualquer outro canto do planeta onde pudesse, do alto infinito, vasculhar com os olhos da alma à procura da única pessoa que poderia lhe trazer muitas respostas.

– Meu Deus, ajude-me a encontrar Isabel! Eu sei que fui um covarde abandonando Laura, mas me dê uma única oportunidade, mesmo que for para presenciar a fúria em demasia de uma ex-amiga.

Já havia se passado uma hora e meia quando Rodrigo olhou no relógio e, sem muito esforço, desceu para jantar. Sem dizer nada, puxou a cadeira e se sentou. Seus pais o aguardavam com impaciência. Osmar olhou para o filho e viu que estava abatido e sem ânimo. Procurando o olhar da esposa, fez sinal para que ela não o chateasse. O jantar transcorria em silêncio absoluto, até que Márcia se manifestou:

– Como foi seu dia, meu filho?

– Como sempre.

– Como sempre? Seu pai disse que quase não o viu na empresa.

– Márcia!!!

– O que é que tem de mais? Afinal de contas, continuamos uma família e sempre conversamos sobre os negócios.

– Mas não vê que nosso filho não quer conversar?

– Olha aqui, Rodrigo, até quando vai ficar assim conosco? A vida continua, não é possível que você vá ficar assim conosco, afinal de contas, nem tudo acabou, você tem um filho para criar!!!

– Se eu tivesse um filho, saberia seis anos atrás.

– Rodrigo, pare de drama, a realidade é que já tem um filho de seis anos e ele precisa de você.

– Mas se a senhora e o papai o criaram até agora, podem muito bem continuar a criá-lo.

– Meu filho, como pode dizer uma barbaridade dessas?

– Não vejo barbaridade nenhuma, não foi assim que aconteceu? Se vocês o criaram até agora sem que eu soubesse, qual é o problema em continuarem?

— Meu filho..

— Pai, por favor, não quero conversar sobre esse assunto.

— Mas é seu filho. Isso não se faz!!!

— E o que vocês fizeram para mim? É certo?

— Tudo bem, meu filho, nós erramos, mas sua atitude não se justifica.

— Por favor, se querem ir buscá-lo, façam isso, mas não contem comigo.

— Mas não tem nem curiosidade em conhecê-lo?

— Quando ele chegar vou conhecê-lo, não vou?

— Rodrigo, não vou admitir...

— Quem não vai admitir aqui sou eu, mãe. Se a senhora fez tudo sem eu estar por perto, poderá continuar da mesma maneira. Sei que vai suprir tudo o que ele precisar, e isso é o que importa. Se vocês me derem licença, vou para o meu quarto.

— Mas você não comeu nada.

— Estou sem fome.

Rodrigo se levantou, deixando seus pais perplexos com sua frieza, mas Osmar, deixando algumas lágrimas caírem, concluiu:

— Rodrigo, meu filho!!! Não faça isso, poderá se arrepender mais tarde.

— Meu único arrependimento foi deixar Laura e ir embora do Brasil.

Rodrigo virou as costas e foi para o quarto.

୧୨

Depois daquele noite, seus pais não tocaram mais no assunto, pois tinham certeza de que assim que Daniel chegasse para morar com eles, tudo voltaria ao normal, era questão de tempo para pai e filho se amarem e se entenderem. Rodrigo não pensava em outra coisa a não ser em encontrar o paradeiro de Isabel. O remorso invadia sua alma, e Raquel tinha a missão de tirar aquela ideia fixa de sua cabeça. Márcia foi com Osmar para Santa Catarina buscar o neto, mas deixou a futura nora bem preparada para conquistar o coração do seu filho. Raquel não dava espaço, fazia-se presente em todas as ocasiões. Quando não saíam para jantar fora, ela ia à casa de Rodrigo preparar seu jantar e o esperava de forma sensual e provocante. Rodrigo ia do trabalho para casa, e da casa para o trabalho, faltava-lhe estímulo. Raquel estava lá, prontinha para suprir suas necessidades, mas, a bem da verdade, ela não precisava se esforçar nem fingir, pois o amava intensamente.

Um dia, às oito horas da noite, Rodrigo chegou em casa e se surpreendeu com Raquel o esperando.

– Raquel! O que faz aqui?

– Vim fazer-lhe uma surpresa.

– E que surpresa é essa?

– Sabe o que fiz para o jantar?

– Um belo estrogonofe...

– E como você sabe?

– Não é difícil, a casa toda está cheirando.

– Puxa!!! Pensei que fosse surpreendê-lo.

Rodrigo se aproximou da jovem amiga e pousou um beijo em seu rosto.

– Não é preciso se chatear, o cheiro está ótimo, e eu estou com um apetite enorme.

Raquel sorriu e o abraçou forte, pegando-o de surpresa.

– Que bom que gostou.

Rodrigo, ao ter o corpo de Raquel junto do seu, sentiu instintivamente uma forte atração, mas afrouxou seu abraço rapidamente, antes que se condenasse estragando uma velha amizade. Mas era impossível estar nos braços do amado e desperdiçar uma grande oportunidade. E com o coração acelerado, Rodrigo cruzou o olhar de Raquel que, sem lhe dar tempo para raciocinar, beijou seus lábios apaixonadamente. Rodrigo, confuso com o que estava sentindo, beijou-a repetidas vezes. Tudo isso fez com que os dois jovens perdessem a noção de hora e tempo, a ponto de nem se darem conta do que estavam fazendo. Quando a empregada entrou na ampla sala, disse:

— Ah... Desculpe-me, seu Rodrigo, não sabia que o senhor havia chegado...

Rodrigo se afastou de Raquel e, dirigindo-se para a empregada, respondeu:

— Tudo bem, eu estava indo tomar um banho, mesmo.

Rodrigo subiu rapidamente para o seu quarto. Raquel colocou suas mãos sobre o peito, tentando conter a taquicardia que bombeava rapidamente todo seu corpo e, quase sem conter a respiração ofegante, perguntou:

— Ai, Rosa, diz que isso que aconteceu agora há pouco não foi um sonho, diz!!!

— Se a senhorita está falando do beijo que seu Rodrigo deu na senhora, pode ter certeza de que foi real.

— Rosa, meu coração parece que vai saltar pela boca!!!

Rodrigo, por sua vez, assim que fechou a porta atrás de si, caiu na razão.

— Eu não podia ter feito isso. O que é que me deu na cabeça para beijá-la?

Rodrigo tirou a roupa e entrou debaixo do chuveiro tentando conter o que sentiu instintivamente e, num arrependimento súbito, disse em voz alta:

– Por que fiz isso? Eu não posso lhe dar esperanças, eu não a amo. Ah, meu Deus!!!

Raquel, com a alma em festa, arrumou a mesa com todo o capricho do mundo e esperou-o descer. Logo em seguida, ele desceu e se sentou em silêncio.

– Espero que você aprecie.

Rodrigo não respondeu, apenas se limitou a esperar que Raquel o servisse. Mas, aos poucos, o silêncio dele foi deixando Raquel aflita e sem graça. Sem conseguir segurar tanta indiferença, ela se pronunciou:

– O que foi, Rodrigo, está tão calado?

– Não foi nada, apenas estou com fome.

– Só porque está com fome não conversa comigo?

Rodrigo não queria magoá-la, mas seu arrependimento era visível.

– Raquel, perdoe-me.

– Perdoá-lo, por quê? Pelo amor de Deus, Rodrigo, não é pelo que estou pensando, é?

Rodrigo abaixou a cabeça sem saber o que dizer, o que deixou Raquel mais decepcionada do que já estava. Ela, sem conter a vergonha e as lágrimas, levantou-se correndo e foi em direção à porta de saída. Ele correu atrás dela entrando na sua frente e, segurando a fechadura da porta, lamentou:

– Eu sinto muito, Raquel, não gostaria de vê-la assim.

– Rodrigo, saia da minha frente, quero ir embora.

– Não, enquanto não se acalmar.

– Por favor, Rodrigo, deixe-me passar, saia da frente.

– Eu que lhe peço, por favor, fique, quero que se acalme.

– Como sou idiota, meu Deus!!!

– Por favor, Raquel, não fale assim.

Os braços de Raquel penderam como quem quer desfalecer, e ela chorou arrasada. Rodrigo a acolheu em seus braços e esperou pacientemente que ela se acalmasse. Depois de longos minutos, ele a sentou no sofá e ficou de frente para ela enxugando as lágrimas que insistiam em descer pelo seu rosto.

— Raquel, por favor...

— Rodrigo, eu que lhe peço, por favor, não diga nada.

— Eu sei que nada que eu disser agora vai confortá-la, mas pode ter certeza de que não foi minha intenção feri-la.

— Você nunca vai me amar, não é mesmo?

Rodrigo pensou bem o que dizer, pois sabia, havia muito tempo, que Raquel gostava dele e que sua amizade era muito preciosa.

— Eu gosto de você, talvez não como você gostaria, mas eu gosto, e muito.

— Não estou falando de gostar, Rodrigo, estou falando de amor.

— Raquel, não sei se sou capaz de amar novamente.

— Mas até quando vai ficar sem amar alguém? Laura morreu e você tem de continuar vivendo.

— Raquel, não quero entrar nesse assunto.

— Rodrigo, eu o amo, eu o amo por mim e por você, por que não podemos começar um relacionamento? Eu espero o tempo que for necessário.

— Pois não espere, Raquel, tente entender, eu a tenho como uma grande amiga, não vou conseguir ser nada mais que seu amigo.

— Mas o que aconteceu há pouco, o que foi então?

— O que aconteceu jamais poderia ter acontecido, foi coisa de momento, isso acontece.

– Rodrigo, eu sei que, com o tempo, você vai aprender a me amar, por favor, vamos tentar.

Rodrigo pensou por alguns minutos e, em seguida, disse carinhosamente:

– Eu sei que você seria a mulher certa para mim. Por tudo que vivemos até hoje, talvez você me conheça mais que qualquer outra pessoa, mas me dê alguns dias, preciso pensar e repensar toda a minha vida, preciso encontrar Isabel.

– Mas para quê? Tudo o que lhe contei é verdade. Isabel sumiu, não vai achá-la.

– Mas eu preciso saber, preciso ouvir dela tudo que aconteceu, você me entende?

– Tudo bem, Rodrigo, faça o que for preciso para deixar seu passado para trás, não ouvirá nada além do que já sabe, mas, se você precisa desse tempo, eu espero.

– Obrigado por me entender, eu lhe prometo que assim que conseguir falar com Isabel, vou estar pronto para um novo relacionamento.

Raquel serenou, sua alma sentiu uma ponta de esperança aquecer seu coração. Se Rodrigo precisava resolver isso em seu coração, ela esperaria o tempo que fosse preciso, só assim ele poderia se entregar a um novo amor.

As palavras têm força

Isabel começou a trabalhar em uma pequena clínica no centro da cidade. Não era o que planejara, mas não poderia ficar parada com seus pensamentos indo e vindo a todo instante à procura de respostas incertas. Ela não conseguia um dia sequer de sua vida não pensar onde poderia estar Daniel. Seu sofrimento era terrivelmente doloroso.

– Minha Virgem Santíssima, por onde anda meu filho? Como estará vivendo? Por que tudo isso aconteceu? A senhora que é mãe, também, e sofreu por seu filho, sabe como é cruel a busca interminável de um dia encontrá-lo para tê-lo nos braços, ajude-me, mãe Santíssima, dê-me uma pequena luz, serei grata por toda a minha vida.

– Isabel... Isabel...

Chamou Tânia, tocando em seu braço.

– Desculpe-me, falou alguma coisa?

– Pensando novamente em seu filho desaparecido?

– É, não consigo parar de pensar.

Tânia sentou-se ao seu lado e, pegando em suas mãos, disse amável:

– Isabel, eu sei que dói muito, mas não esmoreça, faça suas preces, eleve seus pensamentos ao Universo, diga várias vezes em voz alta que ele vai voltar, nossas palavras têm força, têm um poder imenso.

– Você acredita mesmo nisso?

– Sem sombra de dúvida. Ninguém nunca saberá descrever quem é Deus, mas pode ter certeza de que ele está em tudo, é o próprio Universo, está na terra, no mar, nas cachoeiras, nas estrelas, nas plantas, nos animais, em cada espaço do nosso planeta, está em você, em mim, enfim, em tudo que suas vistas alcançarem e em tudo o que você sentir. Por tudo isso, até mesmo nossas palavras têm vida. Dessa maneira, precisamos sempre estar atentas para o que sai de nossa boca, cada palavra pronunciada poderá nos elevar, como também nos derrubar. Nós mesmos construímos nossa história, nossa vida, para o bem ou para o mal.

– Puxa, Tânia, acho tão bonito tudo o que você fala, mas não compreendo muito.

– É simples, por exemplo, se você puder, por alguns minutos do seu dia, estar conectada com esse Universo como um todo, como parte dele, pronunciando várias vezes o quanto é importante encontrar Daniel, ele virá até você.

– Como posso acreditar que minha vontade trará meu filho?

– Por que tudo o que queremos realmente torna-se realidade. Isabel, tudo é possível, por esse motivo, é preciso saber bem o que queremos realmente para nós. As palavras têm vida, elas se transformam em energias boas ou não, dependendo do nosso estado de espírito. Você já ouviu falar que se estivermos com muita raiva de alguém e maldizermos com fervor palavras pesadas, em vez de nos aliviarmos, ficaremos por todo o dia com o sentimento de mágoa, rancor e até mesmo com mal-estar?

Isabel, no mesmo instante, lembrou-se de Rodrigo, que, por muitas vezes, quando falava ou pensava mal dele, sentia-se muito pior, em vez de aliviar sua raiva.

Sentimentos e pensamentos ruins acarretam enfermidades em nosso corpo físico e marcas a serem tratadas em nosso espírito.

Com semblante de admiração, ela respondeu:

– Será que é por essa razão que cada dia que passa fico com mais raiva de Rodrigo?

– Desculpe perguntar, mas quem é Rodrigo?

– Ai, Tânia, é uma história muito longa, não serão dois minutos que farão você entender.

– Ao menos tente.

– Não gostaria de incomodá-la com meus sentimentos doentios.

– Então, que tal se saíssemos após o expediente para tomarmos algo?

Isabel não esperava que Tânia se interessasse por seus problemas e, sem jeito, respondeu:

– Ah, não sei, não quero incomodá-la com meus problemas.

— E para que servem os amigos? Se tiver algo a incomodando e eu puder ouvir, por que não?

Não era bem o que Isabel gostaria, mas, diante da insistência da mais recente amiga, aceitou.

O amor liberta

Rodrigo não conseguia parar de pensar em Isabel, tinha de achar um caminho para encontrar sua ex-amiga e, lembrando-se da clínica em que ela trabalhou, pegou a chave do carro e foi até lá.

Estacionou o carro em frente e pensou, por alguns minutos, se estava fazendo o certo. Mas, com tanta ansiedade em seu coração, não pensou duas vezes, saiu do carro e entrou timidamente na clínica. Foi diretamente ao encontro da recepcionista, que se encontrava atrás do balcão:

– Por favor, preciso de uma informação.
– Pois não, se eu puder ajudar.
– Você conheceu Isabel?
– Isabel?
– Sim, ela trabalhou aqui.

— Faz muito tempo?

— Não sei bem ao certo, mas acho que sim.

— Bem, se é assim, preciso perguntar para alguém, pois há pouco fui contratada.

— Ah, que bom, você faria essa gentileza?

A recepcionista se retirou e, em seguida, veio acompanhada por outra moça.

— Pois não?

Rodrigo, gentilmente, estendeu a mão e cumprimentou a jovem senhora.

— Meu nome é Rodrigo.

— E o meu é Vivian. Em que posso ajudá-lo?

— Bem, a senhora trabalha aqui há muito tempo?

— Por favor, pode me tratar por você. Sim, trabalho aqui há um bom tempo.

— Ah, então, com certeza, poderá me ajudar. Gostaria de saber de Isabel, ela é fisioterapeuta e trabalhou aqui.

— Isabel, sim, realmente trabalhou conosco.

Rodrigo não conseguiu deixar de transparecer sua ansiedade, e logo suplicou:

— Ah, que bom, preciso saber o que houve, preciso saber para onde ela se mudou.

— Senhor Rodrigo, tenha a bondade de me acompanhar.

Ele, supernervoso, acompanhou-a e entrou na sala indicada por ela:

— Por favor, senhor, fique à vontade.

Rodrigo sentou-se na cadeira e esperou que Vivian se acomodasse em outra a sua frente.

— Bem, Rodrigo, não sei se vou poder ajudá-lo, sei muito pouco, a única coisa que sei é que ela se mudou para a casa dos pais, em uma cidade do interior, em companhia de uma senhora e do filho.

— Filho?

— Sim, um filho. Pelo jeito, faz muito tempo que não a vê.

— E quanto tempo faz que ela foi embora?

— Ah, não faz muito tempo, mais ou menos três meses.

— E onde fica essa cidade?

— Não sei, a única coisa que sei é que quando ela telefonou, disse que precisou se afastar por motivos familiares. E, se não me foge a memória, essa cidade se localiza em Minas Gerias.

— Isso! Como poderia me esquecer! É em Minas, sim, seus pais moram lá. A senhora tem o nome da cidade?

— Ela não me disse, pelo menos não que eu me lembre.

Rodrigo ficou decepcionado, seu rosto denotou muita tristeza.

— Desculpe perguntar, mas o que você é de Isabel?

— Sou amigo. Quer dizer, fui seu amigo.

— Como assim? Não é mais?

— É uma longa história. A bem da verdade, o que eu gostaria de saber, mesmo, é sobre uma amiga em comum.

— Uma amiga em comum?

— Sim, eu e Isabel tínhamos uma amiga, mas ela faleceu.

— Por acaso é Laura?

No mesmo instante, os olhos de Rodrigo se encheram de expectativas, e seu coração, de esperanças.

— Você a conheceu?

— Eu a vi algumas vezes, mas Isabel falava muito dela.

— É justamente por causa de Laura que eu preciso encontrá-la.

— Eu soube de seu falecimento e sinto muito.

– O que aconteceu realmente com Laura?

– Bem, eu não saberia lhe dizer, depois do falecimento de Laura, Isabel procurava não tocar muito no assunto. Ela se aborrecia muito, então pedi a todos aqui na clínica para que não comentassem mais.

Rodrigo abaixou a cabeça, sem conter um grande arrependimento em sua alma.

– Eu preciso encontrar Isabel, somente ela poderá me trazer um pouco de paz. Sabe quando precisamos fazer uma escolha? Pois é, eu estou nesse momento. Ou sigo meu caminho com Isabel me amaldiçoando com toda sua ira pelo resto dos meus dias, ou a procuro para ela me amaldiçoar pessoalmente, pois isso aliviará a perda de nossa melhor amiga.

– Pelo visto, você não tem alternativa. Mas qual você prefere?

– Encontrá-la. Eu não sossego enquanto não falar com Isabel.

– Desculpe mais uma vez, mas acho que Isabel não o quer mal.

– Você não imagina como ela me odeia.

– Não foi o que ela demonstrava.

– Você sabe de alguma coisa e não quer me falar?

Vivian sentiu que falou mais do que devia, mas procurou despistar.

– Não, Rodrigo, não sei, é melhor você ir embora, tudo o que sabia eu lhe contei.

– Tudo bem, sei que não adianta insistir. Mas, mesmo assim, quero agradecer-lhe por essas informações.

Rodrigo levantou-se, estendeu a mão para se despedir, e saiu. Assim que fechou a porta, Vivian foi ao telefone.

– Por favor, gostaria de falar com Isabel.

– Quem gostaria?

– É uma amiga de São Paulo.

– A senhora gostaria de deixar recado? Ela está no trabalho.

– Por favor, diga-lhe que Vivian precisa falar com ela.

– Pode deixar, assim que ela chegar darei o recado.

Viviam desligou o telefone com uma ponta de preocupação, pois sabia que Rodrigo não iria desistir de encontrar Isabel.

Passava das sete horas da noite quando Isabel chegou à fazenda e Matilde lhe deu o recado. Isabel telefonou imediatamente para a clínica, mas Vivian já havia ido embora. Isabel ficou aflita, mas logo se lembrou de que Vivian havia lhe dado o telefone de sua casa e, imediatamente, pegou na bolsa uma agenda que continha o número. Sua curiosidade era tanta que nem reparou que sua mãe e Matilde a olhavam de soslaio para saber o que estava acontecendo. E, mais do que depressa, Isabel discou o número e esperou impaciente que alguém atendesse do outro lado da linha.

– Alô, Vivian, sou eu, Isabel!!!

– Isabel, que saudades, como vai, amiga?

– Eu estou muito bem e você?

– Eu também.

– Mas o que aconteceu? Estou preocupada.

– Isabel, você nem imagina quem veio aqui desesperado à sua procura!!!

Isabel sentiu seu coração disparar só em pensar que poderia ser Rodrigo, e, para sua surpresa, Vivian falou exatamente o que ela esperava.

– O Rodrigo, menina!!!

Isabel ficou paralisada do outro lado da linha, não conseguia nem respirar.

– Isabel, ainda está aí? Isabel...

– Sim... Estou...

– Você ouviu o que eu disse? Rodrigo veio procurá-la aqui na clínica.

– Eu ouvi, Vivian... Eu ouvi...

– E você não diz nada?

Depois de respirar fundo, Isabel tentou voltar ao normal e respondeu com outra pergunta:

– E o que ele queria?

– Saber para onde você se mudou, mas olha, eu achei que ele está sabendo de muita coisa.

– Como assim? Está sabendo?

– Ele sabe da morte de Laura.

– Meu Deus!!! Ele sabe?

– Sim, e quer desesperadamente encontrá-la. Isabel, eu fiquei com pena dele. Ele disse que você o odeia, mas, mesmo assim, prefere encontrá-la a viver do jeito que está vivendo.

Isabel, quando ouviu a amiga falar que ele estava desesperado para encontrá-la, sentiu seu sangue esquentar por todo o corpo, mas não se deu por vencida.

– Mas você não contou onde eu estava, pelo amor de Deus, eu confio em você, Vivian.

– Calma, Isabel, eu não lhe contei nada, mas fiquei com vontade, você precisava ver, dava até pena!!!

– Quero que ele morra e, além do mais, ele não pode me encontrar.

– Eu sei, eu sei, mas ele sabe que está em Minas Gerais.

– Como?

– Desculpe-me, Isabel, mas falei sem querer, e ele logo se lembrou de que você havia comentado, quando ainda eram amigos, que seus pais moravam em Minas.

– Vivian, não podia ter falado. Você me prometeu.

– Calma, Isabel, foi só isso. Depois, Minas Gerais é enorme, ele nunca vai saber onde mora, a não ser que você tenha comentado com ele quando ainda se falavam.

– Não, acho que nunca comentei.

– Acha ou tem certeza?

– Não, com certeza nunca comentei. Mesmo porque, se comentei, já faz tanto tempo que eu nem me lembro e, se eu nem me lembro, imagina ele.

– E foi só isso que ele queria saber?

– Foi. Puxa, Isabel, quando vai parar com essa picuinha com ele, até quando vai ficar se escondendo? Ele tem seus direitos.

– Que direitos? Que direitos ele tem?

– Você sabe do que estou falando.

– Desde o momento em que ele abandonou Laura, não tem direito nenhum a nada.

– Tudo bem, você é quem sabe, mas eu o achei muito preocupado com você. Acho que, independentemente de qualquer coisa, deveria se encontrar com ele e tranquilizá-lo.

– Eu já disse que ele vai pagar por tudo o que fez a Laura. Se me encontrar vai fazê-lo se tranquilizar, por mim vai morrer desesperado.

– Tudo bem então, amiga, você é quem sabe.

– Muito obrigado, e, por favor, se ele procurá-la novamente, continue firme.

— Pode deixar, espero que você fique bem. Um grande abraço.

— Pra você também, Vivian.

Isabel desligou o telefone e lembrou-se de tudo o que Tânia havia conversado com ela depois do expediente e, colocando as mãos sobre seu peito, deixou as lágrimas descerem pelo seu rosto.

Reparação das faltas

Rodrigo chegou em casa e foi direto para o quarto, logo em seguida chegaram os pais com o pequeno Daniel.

— Daniel, esta é sua casa, pode entrar, meu querido.
— Esta não é minha casa, a senhora disse que me levaria para a minha casa.
— O que está dizendo, meu querido? Claro que esta é a sua casa, não há outra!!!
— Não é não, quero a minha casa!!!
— Está vendo, mulher... Acho que ele se lembra da casa dele.
— Pare de falar bobagem, Osmar.

Márcia abraçou o neto e, olhando em seus olhos, disse firmemente:

— Daniel, esta é sua casa; e vovó não quer mais que diga isso.

– Claro que não é, não estou vendo meu irmão aqui!!!

– Daniel, preste atenção, você não tem irmão, e essa é sua única casa.

– Tem alguma coisa errada com esse menino.

– Pare de complicar as coisas, Osmar, Daniel sempre fala desse irmão, é apenas um irmão invisível. Toda criança, quando pequena, imagina um irmão, um amiguinho, é só isso.

– Daniel, que tal subirmos para conhecer seu quarto?

Daniel era apenas uma criança e, como toda criança, logo esqueceu o assunto e subiu com a avó para conhecer o seu quarto. Mais do que depressa tudo foi esquecido, mesmo porque Márcia logo o distraiu com muitos brinquedos que havia comprado antes de ir buscá-lo.

Assim que Daniel subiu e se distraiu com tantos brinquedos, a avó foi ao quarto do filho, onde ouviu movimento. Aproximou-se da porta, bateu de leve e entrou:

– Rodrigo, meu filho, já chegou?

– Já, minha mãe.

– Não vai me perguntar se fizemos boa viagem?

– Acho que não é preciso, pelo que estou vendo chegaram sãos e salvos.

– Pelo visto, não está com bom humor.

– Desculpe, mãe, é que não tive um bom dia.

– Aconteceu alguma coisa durante nossa ausência?

– Não, mãe, não aconteceu absolutamente nada.

– E por que essa tristeza?

– Mãe, não foi nada.

– Mas eu tenho uma boa surpresa para tirá-lo desse desânimo!!!

– Eu já sei, trouxeram Daniel.

– Márcia ficou decepcionada com a falta de entusiasmo do filho.

– Seu filho chegou, e você não está feliz?

– E por que eu deveria? Laura morreu depois que ele nasceu, não foi?

– Rodrigo! Como pode dizer uma coisa horrível dessas? Laura morreu porque estava doente.

– Será mesmo?

Rodrigo não sabia nada sobre a morte de Laura, mas achou melhor culpar o filho para aliviar suas próprias faltas.

– Rodrigo, não estou acreditando no que está dizendo. Daniel é seu filho, e é também filho daquela infeliz!!!

– Mamãe não é infeliz e ele não é meu pai!!! – retrucou Daniel ofendido.

Márcia e Rodrigo olharam assustados e viram Daniel parado na porta soltando os bracinhos para baixo e deixando cair alguns brinquedos. Márcia perdeu o chão e, tentando esconder a surpresa, pegou rapidamente Daniel em seus braços.

– Meu querido, venha aqui com a vovó!!!

Rodrigo olhou para Daniel, no colo de sua mãe, e não soube definir o que estava sentindo. Seus pensamentos correram alguns anos atrás, onde imediatamente se recordou de quando Laura falava emburrada e, por mais que ele quisesse negar a paternidade do garoto, não podia, pois a mistura da misteriosa genética não deixava dúvidas de que aquele serzinho era fruto de dois amantes apaixonados, era um misto de Laura com fortes expressões dele próprio. Rodrigo não conseguia tirar os olhos do menino, mas, ao mesmo tempo, não conseguia ser o pai que aquele pequeno ser necessitava.

– Rodrigo, esse é Daniel, não vai abraçá-lo?

Sem ação, ele não sabia como agir. Ficou estático, sem comando de seu próprio corpo.

– Rodrigo, pegue seu filho, olha como ele é lindo!!!

Márcia colocou Daniel em seus braços, deixando-o sem jeito diante do garoto.

– Você não é meu pai, minha mãe disse que eu não tenho pai.

– Pois ele é seu pai, sim, querido.

– Diga alguma coisa, Rodrigo, veja como o olha!!!

Rodrigo inesperadamente colocou o garoto no chão e, sem dizer nada, saiu correndo, descendo as escadas como se ele fosse a criança rejeitada. Osmar quis saber o que estava acontecendo, mas foi em vão, ele passou a mão na chave do carro e saiu em disparada. Depois de rodar por horas, parou em frente a um prédio e entrou. Ele não conseguia raciocinar e, quando se deu conta, estava diante da porta e, nervosamente, disparou o dedo na campanhia.

– Rodrigo!!! O que aconteceu, você está pálido!

– Por favor, Raquel, preciso tomar alguma coisa forte.

Raquel preparou um uísque e lhe deu, e ele tomou de uma só vez.

– Rodrigo, pelo amor de Deus, fale alguma coisa, você está me deixando aflita!!!

– Por favor, Raquel, preciso ficar quieto, deixe-me por alguns minutos.

Raquel esperou pacientemente que Rodrigo se acalmasse e, depois de longos minutos, para sua surpresa, ele deitou ao seu lado apoiando a cabeça em seu colo e puxando suas mãos sobre ele.

— Meus pais chegaram.

— Chegaram!!! Que bom.

— Você não está entendendo. Eles chegaram e trouxeram aquele garoto.

— Aquele garoto, Rodrigo, é seu filho.

— Eu não o quero.

— Não fale assim, Rodrigo. Ter um filho é uma benção.

— Não posso, não posso ficar com ele em minha casa.

Raquel ficou chocada com a reação de Rodrigo e, na tentativa de acalmá-lo, foi carinhosa.

— Rodrigo, não é preciso ficar assim, é natural que esteja assustado, isso acontece com muitos pais. Depois de seis anos, encontrar com um filho não é tão fácil, mas logo vai se acostumar, é preciso dar tempo ao tempo, devagar as coisas vão ficar mais claras, mais fáceis de lidar, você vai ver. Quando menos esperar, estará brincando com ele como fazem os pais.

Raquel foi falando tudo que seu coração pedia e, aos poucos, Rodrigo foi serenando, porém ela não poderia supor que eram Laura e Olívia que a intuíam enquanto davam passes em Rodrigo, fortalecendo seu corpo e seu espírito.

— Raquel, estou com medo, não vou conseguir lidar com aquele garoto.

— Rodrigo, precisa ir se acostumando, aquele garoto vai precisar muito de você.

— Ele não precisa de mim, ele tem meus pais.

— Tudo bem, Rodrigo, você precisa de um tempo, prometo que vou ajudá-lo.

— Você promete me ajudar?

Raquel ficou feliz com o pedido de seu amor, era uma grande oportunidade de estar junto dele. Ela poderia conquistar Rodrigo definitivamente e, acolhendo-o em seus braços, sentiu o calor de seu corpo junto ao seu, deixando sua alma em festa. Tudo estava propício para que ele confiasse seus sentimentos, seus medos a ela.

— Raquel não está sendo honesta com ele.

— E por que não? Raquel o ama e, depois, apenas está aproveitando a oportunidade que a vida está lhe oferecendo.

— Mas ele não a ama!!!

— Quantos casamentos se fazem sem amor, minha cara?

— Você está me dizendo que Rodrigo vai casar-se com ela?

— E por que não? Ela vai ajudá-lo com Daniel.

— Mas ela não o conhece!!!

— Mas, com certeza, vai conhecê-lo.

— Pois eu preferiria que ele ficasse com quem realmente ama meus filhos.

— Como Isabel, por exemplo?

Laura fazia suas escolhas, mas não poderia sequer imaginar sua melhor amiga nos braços de seu único amor.

— O que está dizendo, irmã Olívia?

— Isso que você ouviu, por que não? Se você quer que seja a pessoa certa, esta pessoa é, sem sombra de dúvidas, Isabel.

— Eu não poderia aceitar uma coisa dessas, e, depois, Isabel não suporta Rodrigo.

— Mas se fosse pelo bem de Daniel e de Danilo, você aceitaria?

— Não sei, nunca pensei nessa possibilidade. Há essa possibilidade?

— Laura, seu amor por Rodrigo é verdadeiro?

— Por que está me perguntando isso?

— Apenas responda, minha querida Laura.

– Claro que o amo. Eu só tive Rodrigo em minha vida, pelo menos foi com quem eu tive meus filhos.

– Mas isso não quer dizer que o ame de verdade.

– Irmã Olívia, está me confundido, claro que eu o amo.

– Lembre-se, Laura, o amor liberta, o amor nos faz renunciar para o benefício do ser amado. Quando o amor é verdadeiro, não há espaço para ciúmes, não há espaço para egoísmo, não há espaço para sentimento de rivalidade. Lembre-se, Isabel é sua verdadeira amiga; a quem você confiou a criação de seus filhos; e Rodrigo é o pai, que você diz ser o seu único amor. Isso quer dizer, minha querida, que tudo está perfeitamente a seu favor.

– Irmã Olívia, está me testando quanto à honestidade do amor e da amizade que sinto por Isabel?

– Não, minha querida, estou apenas a lembrando que Isabel foi e é sua verdadeira amiga.

– Mas por que está me dizendo isso agora?

– Puxe em sua memória quando conheceu Rodrigo.

– Faz tanto tempo, mas acho... Lembrei-me, conheci Rodrigo por meio de Isabel... Foi isso... Isabel já o conhecia e pediu que ele me arrumasse um emprego em sua fábrica. Meu Senhor abençoado!!! Isabel amava Rodrigo?

Laura passou as mãos no rosto em sinal de decepção, mas logo Olívia intercedeu:

– Laura, calma, não se deixe levar pela emoção, lembre-se do controle e da harmonia. Tudo a nossa volta é composto de energias boas e más, e você já está mais do que ciente que, se quer ajudá-los, tem de estar equilibrada sempre.

Laura procurou respirar pausadamente, fez uma prece, e em poucos minutos estava mais serena.

– Laura, tudo é um grande aprendizado, e um deles é sempre ter equilíbrio, assim terá sabedoria e evolução.

– Perdoe-me, irmã, mas esse conhecimento me abalou muito. Nunca poderia imaginar que Isabel amasse Rodrigo, ela nunca deixou transparecer, nunca deu nenhum indício que fosse. Por essa razão, ela passou a odiá-lo?

– Laura, não coloque palavras em minha boca; não disse que Isabel amou Rodrigo, e também não disse que ela o odeia. Apenas quero lembrá-la de que Isabel fez de tudo para que ele a assumisse realmente, seu amor, sua amizade, ela era tão leal a você que não aceitava que ele a fizesse sofrer.

Laura, sutilmente, deixou que algumas lágrimas descessem pelo seu rosto. Irmã Olívia a abraçou e, com carinho, passou a mão em seu rosto na tentativa de amenizar sua dor.

– Isabel sempre brigou por mim. Como ela deve ter sofrido, e eu nunca dei importância para suas preocupações.

– Não pense assim, Isabel fez o que achou certo. Não se preocupe, minha querida, tudo aconteceu como tinha de acontecer. Agora, vamos, precisamos voltar, ele está mais sereno, deixe que continue seu caminho. Quando pudermos, voltaremos para ampará-los.

Laura deu uma última olhada em Rodrigo e foi embora abraçada com irmã Olívia.

ᑒ

Rodrigo voltou para casa de madrugada. Ao entrar, sentiu um profundo silêncio, pois todos já estavam dormindo. No dia seguinte, pela manhã, Rodrigo acordou um pouco atordoado, pois sua noite foi muito agitada, mal conseguiu descansar.

Assim que desceu para o café da manhã, encontrou à mesa seus pais e seu filho Daniel.

— Bom dia, meu filho.

— Bom dia.

Rodrigo estava introspectivo, não conseguia olhar para Daniel, que se conservou imóvel como uma estátua a encará-lo.

— Daniel, diga bom dia para seu pai.

O menino continuou calado, apenas olhava para o pai tentando entender muitas coisas.

— Daniel, o que a vovó conversou com você ontem? Você entendeu tudo direitinho, não foi?

— Sim, vovó.

— Então...

— Bom dia, papai.

Rodrigo olhou aquele rostinho tímido e lindo, como são sempre as crianças, e, meio confuso, limitou-se a cumprimentá-lo.

— Bom dia.

— Onde ficou até tarde da noite? Aliás, chegou de madrugada.

— No apartamento de Raquel.

Márcia não o recriminou, pois era exatamente o que ela mais gostaria de ouvir.

— Sabe, meu filho, você precisa ver um bom colégio para o Daniel, ele não pode ficar sem estudar, já trouxe todos os documentos necessários de sua transferência.

— Mãe, eu trabalho, sabia?

— Mas não dá para perder uma hora apenas?

— Hoje minha agenda está cheia, tenho reunião pela manhã e à tarde.

— Nossa, Rodrigo, ninguém me avisou de nada!!!

— Como poderia, meu pai? O senhor está sempre viajando.

– Eu ainda sou um dos diretores da empresa, sabia?

– Eu sei, acho que quem não se deu conta disso foi o senhor.

Rodrigo se levantou para sair e, antes, ainda respondeu:

– É melhor o senhor se preocupar mais com os negócios da empresa do que ficar viajando toda hora, pensando estar de férias.

Rodrigo virou as costas e deixou seus pais pasmos com tanta grosseria.

– Márcia, o que está acontecendo com nosso filho? Sempre foi um rapaz bom, sensível, educado e, o mais importante, sempre nos respeitou!!!

Márcia, pela primeira vez, sentiu seu coração apertado. Olhando para o neto, deixou algumas lágrimas lubrificarem seus olhos. E, tentando não passar insegurança para o pequeno Daniel, disse, passando a mão em seu rosto:

– Coma tudo, meu querido, depois vá brincar com seus brinquedos lá fora.

Daniel empurrou a xícara a sua frente e saiu correndo para o quintal. Márcia, aflita, saiu atrás dele.

– Daniel... Daniel...

Márcia se aproximou de Daniel e sentou-se junto dele no balanço.

– O que foi, meu querido?

– Vovó, a senhora disse para eu ser bonzinho com papai, mas ele não gosta de mim.

Márcia pegou Daniel e o aconchegou em seu colo:

– Claro que ele gosta de você, meu querido. A vovó já não lhe explicou que tudo é novo para ele, que é preciso dar tempo ao tempo?

– Eu sei... Mas ele nunca vai gostar de mim.

Márcia começou a chorar penalizada, pois também sentiu que não seria nada fácil fazer Rodrigo aceitar o filho e, por um instante, admitiu que não deveria ter levado Daniel para junto de seu filho.

– Claro que ela vai gostar de você, ou melhor, ele já gosta de você, apenas não sabe ainda.

– Eu quero ir embora. Quero voltar para a casa que tem praia.

Márcia abraçou Daniel forte e não disse mais nada.

– Assim que Osmar chegou à empresa, foi direto para a sala do filho.

– Rodrigo, temos de conversar!!!

– Estou muito ocupado, logo começará a reunião.

Osmar se dirigiu para a porta e passou a chave na fechadura, em seguida colocou-a no bolso.

– O que está fazendo, pai?

– Não estou fazendo nada, apenas quero que você me escute.

– Isso não tem cabimento, tenho uma reunião daqui a cinco minutos!!!

– Não, enquanto você não me ouvir.

– Não acredito. Por favor, abra a porta!!!

– Precisamos conversar.

– Escuta aqui, pai, eu...

– Escuta aqui, você!!!

Nisso o interfone tocou e Osmar rapidamente atendeu.

– Pois não, dona Vera.

– Todos já estão na sala de reunião, só falta o Rodrigo e o senhor.

– Pois diga a todos que podem começar, eu e meu filho temos assuntos urgentes a tratar.

– Sim, senhor.

Vera desligou o interfone superassustada, pois sentiu que estava acontecendo algo de muito grave, mas apenas se limitou a dar o recado.

– Pai, abra a porta, vamos à reunião, depois nós conversaremos.

– Nem que demore o dia inteiro aqui dentro, mas você não sai enquanto não me ouvir.

Rodrigo, repentinamente, levantou-se esbravejando.

– Se senhor quer conversar a respeito daquele garoto que dizem ser meu filho, vai perder seu tempo, eu não tenho filho nenhum.

– Pois pode se acalmar, mocinho! Quem pensa que é para falar assim comigo? Ainda sou seu pai e exijo respeito. Aqui ou em casa, o único que pode esbravejar sou eu ainda, e enquanto eu viver falarei o que bem entender!!! E pode se sentar, porque a conversa será longa e, com a minha idade, não tenho pressa de mais nada.

Rodrigo sentiu seu coração acelerar e, com muita raiva no coração, tornou a se sentar. Osmar firmemente concluiu:

– Sei que erramos muito em esconder tudo de você, mas o que está feito, está feito e não tem como voltar atrás. Não estou pedindo para que você aceite Daniel de uma hora para outra, mas que pelo menos o respeite.

– Eu não...

Osmar o cortou e continuou:

– Eu ainda não terminei. Sei, também, que sua mãe foi longe demais com essa história, mas tenho certeza de que foi por amor excessivo a você. Admito que ela exagera e não enxerga que você já é um homem formado e faz suas escolhas, mas como pode olhar para um garoto que é sangue do seu sangue e não sentir ao menos compaixão?

Rodrigo, ao ouvir as súplicas do pai, não conteve as lágrimas em seus olhos, e completamente arredio respondeu:

— Eu não consigo olhá-lo e sentir algo por ele.

— Mas, meu filho, ele é uma criança com tantas expectativas de vida ainda.

— Não estou pronto ainda para fazer parte da vida dele nem ele da minha.

— Rodrigo, meu filho, não quero que você, de hoje para amanhã, o acolha em seus braços e lhe dê tudo o que eu, como seu pai, procurei lhe dar. Sei, também, que está assustado, pois não é fácil se intitular pai e exigir que tenha responsabilidades. Mas você já é um adulto, tem mais compreensão e sabedoria que uma criança, coloque-se no lugar dele e tente sentir-se rejeitado, ponha-se no lugar dele apenas cinco minutos e verá que é doloroso demais.

Rodrigo chorava desalentado em sua pomposa cadeira sem conseguir reagir.

— Rodrigo, eu lhe peço, por favor, seja mais amável com seu filho, faça um esforço, não peço que corra atrás dele o tempo todo, porém, quando ele estiver perto, procure encará-lo como uma criança que requer apenas um pouco de atenção. Vamos fazer o seguinte, olhe para Daniel como se fosse um novo amiguinho que não tem para onde ir e se hospedou em nossa casa.

Rodrigo não sabia definir o que estava acontecendo, mas aceitar Daniel como filho estava acima de sua compreensão.

— O senhor tem certeza de que esse garoto é meu filho?

— Como pode fazer uma pergunta como essa?

– E por que não?

– Está duvidando de que a mulher que amou não tenha sido leal a você?

– Não foi isso que eu disse, sempre confiei em Laura.

– Então, qual é a dúvida?

– Ah, pai, sei lá. Sabe como é a mamãe!!!

– Está duvidando de sua mãe? Sua mãe pode ser tudo, mas não brincaria com uma coisa dessas!

– Pai, eu sei que mamãe não faria isso.

Rodrigo se levantou transtornado, não queria enxergar o óbvio. Na verdade, ele estava magoado por ter perdido Laura, sua alma doía com amargor de um arrependimento muito presente. Suas frustrações foram todas depositadas em um ser que nada poderia fazer para mudar o curso de sua vida.

Por mais que se queira culpar algo ou alguém, a vida cobra atitudes, cedo ou tarde. E o adiamento só prolonga o sofrimento imutável e preciso. Osmar sentiu que o filho não queria cooperar com um fato que não poderia ser mudado em hipótese nenhuma e, sábio, deu um xeque-mate:

– Faremos um teste de DNA. Não é isso que você quer?

Rodrigo o olhou assustado sem saber o que dizer, e seu pai, finalizando a conversa, levantou-se colocando a mão no bolso e pegando a chave para abrir a porta. Antes de sair, porém, concluiu:

– Se esse for o seu problema, já está resolvido. Amanhã iremos bem cedo fazer o teste.

Rodrigo ainda tentou desviar suas responsabilidades.

– Pai, não farei teste nenhum!!!

Osmar, tranquilo e sabendo que Rodrigo não teria mais nenhum álibi, respondeu decidido:

116 ❧ Uma longa espera

– Faço questão de acompanhar você e Daniel, desmarque todos os seus compromissos amanhã pela manhã.

E, sem dar tempo para o rebate do filho, deu as costas e foi para a reunião. Rodrigo se deixou cair na cadeira, debruçando-se sobre a mesa, e blasfemou para si mesmo:

– Que saco!!! Não pedi filho nenhum, veio porque quis.

Na manhã seguinte, pai, filho e neto foram à clínica fazer o teste. Enquanto esperavam na sala para a coleta de sangue, Rodrigo, de vez em quando, olhava para o garoto e, mesmo não aceitando o fato em si, não tinha como não admitir que era seu filho, pois seus gestos, o modo de andar, as expressões do olhar não deixavam dúvidas. Impaciente com sua ignorância, Rodrigo se levantou e se dirigiu ao balcão:

– Por favor, vai demorar muito? Tenho compromisso.

– Não, senhor, é só aguardar alguns minutos.

– Rodrigo... Rodrigo...

Rodrigo olhou para o lado para ver quem pronunciara seu nome:

– Puxa, cara, é você?

– Rodrigo, rapidamente, tentou se lembrar de onde conhecia o rapaz que com entusiasmo o olhava:

– Ricardo!!! Quanto tempo!!!

Rodrigo abraçou o rapaz, que correspondeu amavelmente.

– Puxa, quanto tempo!!!

– O que está fazendo por aqui?

– Eu estou trabalhando aqui, e você?

– Ah, eu vim fazer um exame.

– Está doente, cara?

– Não, é um exame corriqueiro.

– E como vão as coisas?

– Estão indo.

– Puxa, sinto muito por Laura.

– É, você soube?

– Soube, essas coisas acontecem, pensei que Isabel não fosse suportar.

– Por falar em Isabel, onde ela anda?

– Isabel viajou para Minas Gerais.

– E ela não vai voltar mais?

– Claro que vai.

– Sabe quando?

– Não sei, mas ela sempre telefona para Vivian. Você conheceu Vivian, não conheceu?

– Pode ser que sim, é que faz algum tempo que não vou à clínica, será que tem como você me arrumar o telefone dela?

– Tenho sim, Vivian chegou a me dar o número, mas sabe como é, a gente marca em um papel qualquer, depois perde.

Rodrigo logo se lembrou de que havia falado com a tal da Vivian, mas procurou não mencionar nada para seu amigo, pois estava mais que claro que todos sabiam o que não era para ele saber, que Isabel não podia nem ouvir falar em seu nome, e mais do que nunca ele precisaria encontrá-la, nem que fosse para ela soltar os cachorros.

– Puxa, Ricardo, quando você poderia arrumar esse telefone pra mim?

– Logo, vamos fazer assim, meu plantão acaba às seis horas. Quando eu sair daqui, nós podemos nos encontrar na clínica. O que acha?

– Sabe o que é, tenho um compromisso hoje à noite. Vamos fazer melhor, você me dá seu telefone e eu ligo mais tarde pra você.

— Tudo bem, como quiser, aliás, precisamos marcar de sair, tenho saudades dos velhos tempos.

— Com certeza, vamos nos encontrar, sim.

Quando Ricardo ia dar o número do telefone para Rodrigo, foi interrompido pelo pai e pelo filho.

— Vamos, Rodrigo, é sua vez.

Rodrigo ficou sem jeito, pois não queria apresentar Daniel como seu filho, e mais que depressa despistou:

— Pode ir, pai, só vou marcar um telefone, já estou indo.

Osmar se afastou com Daniel, mas não teve como Ricardo não notar o garoto.

— Vai me dizer que é seu filho?

— Quem, o garoto? Não, não, nem pensar, é coisa dos meus pais.

— Puxa, podia jurar que era seu filho. É sua cara, meu!!!

— Você está de brincadeira... É coisa de meus pais, ele é adotado.

— Mas, olha, passa como seu filho na boa!!!

Rodrigo não gostou do comentário e, querendo logo dispensar o amigo, marcou o número do telefone e se despediu.

Rodrigo fez o teste de paternidade, mas deixou a responsabilidade de buscar o resultado para o pai. E, lógico, como dois mais dois são quatro, Rodrigo era o pai de Daniel.

❧ Infinitas provas ☙

Isabel estava indo bem na clínica, fez alguns amigos, mas Tânia era a mais próxima. Isabel acabou gostando da vida na pequena cidade de Minas. Amanheceu um lindo dia de sol, ela, Danilo, Tânia e João selaram os cavalos para passearem pela fazenda, Jandira e Zé estavam felizes pelo neto, a casa ganhou uma nova vida, tudo era motivo para festa. Mas como tudo na vida tem os altos e baixos, estavam também preocupados com o comportamento de Danilo, que, por cuidados extremos da mãe, fizera alguns exames no hospital local. Danilo, por algumas vezes, tinha crises de ausência, era tudo muito rápido. Ele estava normal, brincando, estudando ou até mesmo fazendo as refeições e, de repente, ficava inerte alguns segundos. Ao voltar a si, gritava o nome do irmão sem parar, dizia que o irmão o chamava quando se sentia triste ou com medo. E até mesmo descrevia o local em que o irmão se encontrava. E cada vez que este fato ocorria, Isabel se desesperava, culpando mais e mais Rodrigo por ter abandonado a mãe deixando sequelas nos filhos na hora do parto. Mas o que deixava os médicos intrigados é que nada de concreto foi diagnosticado, mas, para tranquilizar mãe e avós, encaminharam o garoto para o hospital da capital onde havia mais recursos.

– Danilo... Ande mais devagar!!!

– Deixe o menino!!! – gritou o tio, ao longe, enquanto puxava as rédeas do cavalo.

– Não, João, não quero que Danilo cavalgue tão forte.

– Tudo bem, fique tranquila, vamos cavalgar mais devagar.

João e Danilo continuaram a cavalgar, enquanto Isabel e Tânia deram uma parada debaixo de uma árvore deixando os cavalos livres ali por perto.

– Puxa, como é bom andar a cavalo!!!

– Eu gosto quando você vem passar o dia conosco.

– Obrigada, Isabel, eu também adoro vir para cá.

– A que horas vai para Belo Horizonte?

– Amanhã bem cedo.

– Tem certeza de que quer ir?

– Tenho, preciso descobrir o que se passa com meu filho.

– Acredite em mim, Isabel, seu filho não tem nada, o que ele tem é algum amigo espiritual.

– Pare de dizer bobagens, Tânia, o que ele tem é patológico.

– Se ele tivesse algum sintoma patológico, como você diz, os médicos teriam diagnosticado. Crianças na idade de Danilo têm contato com o invisível.

– O que você quer dizer com isso?

– Ele deve receber alguma mensagem de alguma criança com quem ele tem muita afinidade.

Isabel ficou confusa e com medo, ao mesmo tempo. O que Tânia dizia tinha sentido, mas como desabafar contando-lhe uma história que, de repente, poderia mudar a direção de sua vida?

– Fale mais sobre isso – pediu Isabel muito assustada.

– É simples, Isabel, Danilo deve ter a companhia de um amigo espiritual muito próximo.

– Mas acontece com todas as crianças?

– Em geral, sim, umas com mais sensibilidade, outras com menos. Isso acontece também com gêmeos que por algum motivo foram separados.

Isabel não teve como não tomar um choque violento. E, chocada, perguntou:

– Isso que está dizendo pode ser possível?

– Claro que sim, são espíritos mais que afins, são espíritos que vêm em grandes processos, de longa data juntos. São praticamente como um só ser fluídico, como costumamos dizer, são a própria alma gêmea.

– Meu Deus!!!

– O que foi, Isabel?

Isabel começou a chorar convulsivamente, lembrando-se do pequeno Daniel, e de como não pensara no que era tão óbvio.

– Você tem certeza do que diz?

– Certeza só quem pode ter é Deus, mas leio muito, essas são as respostas que temos quando não encontramos explicações diagnosticadas em um corpo físico. Se a medicina não

122 ᘓ Uma longa espera

encontra nada que possa provar aquele sintoma devidamente, apelamos para o plano espiritual, que nos dá provas infinitas do inexplicável. Agora, Isabel, responda-me, o que você sabe que não quer ou não pode me contar?

Isabel olhou para Tânia com perplexidade da percepção que ela tivera e, quase que suplicando, pediu:

– Tânia, preciso muito de você, mas me prometa que vai guardar segredo para sempre.

– Você está me deixando preocupada. Pode confiar em mim.

– Danilo tem um irmão gêmeo.

– O que você está me dizendo?

– Que Danilo tem um irmão gêmeo.

– Espere um pouco, Danilo tem um irmão gêmeo?

– Exatamente...

– Que Deus nosso Pai seja louvado!!!

– Como Deus seja louvado?

– Isabel, raciocine comigo, Danilo realmente não é uma criança doente!!!

– Mas isso não me alivia em nada.

– Como não? Danilo apenas sente sensivelmente o irmão.

– E isso é bom ou ruim?

– Depende.

– Como depende?

– Isabel, antes de eu tentar lhe explicar o pouco que sei, conte-me tudo o que houve.

Isabel contou a Tânia, sem muitos detalhes, desde quando conheceu Rodrigo, finalizando com a morte de sua mais que amiga Laura.

– Puxa... Que história maravilhosa!!!

– Como pode dizer uma coisa horrível como esta? Essa história está bem longe de ser maravilhosa.

– Depende do ângulo que você enxerga.

– Eu conto a você que o pai foi um covarde e você diz que é maravilhoso?

– Claro, Isabel, o pai não foi covarde, apenas vocês tiraram conclusões precipitadas, ele também é uma vítima.

– Vítima? Ele abandonou Laura!!!

– Não, Isabel, ele não a abandonou, apenas foi tudo um mal-entendido. Ele não procurou por Laura? Não disse que não sabia de nada sobre casamento?

– É, não confirmou, não, apenas se admirou quando Laura perguntou sobre a esposa.

– Sinto dizer, mas acho que vocês duas se equivocaram. Não o julgue sem saber realmente o que aconteceu!!!

– Não nos equivocamos, não, e a festa em sua casa?

– Bem, agora não adianta ficarmos tentando saber o que houve.

– Realmente julgamos antecipadamente. Depois, vim a saber que a festa na casa de Rodrigo era apenas a confirmação do casamento de seus pais. É verdade, agora o que adianta saber disso se Laura já morreu?

– Laura não morreu, apenas passou para outro estágio de sua vida.

Isabel olhou-a admirada, pois nunca havia ouvido falar de outro estágio.

– Outro estágio?

– Sim, nós nunca morremos literalmente, apenas nos separamos por algum tempo.

– Tânia, você acredita mesmo que não morremos?

– Não é questão de acreditar, é questão de lógica. Deus é Soberano, dono de tudo e de todos, e tudo sabe, tudo vê, sendo assim, sabe que estamos apenas nos aperfeiçoando, e para isso sua bondade é imensa, dando-nos oportunidades de irmos e voltarmos para reparar nossas faltas. Um dia, com certeza, seremos uma humanidade mais harmoniosa. Deus, Isabel, como um pai extremoso, não deixaria seus filhos por muitas vezes sofrerem amarguras devastadoras, enquanto outros tivessem o privilégio de viver em berços esplêndidos sem que por trás de cada um houvesse seu histórico a se aperfeiçoar quantas vezes forem necessárias, assim como fazem nossos pais materiais quando erramos. Por tudo isso, não morremos, Isabel, apenas retornamos à casa do Pai maior. O que morre é nosso corpo, mas a essência, que é nosso espírito, é eterna.

Isabel olhava Tânia falar com os olhos direcionados para o nada, mas com uma convicção absoluta. E, com o coração cheio de curiosidade, perguntou:

– Então é possível que Laura me escute quando falo com ela?

– Naturalmente, porém, deve sempre se lembrar dela com saudades, sem lamentações. Pois se assim não for, vai se transformar em obsessora, atrasando sua evolução.

– Pois então já sou, porque sempre quando falo com ela fico me lamentando.

– Pois não deve; deve sempre se lembrar com saudades e dirigir-lhe muitas orações, só assim alcançará sua evolução e, automaticamente, poderá ajudar quem lhe é realmente caro, querido.

– Como assim?

– Laura precisa seguir seu caminho, e quanto mais ela obtiver entendimento e evoluir, mais poderá, um dia, fazer por aqueles a quem deixou.

– Mas Laura sabe o que passamos e pensamos?

– Se realmente vocês forem espíritos afins e suas vidas estiverem entrelaçadas por provas, ela, no tempo determinado, não só saberá como poderá ajudá-los a repararem suas faltas.

Isabel ficou emocionada e, por um rápido instante, sentiu seu corpo se arrepiar inteiro.

– Puxa, Tânia, suas palavras arrepiaram meu corpo todo.

– Isso é um bom sinal.

– É mesmo?

– É sim, mas não deve ter tanto ódio no coração. Se continuar alimentando esse sentimento por Rodrigo, isso vai atrapalhá-la.

– Eu não quero me atrapalhar, mas o que sinto é mais forte do que eu.

– Então terá de fazer orações para tirar esse sentimento negativo, só assim seu coração vai se libertar, senão prejudicará não somente a ele, mas a você também.

– Não me importo que ele se prejudique.

– Tudo em nosso caminho tem dois pesos e duas medidas, talvez ele absorva suas energias ruins, mas você nunca o tirará de seus pensamentos. E, mais, tudo em nossa vida é regido por ação e reação, o que fizer de bom retornará, o que fizer de ruim, retornará também.

Isabel, mesmo que quisesse, não tiraria Rodrigo de seus pensamentos, pois o ódio e o amor são sentimentos muito próximos. Muitas vezes, quando achamos que sentimos ódio por determinada pessoa, isso é um grande engano.

– Bem, deixe esse insuportável para lá, o que me interessa é saber sobre Danilo e Daniel.

– Isabel, não gostaria de interferir em sua vida, mas a partir do momento em que se abriu comigo, tenho o dever de lhe prevenir que não é bom deixar Rodrigo incomodá-la. Como sua amiga e para o bem dos meninos, de Rodrigo e até para seu próprio bem, começaremos a trabalhar seus sentimentos.

– Para o bem de Rodrigo?

– Sim, Isabel, vire a página de sua vida e ilumine a vida dos três. Se podemos uni-los, por que não o fazemos?

– O que você está querendo dizer? Que com minha ajuda irei uni-los?

– Claro!!! Não é isso o que deseja?

– Nem pensar. Danilo e Daniel pertencem a mim, e, se depender de mim, Rodrigo nunca vai colocar os olhos neles!!!

– E onde está Daniel? Sim, porque você o afastou.

– Você está dizendo que perdi Daniel por culpa minha? Isso é a coisa mais absurda que já ouvi em toda minha vida!!!

Isabel, completamente desequilibrada, levantou-se da frondosa árvore que a cobria e, aos gritos, subiu no cavalo e chispou para casa. Tânia não moveu um dedo para impedir a atitude da amiga, simplesmente a deixou ir. Ela era calma e sensata. Na verdade, era a pessoa certa para aliviar as amarguras contidas no coração de Isabel, e como tudo tem um por quê, irmã Olívia ficou satisfeita com a longa conversa que as duas amigas haviam tido.

– Que bom que Tânia cruzou o caminho de sua querida amiga Isabel.

– Mas isso é coisa sua, não é, irmã Olívia?

– Não, é coisa de amigos que amam muito vocês duas.

– E eu posso saber quem são?

– Claro, olhe que um deles está vindo ao lado de Danilo!!!

– Minha mãe!!!

Laura esperou alguns minutos até que sua mãe se aproximasse e a abraçou fortemente.

– Como estou feliz em revê-la, minha querida!!!

– Eu também, minha mãe. Pelo que estou vendo, a senhora se recuperou bem. Quis tanto vê-la, mas não me foi permitido. Irmã Olívia cumpriu sua promessa, disse que assim que fosse possível nós iríamos nos ver.

– Pois aqui estou, mas vim em missão, querida.

– Em missão?

– Sim, Laura, sua mãe terá uma tarefa, digamos que difícil, mas recompensadora.

– E eu posso saber qual é?

– Isabel está muito arredia, e fui designada para ajudá-la.

– E por que a senhora? Pensei que fosse eu que iria ajudá-la.

– Não fique desapontada, Laura, mas avaliaram e acharam melhor que sua mãe a acompanhasse, pelo menos por enquanto.

– Não fique triste, minha querida.

– Não me acham capaz de ajudá-los, é isso?

– Não é bem isso, Laura, mas você não é a mais indicada.

– E por que não?

– Laura, preste atenção, nós sabemos que ama muito Isabel e que faria tudo para isso, porém, poderá, a qualquer momento, se desarmonizar, por conta de seu amor por Rodrigo.

– Mas eu já estou preparada, quero ajudar Isabel e Rodrigo, afinal de contas, ela é a pessoa mais indicada para cuidar dos meninos.

– Não é bem assim que funciona, Laura, Isabel tem algumas provações a serem cumpridas, e depois nós também não sabemos qual será o destino de Isabel e Rodrigo, mas é melhor que Cida cuide desse caso, pois há muitas coisas ainda para acontecer e você talvez possa não ter muito entendimento ainda.

Laura se entristeceu e, com os olhos cheios de curiosidade, esperou que Olívia continuasse.

– Laura, sua mãe quer Isabel como a uma filha, afinal de contas, ela conviveu por muito tempo não só com você, mas com todos da família.

Laura abraçou fortemente a mãe e desejou que ela tivesse boa sorte.

Amargura

Rodrigo, depois de ter encontrado Ricardo, voltou a ter esperanças. Tinha absoluta certeza de que encontraria Isabel e logo saberia de tudo o que aconteceu durante sua ausência. Já haviam se passado mais de duas semanas quando telefonou para Ricardo.

– Alô, quem é?

– É Rodrigo, Ricardo, como está?

– Oi, Rodrigo, tudo bem?

– Tudo, e aí, conseguiu o número do telefone de Isabel?

– Puxa, Rodrigo, ainda não, cara.

– Não encontrou a moça que tem o número?

– Pois é, não cruzei com ela ainda.

– Que pena, estou tão ansioso por notícias de Isabel.

130 ∽ Uma longa espera

– É, cara, mas vai ter de esperar.

– Tudo bem, mas vê se consegue isso para mim. É muito importante.

– Pode deixar.

– Bem, Ricardo, que tal se nós saíssemos logo mais à noite?

– Sabe o que é, cara, não vai dar, já tenho compromisso.

– Então fica para outro dia.

– Tudo bem, até mais.

Rodrigo desligou o telefone desapontado, mas não perderia a esperança, era questão de dias e tudo seria resolvido. Mas, para total decepção dele, toda vez que ligava para o amigo, ele dava uma desculpa. Já estava desconfiado de que ele não queria se envolver naquela história, mas, a bem da verdade, foi Vivian que não quis cooperar quando soube que o número do telefone era para Rodrigo. E como havia prometido para Isabel, não iria, em hipótese nenhuma, quebrar a promessa.

Rodrigo estava esgotado de tanto pensar em uma possibilidade de como encontrar Isabel. Perguntava-se o porquê de tantos desencontros. O que ele fizera para estar sofrendo? Ele reconhecia que fora deveras covarde e não lutara para ter Laura a seu lado. Mas por que não conseguia seguir adiante? Laura estava morta mesmo, já não fazia sentindo essa busca de algo que já estava mais que consumado. Por que continuar se martirizando na busca de alguém que o odiava? O que Deus queria provar para ele? Por que Deus o atormentava, não o deixando se esquecer de Isabel? Encontrava-se tão deprimido, que já não conseguia ter ânimo, não tinha vontade de trabalhar, de ver os amigos nem ao menos gostar do próprio filho. Sua vida já não era a mesma, sua amargura era tão visível que, dia a dia, estava mais magro e mais pálido. Por muitas vezes sentia seu corpo doer, uma hora as pernas, outra os braços, e outras seu corpo todo. Seu quarto era seu refúgio e sua cama, seu porto seguro. Já haviam se passado três dias e ele permanecia trancafiado, sem querer ver ninguém. A única que tinha acesso ao seu quarto era Raquel, pois não lhe cobrava nada. Rodrigo estava deitado em sua cama de barriga para cima, com os olhos cerrados, sua mente parecia vazia. Era como se todos os seus pensamentos o abandonassem, deixando-o à deriva em meio da imensidão de um mar bravio. Nada mais lhe interessava, a não ser sua obstinação em saber qualquer coisa que o levasse até Isabel. Amanhecia, anoitecia e nada de Rodrigo voltar à vida. Seus pais e Raquel estavam preocupados. Márcia estava no escritório com Osmar, tentando uma saída para animar o filho, quando Raquel chegou.

– Posso entrar?

– Oh, Raquel, chegou em boa hora. Eu estava justamente falando de você.

– O que houve?

– Raquel, só você poderá tirar nosso filho daquele quarto.

– Rodrigo não está melhor?

– Não, Raquel, não está.

– Não seria melhor levá-lo a um médico?

– Seria, se ao menos alguém o convencesse disso. Ele diz que sente muitas dores pelo corpo, mas se recusa a qualquer ajuda.

– Bem, ele não pode continuar assim.

– Faça alguma coisa, por favor, Raquel, não suporto mais vê-lo daquele jeito.

– Tudo bem, vou tentar.

Raquel pediu licença e se retirou. Cada degrau que subia, mais seu coração se entristecia, teria de ser bem convincente; respirando fundo bateu de leve na porta e entrou:

O silêncio era total, mal se ouvia sua respiração, as janelas estavam todas fechadas e seu corpo inerte na penumbra do quarto. Raquel passou as mãos sobre os olhos, para que ele não notasse seus olhos rasos d'água, e bem devagarzinho parou a seu lado na cama.

— Raquel, é você?

Raquel se penalizava com o pouco que seus olhos podiam ver naquele quarto escuro e, pegando em suas mãos, respondeu:

— Sim, meu amor, sou eu.

— Raquel, ajude-me...

— Eu estou aqui justamente para ajudá-lo.

— Eu preciso saber qualquer pista que me leve até Isabel.

Raquel, não suportando a dor que invadia sua alma, chorou baixinho.

— Rodrigo, nesse momento o que você mais precisa é de cuidados médicos.

— Não, o que eu preciso é saber de Laura, e só Isabel poderá me dar as respostas de que preciso.

Raquel respirou fundo e, tentando dissipar as lágrimas, respondeu:

— Rodrigo, prometo-lhe que vou ajudá-lo a encontrar Isabel, porém depois que estiver melhor.

— Eu não tenho nada, essas dores são de remorso, tenho certeza de que, depois de ouvir o que Isabel tem para me dizer, tudo passará.

– Mas você sabe melhor do que eu que, mesmo que encontrarmos Isabel, ela não vai recebê-lo. Você mesmo diz que ela o odeia.

– Eu sei, é justamente por essa razão que tenho de encontrá-la. Enquanto eu não ouvir toda mágoa que sente por mim, não vou conseguir seguir meu destino. Sinto que é isso que ainda me prende a ela.

– Mas não sei por onde começar, como achar qualquer rastro de Isabel?

– Eu tenho um amigo que sabe onde ela se encontra.

– E por que não o procurou?

– Por que ele não quer cooperar.

– Você já conversou com ele?

– Já...

– E o que ele disse?

– Não disse. Antes, ele me atendia, agora, quando vê meu número na bina, desliga.

Raquel não se conformava ao ver que a paixão de sua vida se humilhava cegamente por uma mulher que sempre o hostilizou.

– Rodrigo, estou disposta a ir atrás de seu amigo, mas só farei isso se você for ao médico.

– Promete-me que fará isso?

– Prometo-lhe, mas antes...

Rodrigo, com muita dificuldade, cortou-a:

– Tudo bem, mas prefiro que ele venha aqui em casa.

Raquel fez o sinal da cruz automaticamente, sem ter noção do que realmente significava aquele gesto, porém a humilde Cida se compadeceu com tão boa ajuda de Deus misericordioso.

— Isso, meu querido, continue assim que Deus nosso Pai vai ajudá-lo!!! — disse Cida com fervor.

Cida começara sua tarefa, prometera a irmã Olívia que, por mais difícil que fosse, estaria ao seu lado sem esmorecer, mas sabia que teria de estar sempre em comunhão com seus amigos mais sábios do plano espiritual. Com ternura, espalmou suas mãos sobre o enfermo e aplicou-lhe passes para que ele aceitasse suas provações com fé.

Raquel, depois de ajudá-lo a ir ao banheiro e o acomodá-lo de volta ao leito, desceu para comunicar Osmar e Márcia.

— E aí, Raquel, como ele está?

— Não muito bem, estou achando que não é só depressão.

— Não diga uma coisa dessas, Raquel!!!

— Mas fiquem tranquilos, Rodrigo aceitou que o médico venha examiná-lo.

— Ah, graças a Deus!!!

Osmar, mais que depressa, ligou para o dr. Rodolfo, que depois de uma hora já estava entrando na grande sala.

— Que bom que chegou. Meu filho não está nada bem.

— Calma, Márcia, procure se tranquilizar.

— Mas ele ficará bom, não é doutor?

— Márcia, não vai adiantar ficar nesse desespero, Osmar já me colocou a par de tudo, agora temos de examiná-lo, depois falaremos o que vai acontecer, está bom assim?

Raquel acompanhou o dr. Rodolfo. Quando entraram no quarto, Cida ainda estava ao lado de Rodrigo, pedindo auxílio para que o médico fosse amparado por médicos do plano espiritual.

— Rodrigo, o médico já chegou.

Rodrigo não abriu os olhos, apenas se limitou a cumprimentá-lo.

— Como vai, doutor?

— Eu, muitíssimo bem, meu rapaz, mas agora vamos ver como você está!!!

Rodolfo pediu a Raquel que os deixasse a sós para que Rodrigo ficasse mais à vontade. Assim que Raquel fechou a porta atrás de si, o médico tirou as cobertas de cima de Rodrigo e começou a examiná-lo minuciosamente. Cida, a um canto, orava com os olhos fechados confiando piamente nos médicos colaboradores espirituais. O médico encarnado teve nitidamente a intuição do diagnóstico do paciente, mas não quis se precipitar. Depois de algumas perguntas indispensáveis, concluiu:

— Rodrigo, será preciso alguns exames para que eu possa afirmar com precisão qual é o seu problema.

— Mas são precisos mesmo esses exames?

— É imprescindível, meu jovem, sem os resultados nada poderei afirmar.

— Mas o senhor não pode se adiantar em nada, não queria ir a uma clínica para fazer exames.

— Veja bem, meu jovem, não é questão de querer ou não, você tem de ir o mais rápido possível para o hospital, inclusive já vou encaminhá-lo.

— Não, doutor, não faça isso!!!

— Rodrigo, como eu já lhe disse, não é questão de querer ou não, é preciso.

— Eu sei que o senhor já desconfia de alguma coisa, por que não adiantar? Não quero ir hoje para o hospital, preciso resolver algumas coisas.

— Essas coisas que precisa resolver são importantes para você?

— Muito, doutor.

— Então, é mais um motivo para que você se interne imediatamente.

— Nada é mais importante do que o que tenho para resolver.

— Rodrigo, não gostaria de contar nada a seus pais, mas, se não colaborar, serei obrigado.

— Sejamos práticos, doutor, o senhor acha que sabe o que tenho, e eu, como um paciente quase que formado em patologia clínica, tenho certeza. Então, para que correr?

Rodolfo ficou completamente desconcertado com a afirmação do paciente e, tentando amenizar o clima, perguntou:

— Você estudou medicina?

— Não, doutor, quem sou eu? Apenas fiz alguns meses de patologia, fui obrigado a desistir. O senhor sabe que a fábrica do meu pai toma muito do meu tempo, fico mais fora do Brasil do que dentro.

— É, eu sei, e sei também que é muito dedicado. Puxa, que azar o meu, seria mais fácil se tivesse estudado artes, por exemplo!!!

— Mas para que tudo isso, doutor? Estamos no século vinte e um, nenhum médico hoje esconde nada dos pacientes. Como o doutor pode ver, estou desconfiado tanto quanto o senhor da minha doença.

— Eu sinto muito, Rodrigo.

— Sejamos práticos, dr. Rodolfo, eu preciso que o senhor colabore comigo, tenho algo a resolver de qualquer maneira, não comente nada com meus pais nem com Raquel.

— Sinto muito, Rodrigo, mas sua saúde é mais importante que qualquer outra coisa que tenha para resolver.

– Por favor, doutor, deixe-me resolver. Prometo-lhe que, assim que puder, vou me tratar.

– Você está me pedindo uma coisa impossível, como posso esperar você resolver qualquer besteira? Não há nada mais importante e urgente que sua saúde.

– Por favor, dr. Rodolfo...

Rodolfo o cortou e deu um ultimato a ele:

– Se você não se internar hoje para que eu possa realizar seus exames imediatamente, serei obrigado a contar tudo a seus pais.

Rodrigo ficou desalentado com o médico, mas não se deu por vencido:

– Tudo bem, se é assim que o senhor quer, pode descer e contar, mas nada vai impedir que eu vá resolver minha vida.

– Quando fala de sua vida, soa até irônico, Rodrigo. Sua vida depende exclusivamente de tratamento urgente. Sem tratamento, perdoe-me, não terá mais nada a resolver, pois não terá mais vida!!!

– Depende de ponto de vista. Enquanto o problema do senhor é curar para dar vida, o meu é resolver algo que acabará comigo muito mais rápido que uma doença. Remorso é um sentimento muito ruim e, pode ter certeza, isso acabará comigo bem mais rápido. Para os males patológicos há remédios, doutor.

– Não é bem assim, Rodrigo, depende muito da doença.

Rodolfo ficou preocupado, mas sentiu que nada o impediria de correr atrás do que achava mais importante na sua vida. E, com o semblante mais que preocupado, perguntou:

– De quanto tempo precisa para resolver o seu problema?

– Não sei, mas não vai demorar muito.

– Mas esse "não demorar muito" pode ser muito tempo para nós!!!

– Doutor, por favor, o tempo é meu, não é?

– Rodrigo, você me coloca em uma posição mais que delicada. Quando digo que o tempo para mim é pouco, é porque tenho o dever de tentar ajudar meus pacientes, é questão de honra! A sua vida está em minhas mãos, conheço seus pais há muito tempo e eles confiam em mim. O que vou dizer a eles?

– Sinto muitas dores pelo meu corpo, por essa razão quase não me levanto.

– E aí?

– Se o senhor me receitar aqueles remédios milagrosos para as minhas dores, levantarei desta cama mais que depressa, e eles nunca desconfiarão de nada.

– Que situação. Você não sabe como poderá me complicar com essa história. Seus pais, de amigos que são, poderão virar inimigos mortais; e o que é pior, colocar-me na cadeia, sabia?

– Fique tranquilo, um paciente pode escolher contar ou não a seus familiares. Quem não deve esconder a gravidade de uma doença para um paciente é o médico; e isso eu já sei, então, não tem o que temer.

– Tudo bem, você tem apenas alguns dias...

– Obrigado, doutor, serei eternamente grato ao senhor.

Rodolfo foi fiel a seu paciente, prometeu que esperaria um tempo determinado, mas tinha consciência de que isso poderia agravar o estado dele, mas, diante de sua vontade, decidiu apoiá-lo. Em seguida, chamou seus pais e comunicou-os que marcaram alguns exames para que Rodrigo fizesse no dia seguinte, mas claro que os dois se olharam selando um segredo que cabia somente entre médico e paciente. Raquel ficou feliz por Rodrigo aceitar o tratamento médico, pois até o achou mais animado. Seria uma questão de tempo e seu amor estaria saudável novamente. Cida ficou preocupada com a teimosia de Rodrigo, mas preferiu esperar. Se para ele era necessário encontrar-se com Isabel, teria de confiar no Altíssimo.

Tudo tem explicação

Isabel chegou em sua casa trêmula e agitada.

– O que foi, Isabel?

– Não foi nada, apenas estou com muito calor, vou tomar banho.

Matilde já a conhecia e não acreditou muito no que dissera. Logo em seguida, entrou Tânia acompanhada de João e Danilo.

– Tia Matilde, a senhora tem de aprender a andar a cavalo, é muito legal!!! – disse Danilo feliz.

– É mesmo, meu amor?

– É sim, tia, se a senhora quiser, posso ensiná-la.

– Quem sabe, meu amor, quem sabe? Mas agora vá se lavar que logo, logo o almoço será servido.

João pegou o pequeno Danilo no colo e juntos foram se lavar. Tânia a um canto sorria da alegria do tio e do sobrinho e admirava com emoção a mudança que o garoto proporcionara a todos da casa.

– Cadê Isabel, Matilde?

– Foi tomar um banho.

– Você também não quer se banhar?

– Vou sim, Matilde. Estou cheirando a cavalo.

Tânia já estava se retirando quando Matilde não aguentou e perguntou:

– Aconteceu alguma coisa com Isabel?

– Nada que o tempo não dê jeito, fique tranquila.

– Já sei, estavam falando de Rodrigo, não é mesmo?

– Acertou na mosca, mas, por favor, não lhe pergunte nada, vamos deixar que o tempo se encarregue disso.

Matilde não perguntou mais nada, apenas sorriu e pensou alto:

– Que bom que Tânia entrou em nossa vida.

– *Tá* falando sozinha, Matilde? – perguntou Jandira curiosa.

– Só estou pensando com meus botões.

– E o que você disse pra seus botões?

– Que essa menina Tânia chegou em boa hora.

– *Pra mode* que *tá* dizendo isso?

– Porque ela sabe muito bem levar Isabel.

– Eu gosto dela, desde o primeiro dia que veio aqui em casa tenho reparado nela, menina sabida *tá aí*. Só espero que consiga mesmo tirar da cabeça de minha *fia* essa história de ir embora.

– Mas não sei se Isabel vai aguentar ficar aqui por muito tempo.

– E vai fazer o que lá em São Paulo?

– Dona Jandira, sua filha pode até estar aqui, mas sua cabeça está lá em São Paulo.

— Mais preciso, na casa de certo moço, não é isso?

— É sim, dona Jandira, depois que a senhora me alertou sobre Rodrigo, venho reparando que ela vive suspirando pelos cantos, com seus pensamentos muito longe daqui.

— É, minha cara, minha *fia* está apaixonada. E sabe de uma coisa? Dói por demais vê-la assim.

— Se não tivesse a cabeça tão dura, quem sabe poderia resolver esse amor?

— Mas é teimosa que nem uma mula!!!

Matilde riu sonoramente do jeito simples de Jandira. Já se passava algum tempo quando Isabel, Tânia, João e Danilo desceram para o almoço.

— *Vó*, o almoço já está pronto?

— Já sim, meu garoto, vamos ver se o *vô* está vindo?

José logo chegou e foi se lavar, depois todos se sentaram para almoçar. Isabel já se encontrava mais refeita. O almoço corria na mais perfeita harmonia, o casal José e Jandira eram pessoas simples, mas não havia quem não os amasse. Tânia, com o pouco tempo de convívio, já os admirava e sentia uma coisa boa, não sabia definir, mas se sentia muito bem naquela casa. E em seus pensamentos só cabia gratidão por tão boa amizade que nutria, a cada dia, pela família.

— Sabe, dona Jandira, estava conversando com Isabel e gostaria muito de conversar com a senhora e seu José.

Isabel olhou para Tânia com censura e seu rosto se enrubesceu:

— É mesmo? E do que se trata? – perguntou José.

— Agora não seria a hora ideal, quem sabe depois do almoço.

Todos olharam admirados para a jovem, que, tranquila, continuou sua refeição. Mas Isabel, não contendo a curiosidade, concluiu:

– Aqui em casa não temos segredos com ninguém, Tânia.

– Eu sei, e é lógico que eu não faria segredos com seus pais.

– Então, se não há segredos, pode falar.

– Isabel, minha amiga, depois... depois todos nós conversaremos.

Isabel não insistiu, mas ficou pensando o que poderia ser. E assim foi feito, logo depois do almoço, todos se sentaram na imensa varanda, com exceção de João, que a pedido de Tânia foi passear com Danilo perto do lago. Todos estavam curiosos, que assunto poderia querer uma moça tão jovem discutir? E, percebendo a ansiedade dos ouvintes, ela se pronunciou:

– Estive agora há pouco conversando com Isabel e gostaria muito de discutir com os senhores a respeito de Danilo.

Isabel, embora não tenha gostado que fossem falar sobre o filho, ficou aliviada por não ser sobre Rodrigo.

– Sobre Danilo?

– Sim, Isabel comentou comigo que amanhã pela manhã está marcada uma consulta médica na capital e, por conta disso, gostaria de falar sobre o que acho.

– É verdade, amanhã bem cedo iremos com nosso neto para a capital. Precisamos saber o que está acontecendo com ele, pois já faz alguns dias que não dorme direito e tem pesadelos – desabafou José.

– E *num* é só de noite, não, às vezes acontece de dia também, Zé.

– É, é verdade, mas vamos ouvir Tânia.

— Pois é, sei o que devem estar pensando. Quem é essa maluca? Ela não tem nada a ver com nossa família e já quer se meter!

— Não, minha filha, de forma nenhuma, se você sabe de alguma coisa que possa nos ajudar, nós seremos agradecidos, não é mesmo, mulher? – disse seu José gentilmente.

— Obrigada, seu José. Bem, Isabel me contou tudo.

— Até sobre o outro?

— Sim, dona Jandira, Isabel me contou até sobre Daniel, o irmão gêmeo de Danilo.

— Deixe-a continuar, mulher!!!

— Pois é, em minha humilde opinião, Danilo não precisa de um médico. Ele precisa conversar sobre o assunto, e vocês evitarem isso não vai adiantar.

— Continue, minha querida – disse Matilde ansiosa.

— Danilo não está doente, ele apenas sente as mesmas coisas que Daniel.

— Como assim? Não estamos entendendo, você poderia ser mais clara?

— Sabe o que é, seu José, isso acontece muito com crianças gêmeas, o sexto sentido delas é muito visível, elas não precisam se falar pessoalmente para que saibam o que está acontecendo, basta uma sentir para a outra sentir também.

— E isso acontece sempre?

— Nem sempre, em certos momentos, eu diria. Quando sentem medo, insegurança, solidão, tristeza... e é muito importante que fiquem atentos, pois poderá até chegar a uma depressão muito forte de difícil cura.

— Meu Deus!!! E o que poderemos fazer para que isso não aconteça?

– Com Danilo, por exemplo, é só conversar. Vocês devem falar com ele sobre o irmão, e não evitarem como têm feito.

– Mas nós achamos que falar do irmão vai deixá-lo mais triste, pois ele se culpa pelo sumiço do irmão.

– É mais um motivo para falarem com ele, que precisa falar sobre o irmão. Vocês podem até achar desmedido o que eu estou falando, mas não é. Danilo tem necessidade de falar da pessoa mais importante para ele, que é o irmão.

Depois de Isabel ouvir sem interromper, disse conciliadora:

– Se isso fará bem para o meu filho, estou disposta a cooperar.

Tânia agradeceu a Deus em pensamento, pois era tudo o que queria ouvir da amiga.

– Se vocês me permitirem, gostaria de dar mais uma opinião.

– Claro que permitimos – disse Jandira mais animada.

– Antes de levarem Danilo para a capital em busca de novos exames, gostaria que o chamassem e conversassem com ele abertamente. Talvez ele se intimide e se choque por vocês nunca terem abordado o assunto, mas, aos poucos, vai se abrir e, digo mais, vocês vão se surpreender com muitas coisas.

– Como assim?

– É simples, Isabel, pelo que me contaram, eles são mais que irmãos gêmeos, são almas afins, e isso fará com que ele possa saber como está Daniel.

– Como assim? Onde vive, por exemplo?

– Por que não? Danilo não só sente o íntimo do irmão como, por meio da mente, talvez consiga descrever algumas características do lugar.

– Mas será que isso vai funcionar?

– Isabel, é uma hipótese, não custa tentar.

– Mas, se for assim, isso trará muitos benefícios para todos nós.

Isabel sentiu seu coração bater mais forte diante da hipótese de encontrar seu filho. Seus pensamentos foram além do infinito, onde ninguém poderia alcançar.

– Mas gostaria de alertá-los, só podemos ir até onde Danilo quiser.

– O que isso quer dizer?

– Quer dizer, Isabel, que temos de estar prontos para tudo, e mais, que ao abordarmos o assunto com ele, temos de ser sutis, sem muitas pretensões, deixar que ele fale o que quiser, sem pressões.

– O que você quis dizer com "temos de estar prontos para tudo"?

– Não sabemos onde Daniel está, e é claro que nós desejamos que esteja vivendo da melhor maneira possível, mas não sabemos onde nem como vive.

Isabel sentiu um aperto no peito, deixando cair algumas lágrimas.

– Não fique assim, Isabel, isso tudo que eu disse são suposições, temos de estar preparados para tudo, não é mesmo?

– É, minha cara, você tem razão, mas eu tenho fé que Daniel está muito bem.

– É muito importante que todos vocês realmente pensem assim, pensamentos positivos para nosso querido Daniel ajudarão muito a sua caminhada.

– Tânia, estamos muitos felizes com sua orientação e com sua preocupação também, mas, sem ser intrometido, como sabe de tudo isso?

– Há muito tempo, seu José, faço parte de uma doutrina que muito me esclarece.

– Uma religião, você quer dizer?

– Pode se dizer que sim, mas prefiro dizer doutrina. Sou espiritualista, seu José, e desde muito pequena ajudo pessoas que procuram por seus outros irmãos de sangue ou não.

– Não me diga!!! Por essa razão você entende tão bem desse assunto?

– Não, seu José, quem sou eu, apenas procuro ajudar as pessoas que vivem desesperadas por seus entes desaparecidos, e o espiritualismo me orienta muito.

– Tânia, quero que saiba que sou muito grata a você. Desculpe pelo que fiz a você pela manhã.

– Não tem do que se desculpar, sei que em sua cabeça há pensamentos que atormentam seu coração com muitos sentimentos misturados.

– E quando você pode começar a ajudar Danilo?

– Eu?

– É, minha querida, você!!! Quem melhor do que você para obter informação de Danilo com desempenho?

– Bem, seu José, posso tentar, mas com a ajuda de Isabel.

– Agora quem está admirada sou eu. Como posso ajudá-la?

– Danilo confia em você, Isabel, e nada melhor que a mãe para que ele se sinta seguro.

– Se é assim, quando podemos começar? Estou muito ansiosa.

– Todos nós estamos, mas é preciso cautela, pois Danilo poderá se recusar a falar no começo, ficará assustado, por conta de vocês nunca terem tocado no assunto. As crianças são mais sábias do que podemos imaginar, todo cuidado é pouco.

E assim ficou combinado. Tânia, com ajuda de Isabel, iria atender o pequeno Danilo como uma psicoterapeuta faz com seus pacientes. Sem escolher um dia determinado, começariam despretensiosamente para que o garoto não percebesse nada. Mas, aos poucos, Danilo foi gostando de poder falar do irmão sem que todos o acusassem.

Reparações
ocultas

Rodolfo receitou remédios potentes para as dores no corpo de Rodrigo, mas eram remédios controlados por ele, o que o proibia de comprar sem receituário e sem documentos em mãos. Como Rodrigo previu, as dores cessaram e ele pôde levantar-se para retomar seu cotidiano. Osmar e Márcia se acalmaram assim que o filho voltou ao normal, sem desconfiarem de nada. Raquel procurava não deixar Rodrigo até que ele se curasse, em seu íntimo ele se encontrava cada dia mais disposto. O dia já estava se findando quando Raquel bateu de leve na porta e entrou:

— Posso entrar?

— Mesmo que eu dissesse não, não adiantaria — disse Rodrigo brincando.

— Seu bobo, não faria isso comigo, faria?

– Claro que não, o que a trouxe aqui?

– Vim vê-lo. Amanhã é sábado!!!

– E daí?

– Estava pensando que poderíamos ir ao cinema com Daniel.

– Ah, Raquel, não sei se poderei ir.

– E por que não? Amanhã você não trabalha.

– Mas acho que vou dar um pulo na casa daquele meu amigo que sabe de Isabel.

– Ainda a história de Isabel?

– Ainda, por quê? Você ficou de me ajudar e até agora nada.

– Não acho justo, você, em vez de se entender com seu filho, ficar pensando em ir atrás de Isabel. Ao contrário de você, ela não quer encontrá-lo, senão teria deixado o endereço de onde mora.

– Daniel está em minha casa e nada vai mudar, mesmo que eu não queira me lembrar que é meu filho, não há como, pois meus pais e você não deixam que isso aconteça. Agora eu preciso saber tudo o que houve com a mãe dele.

– Então, vamos fazer assim, eu o ajudo com seu amigo e depois nós iremos ao cinema com Daniel.

Rodrigo achava muito chato a insistência de Raquel, mas não poderia ser indelicado, pois ela era sua amiga de todas as horas.

– Por que querem sempre impor o que devo ou não fazer?

– Ah, por favor, Rodrigo, que custa levar Daniel ao cinema?

– Tudo bem, mas só depois que eu for até a casa de Ricardo.

– Que tal se fôssemos juntos?

– Está falando sério?

– Claro, você sabe que faço qualquer coisa para vê-lo bem.

E assim ficou combinado. Raquel chegou à casa de Rodrigo passava das dez horas da manhã. Foi recebida por Márcia, que não perdia tempo.

– Bom dia, Raquel!!!

– Bom dia para os senhores também!!!

– Nossa, pela sua aparência está muito feliz.

– E como estou. Eu e Rodrigo vamos levar Daniel ao cinema hoje.

– Não me diga!!! Só você mesmo para conseguir isso.

– É, mas todo cuidado é pouco.

– Para de agourar, Osmar. Raquel sabe o que está fazendo, não é mesmo, Raquel?

– Você também sabia e olha no que deu? A culpa é sua por Rodrigo não aceitar o filho.

– Seu Osmar, ninguém teve culpa, aos poucos Rodrigo vai aceitá-lo.

– Espero que sim, só peço que tenham mais paciência com ele.

Márcia fez cara de poucos amigos e saiu com Raquel para a piscina, onde se encontrava o pequeno Daniel, que a cumprimentou e voltou a pular na piscina.

– Raquel, como vão as coisas entre você e Rodrigo?

– Não poderiam estar melhores. Mas Rodrigo ainda não esqueceu o tal Ricardo. Ainda hoje ele vai procurá-lo.

– E você não fez nada para impedi-lo?

– E como eu faria isso? Tive de fazer chantagem!!!

– Ah, já estou entendendo, ele vai levar Daniel ao cinema e, em troca, você vai com ele atrás desse infeliz. Logo vi que a ideia não partiu do meu filho.

– Como a senhora sabe disso?

152 ଓ **UMA LONGA ESPERA**

— Não precisa ser muito inteligente, *né*, Raquel?

— Raquel, você tem de fazer alguma coisa para impedi-lo. Se ele descobrir tudo o que houve, nunca mais o veremos, muito menos você.

— Ai, dona Márcia, vira essa boca pra lá.

— E você duvida? Ai, meu Deus, por que não morreram as duas? Assim tudo estaria resolvido.

— Pelo amor de Deus, dona Márcia, isso é coisa que se fale? Se a senhora quer saber, seria melhor que ele logo encontrasse essa Isabel, assim tudo estaria resolvido.

— Nem pense uma coisa dessas!!! Quer me arruinar? E o que é pior, você vai perdê-lo de vez. Lembra que você me ajudou a mentir?

Raquel não respondeu nada, pois era muito tarde para voltar atrás.

Márcia era esperta, sabia que a única culpada por todo aquele transtorno era ela, mas tinha de usar Raquel, era o único caminho para que o filho permanecesse a seu lado. Ela não poderia, em hipótese nenhuma, deixar que Rodrigo encontrasse Isabel.

— Isso não, dona Márcia, eu o amo demais, agora que ele está mais amável comigo!

— Então, faça alguma coisa. Quando vai conquistá-lo de uma vez por todas? É, porque isso não posso fazer por você. O que está faltando para que você o seduza de uma vez?

— Ah, sei lá, dona Márcia. Nós já nos beijamos.

— Como? Quando? Você não me contou uma coisa dessas.

— Já faz alguns dias, quando a senhora viajou para buscar Daniel.

— E quem tomou a iniciativa?

– Fui eu, mas acho que ele gostou.

– Então, menina, não é tão difícil assim!

– Ah, dona Márcia, do jeito que a senhora fala, até parece que estamos falando de um negócio!!!

– E não é? Fique sabendo que casamento é um negócio, apenas com uma diferença, uns fazem um bom negócio, e outros fazem um péssimo negócio.

– Pois fique sabendo que meu amor por Rodrigo não é um negócio.

– Ah não? Se amasse um pobretão, iria se casar com ele?

– Claro que sim.

– Pelo amor de Deus, Raquel!!! Só amor não adianta, tem que unir o útil ao agradável, minha cara. Bem, deixa essa conversa de príncipe encantado pra lá. O que eu quero saber é quando vai deixar acontecer alguma coisa. Aproveite, Raquel, pelo visto ele está se rendendo a você.

– E como a senhora tem essa certeza?

– Não tenho, Raquel, mas tenho experiência, e se ele gostou do beijo como está dizendo, você tem muitas chances. Raquel, pelo amor de Deus, faça com que aconteça alguma coisa entre vocês. Só assim ele vai esquecer aquela maldita arrogante.

– Não fale assim, dona Márcia. Deus pode castigá-la.

– Realmente ele vai me castigar se você perder meu filho.

– Eu quero que a senhora saiba que eu vou conquistá-lo porque o amo muito.

Márcia deu um sorriso irônico, pois era tudo o que queria ouvir, e a incentivando concluiu:

– Então faça com que ele não encontre esse tal de Ricardo. Ou melhor, aproveite e me traga o endereço dele.

154 ❧ Uma longa espera

— O endereço? E por que a senhora quer o endereço de Ricardo?

— Deixa comigo, só me traga o endereço.

Raquel pensou em rebater, mas não houve tempo, Rodrigo chegou bem na hora:

— Bom dia, mãe, bom dia, Raquel. Por que não foi me chamar? Pensei que não viesse mais.

— Vão passar o dia juntos?

— Vamos, mãe, e se a senhora não se incomodar, estamos atrasados.

— Atrasados para quê?

— Para nada, minha mãe, apenas quero sair com Raquel.

— Não vai cumprimentar Daniel? – perguntou Raquel.

— Vamos logo, Raquel, estou com pressa.

— Rodrigo, por favor.

Rodrigo suspirou e, olhando para as duas mulheres, concluiu:

— Tem certeza de que preciso fazer isso?

— Por favor, por mim, vai.

Rodrigo olhou para o pequeno Daniel, que nadava, e disse meio sem jeito:

— Bom dia, Daniel!!!

Daniel arregalou os lindos olhos e, feliz, saiu da piscina correndo e parando diante do pai. Respondeu emotivo:

— Que seu dia seja bom também, papai!!!

Rodrigo sentiu um nó na garganta, mas, passando a mão no cabelo do menino, disse sem muito entusiasmo:

— Vamos Raquel, estou atrasado.

Raquel se levantou, beijou o rostinho miúdo de Daniel, e disse baixinho:

– Fique pronto, depois do almoço eu e seu papai vamos levá-lo ao cinema.

– Jura, tia Raquel?

Raquel colocou o dedo na boca e, emocionada, disse:

– Psiuuu, eu juro!!!

Raquel andou com passos largos para alcançar Rodrigo, que saiu disparado. Márcia abraçou Daniel com os olhos marejados de lágrimas.

– A senhora ouviu, vovó? Meu pai vai me levar ao cinema!!!

– Ouvi sim, meu querido!!!

Márcia ficou abraçada ao neto sem entender o porquê de Rodrigo não aceitar o filho. Mas como tudo em nossa vida tem sempre uma explicação, faltava muito para que Márcia tivesse o entendimento das grandes lições que nos são dadas. Ela estava cega para pequenos valores que vêm e vão ao nosso encontro, dando-nos possibilidades de olharmos a vida de outra maneira, de enxergar que a vida não é simplesmente julgar as pessoas e passar por cima de todos só para satisfazer nossos desejos egoísticos. Márcia estava longe de perceber que não era daquela maneira que a vida funcionava e que, por muitas vezes, pagamos pelas ações impensadas causando grandes sofrimentos àqueles a quem mais estimamos. Márcia tinha adoração pelo filho e, em sua ignorância, achava que suas escolhas eram as mais acertadas. Não se dava conta de que os filhos são livres para ir e vir, que ninguém pertence a ninguém, que todos somos responsáveis por nossos atos conscientes ou inconscientes e que, por muitas vezes, deixamos de observar como a vida a nossa volta nos ensina com os espetáculos dos seres viventes, que não possuem o tão precioso "sentido racional", e em quem poderíamos nos espelhar para errar menos.

Se todos pudessem lembrar que existe um Deus ou uma força maior no Universo, dariam atenção às mínimas coisas da natureza. Veriam que tudo nasce, cresce e segue a escalada evolutiva. Nós, humanos, nascemos para ser livres como os pássaros que, depois de algum aprendizado, soltam-se para ser responsáveis por seus próprios voos.

Rodrigo parou em frente à casa de Ricardo na expectativa de conseguir qualquer pista que o levasse ao paradeiro de Isabel.

— Não vai tocar a companhia?

— Será que ele está?

— Se não for até lá, não saberá.

Rodrigo saiu do carro e se dirigiu ao portão da casa. Raquel aguardava, com esperanças de que Ricardo não estivesse. Mas logo uma moça atendeu e, aproximando-se de Rodrigo, perguntou:

— Pois não?

— Por favor, o Ricardo está? Meu nome é Rodrigo, preciso falar com ele.

— Você é amigo dele?

— Sim, senhora, somos amigos.

— Por favor, entre, vou chamá-lo.

Rodrigo entrou e se sentou em uma poltrona indicada pela moça. Estava ansioso, pois Ricardo estava em casa e daquele dia não passaria, ele não teria mais como enrolá-lo. Logo depois, Ricardo apareceu na sala:

— Rodrigo!!!

– Desculpe-me em vir sem avisar, mas precisava muito falar com você.

Ricardo não ficou à vontade com aquela visita inesperada, mas, como não havia outro jeito, concluiu sem graça:

– Tudo bem, fique à vontade.

– Ricardo, não quero tomar muito seu tempo. Só quero saber se conseguiu o telefone de Isabel.

Quando Ricardo ia começar uma longa história para poder despistá-lo, Rodrigo sentiu um mal-estar repentino. Seu corpo, em poucos minutos, ficou todo molhado, deixando-o pálido e com a respiração ofegante. O amigo se assustou e correu para socorrê-lo:

– Rodrigo!!!

Ele, sem forças, respondeu pausadamente:

– Não se preocupe... Já vai passar...

– Mas você está transpirando muito, deixe-me abrir sua camisa.

– Por favor... Pegue em meu bolso... Uns comprimidos...

Seu amigo procurou em seus bolsos o remédio e rapidamente foi buscar um copo com água.

Ricardo abriu o tubinho plástico, tirou um comprimido e colocou em sua boca:

– Por favor... Dê-me mais um...

– Mais um? Não está exagerando?

– Não... Quando me dá essas crises... Eu tomo logo dois de uma vez...

Ricardo fez o que Rodrigo pediu e colocou outro comprimido em sua boca. Enquanto esperava que ele melhorasse, leu no rótulo: Morfina.

O amigo se assustou, mas não disse nada, apenas ficou calado pensando e esperando que Rodrigo voltasse ao normal.

Deixando-se cair no encosto da poltrona, pois quando lhe vinham as dores ele mal conseguia raciocinar, apenas se largou, fechando os olhos e esperando pacientemente que aquela dor insuportável fosse embora.

— Rodrigo, o que está acontecendo com você, cara?

— Já disse, não é nada, já está passando.

— Mas você está tomando morfina desde quando?

— Faz pouco tempo.

— Cara, isso é muito forte!!!

— Ricardo, não vim até aqui para falar sobre o remédio, vim para saber de Isabel. Será que pode me ajudar?

Ricardo não se conformou com aquela dose de remédio, pois fizera faculdade com Isabel e entendia o bastante para saber que Rodrigo devia ter uma doença muito grave. Ficou apavorado, pois o nariz de Rodrigo sangrava espontaneamente. Mas não queria se envolver em seus problemas e, sem rodeios, respondeu à pergunta do amigo:

— Rodrigo, eu não tenho o número do telefone.

— O que está me dizendo?

— Isso que você ouviu, não posso lhe dar o telefone, não o tenho.

— E por quê? O que é que tem de mais me dar um número de telefone?

— Eu sinto muito, mas Isabel não quer.

Rodrigo sentiu que lhe faltava o chão, mal conseguia acreditar no que seus ouvidos escutavam:

— Foi Isabel mesma quem lhe falou isso?

— Não, foi Vivian. Ela sabe onde Isabel está, mas não quis me dar o número.

– Eu sabia que Isabel me odiava, mas não pensei que fosse tanto.

– Eu sinto muito, cara, mas não consegui convencer Vivian. O pior é que eu tinha, mas marquei em um pedaço de papel qualquer e acabei perdendo. Juro que se eu tivesse iria lhe dar.

– Por quê, por quê, meu Deus, ela não quer me ver?

– Rodrigo, eu não sei o que está acontecendo, mas tem alguma coisa nesse meio.

– Do que você desconfia?

– Não sei, mas acho que Vivian esconde alguma coisa. Quando pedi o número, ela me fez quinhentas mil perguntas, e eu, inocente, falei que você havia pedido; aí que ela não me deu mesmo.

– Agora não vou desistir, vou encontrá-la mesmo que demore anos, mas vou encontrá-la.

Rodrigo já se encontrava melhor, sua tristeza e decepção eram visíveis, mas, sem alternativa, despediu-se de Ricardo e foi embora. O amigo, por sua vez, ficou penalizado, já fazia algum tempo que não se cruzavam, mas gostava dele e, sem se conformar, foi ao telefone e fez uma ligação:

– Vivian, é Ricardo.

– Oi, Ricardo, como está?

– Eu estou bem. Você tem certeza de que não vai me dar o telefone de Isabel?

– Eu já disse que não. Que coisa!!!

– Mas que saco, Vivian, Isabel também é minha amiga!!!

– Eu sei, eu sei, mas Isabel não me autorizou. Por que quer tanto o telefone dela? Eu sei que é para Rodrigo.

– É para Rodrigo, mesmo, e daí?

– Sabia. Eu já sabia. Isabel não quer ver Rodrigo, será que é tão difícil de entender?

– Pois quando você falar com aquela ignorante da Isabel, diga-lhe que um dia ela vai querer ver Rodrigo e será tarde demais.

– O que você está dizendo? Pare com isso, assustar as pessoas não é legal, viu?

– Não a estou assustando, e muito menos fazendo nenhum tipo de chantagem, mas Rodrigo está muito doente.

– E como sabe? Qualquer um pode ficar doente, oras.

– Vivian, por favor, qual é o número do telefone de Isabel? Rodrigo não está bem. Não tenho certeza realmente de sua enfermidade, mas não é uma simples doença.

– Você está blefando, pensa que não sei?

– Olha aqui, Vivian, se quiser acreditar, acredite, se não quiser, fique com sua consciência bem pesada, aliás, tomara que Isabel também sinta arrependimento pelo que está fazendo.

Ricardo desligou o telefone sem esperar nenhuma reação da amiga, apenas limitou-se a se deixar cair no sofá e ficou pensando em Rodrigo.

CR

Depois de pensar por um tempo, Vivian sentiu que Ricardo não estava blefando, muito menos fazendo nenhum tipo de brincadeira.

– Meu Deus, será que Rodrigo está mesmo doente?

Vivian tinha de falar com alguém e, depois de pensar muito, ligou para Isabel:

– Por favor, Isabel está? Diga-lhe que é Vivian, de São Paulo.

Depois de alguns minutos, Vivian ouviu a voz da amiga do outro lado da linha:

— Isabel, sou eu.

— Vivian, tudo bem?

— Tudo, Isabel, tenho uma notícia para lhe dar.

— Vai me dizer que deu meu telefone para o Rodrigo?

— Não, Ricardo me ligou agora há pouco...

Isabel a cortou:

— Lá vem você com essa história de Ricardo outra vez.

— Isabel, quer me deixar terminar de falar?

— Tudo bem, diga.

— Ricardo acabou de me telefonar e, pelo que eu senti, está muito chateado.

— Com o quê?

— Ele disse que Rodrigo está muito doente e, ainda por cima, que você e eu vamos ficar com a consciência pesada.

Isabel emudeceu, não conseguiu mexer um só músculo. Vivian até pensou que havia caído a ligação:

— Isabel... Isabel... Você ainda está aí?

— Sim... Eu estou... O que você disse?

— Ricardo me ligou e disse que Rodrigo está doente.

Isabel respirou fundo, mas não acreditou; talvez sua mesquinhez não a deixasse enxergar.

— E você acreditou nessa história?

— Claro que acreditei, Ricardo estava apreensivo.

— Pois eu não, tudo o que vem de Rodrigo é falso. Ele deve ter convencido Ricardo de que está doente, mas a mim ele não engana.

— Bem, Isabel, fiz o que acho direito, mas se não quiser acreditar, não posso fazer nada.

– Bem, de qualquer forma, obrigada. Mas, se eu fosse você, não ficaria preocupada.

– Tudo bem, Isabel, fiz o que devia, agora preciso desligar, um abraço.

– Outro...

Vivian desligou o telefone, mas não achou legal o modo como Isabel se comportou. Sentiu que havia algo de muito estranho na voz de Ricardo, mesmo que Isabel não acreditasse, ficou muito preocupada.

Raquel estava impaciente com a demora de Rodrigo, mas, quando ia descer do carro para saber o que estava acontecendo, ele apontou no portão.

– Puxa, Rodrigo, como demorou!!!

– Nem tanto assim.

Assim que entrou no carro e se sentou no banco, Raquel percebeu que ele transpirava e estava muito pálido. Sua camisa estava com algumas gotas de sangue, que não tinham como não deixar Raquel assustada:

– O que houve, Rodrigo?

– Não foi nada, apenas um mal-estar passageiro.

– Como não, está todo molhado!!! E esse sangue em sua roupa, em seu rosto? Diga-me o que está acontecendo que eu ainda não sei.

– Raquel pare, já lhe disse que não é nada, vamos embora.

Ela começou a chorar, sentiu que ele enganara todo mundo, mas silenciou, pois ele estava realmente muito mal, seu estado era péssimo.

– Vamos embora, você precisa tomar um banho e descansar.

– Raquel, por favor, não quero que comente nada com meus pais.

— Você está me assustando. O que está me escondendo?

— Nada, Raquel... Nada... E pare de ser dramática, já disse que foi um mal-estar passageiro.

A amiga não disse mais nada, mas, a pedido dele, foi dirigindo o carro, pois ele sentia ainda dores pelo corpo. Ela, de vez em vez, olhava para o amigo, que estava largado no banco do passageiro com os olhos fechados tentando esconder algo de muito ruim. Assim que chegaram, ele pediu a Raquel que fosse ver se seus pais se encontravam por ali, no andar debaixo.

— Vamos, Rodrigo, sua mãe, seu pai e Daniel estão na piscina.

— Então vamos.

Raquel passou um dos braços de Rodrigo por trás de sua nuca e o ajudou a entrar. Assim que ele se sentou na cama, ela o ajudou a tirar a roupa, deixando-o apenas com sua roupa íntima. Levou-o até o banheiro, mas não pôde deixar de ver grandes manchas roxas por seu corpo. Rodrigo ficou debaixo do chuveiro por um bom tempo, até que melhorou. Ela o esperava no quarto muito preocupada; pressentia que Rodrigo não dissera a verdade. Ao sair do banheiro, envolto em uma toalha, ele logo percebeu que Raquel o esperava.

— Ainda está aqui?

— Sim, estou esperando-o.

— Não é preciso, já estou muito bem.

— Como não é preciso? Rodrigo, estou preocupada!!!

— Com o quê? Não está vendo? Já estou bem.

— Quem quer enganar? Eu vi como ficou. Essas dores que sente, seu nariz sangrando em grande quantidade e essas manchas roxas pelo corpo, o que está acontecendo? Pelo amor de Deus, fale!!!

– Não quero falar sobre isso. E não estou enganando ninguém. Fui ao médico, não fui?

– Foi sim, mas quem garante que não esconde nada?

– Não acredita em mim? Você sabe, se eu tivesse algum problema mais sério, você seria a primeira a saber.

Raquel levantou-se, aproximou-se de Rodrigo, abraçou-o e disse em tom de súplica:

– Você jura que iria me contar?

Rodrigo se desvencilhou de Raquel e, sem olhar para ela, respondeu firmemente:

– Mas é claro, portanto não é preciso se preocupar. Agora, Raquel, dê-me licença, gostaria de colocar uma roupa.

Raquel saiu e Rodrigo se deixou cair sobre a cama, tentando recuperar as forças. Ele realmente não se encontrava bem e, a cada crise de dores, sentia uma fraqueza incontrolável, não suportando parar sobre as pernas. Com os olhos cerrados, orou em voz alta com muita fé:

– Meu Deus... Sei que nunca, em toda minha vida, parei para lembrar que o Senhor existe, mas lhe suplico uma única oportunidade de poder encontrar Isabel. Ajude-me, Senhor... Que eu tenha forças para isso. Não sei quais são seus planos, porém não deixe que eu morra antes de pode ver e falar com Isabel.

Cida estava a um canto olhando emocionada Rodrigo pedir a Deus com muita fé. Pacientemente, ela esperou que ele findasse sua comunhão com o Altíssimo e carinhosamente aplicou-lhe passes magnéticos. A luz de cor verde penetrava por todo seu corpo, amenizando sua enfermidade. Ele enxugou as lágrimas que desciam pelo seu rosto, colocou uma roupa e desceu para almoçar. Todos já o esperavam para juntos poderem sentar-se à mesa.

— Papai, nós vamos ao cinema?

Rodrigo olhou para o filho e pensou consigo mesmo: "O que há comigo? Ele é apenas um garotinho. Tente ao menos ter respeito por ele".

— Eu prometi, não prometi?

Todos olharam para Rodrigo admirados, mas Osmar fez sinal com os olhos para que não dissessem nada.

— Prometeu sim, papai, e eu estou feliz.

Pela primeira vez, ele deu um meio sorriso para o garoto, mas não disse nada. Apenas se limitou a olhar para o prato a sua frente e ficar na presença dos pais para que eles não percebessem nada, porém o mal-estar, a febre alta e a fraqueza que sentia estavam, dia a dia, mais severos. Rodrigo revirou a comida para lá, para cá, mas não conseguiu comer. Antes que seus pais ou Raquel comentassem algo, ele olhou para o filho e perguntou:

— Está pronto para ir ao cinema?

Daniel não cabia em si de tanta alegria, e mais do que depressa se levantou. Eles foram assistir ao filme escolhido por Raquel.

Grandes lições

Era mais uma segunda-feira de muitas que se passavam. Rodrigo voltou mais cedo para casa e subiu direto para o seu quarto. Queria ficar sozinho com seus pensamentos e sua doença, mas, quando achou que estava se escondendo de todos, o pequeno Daniel bateu na porta e abriu:

— Posso entrar, papai?

Rodrigo ficou incomodado com a presença do garoto, porém pensou: "Tenha respeito, Rodrigo, ele é apenas um garotinho".

— Pode entrar.

Daniel se aproximou e se sentou na beira da cama.

— O senhor veio mais cedo para casa, está doente?

— Claro que não.

— Está, sim.

– Como você pode afirmar uma coisa dessas? Crianças não sabem nada.

– Mas eu sei que está.

– E você poderia me dizer como sabe?

– Às vezes eu me sinto igual ao senhor. Fico muito triste, e quando ficamos tristes, ficamos doentes.

– Você é muito esperto, sabia?

– Minha mãe dizia que eu e meu irmão éramos muito espertos.

Rodrigo se remexeu na cama e, com cautela, perguntou:

– Sua mãe e seu irmão?

– É, sim senhor.

– Daniel, preste atenção, vou lhe fazer umas perguntas. Procure não mentir nem inventar, está bem?

– Sim senhor.

– Você se lembra de sua mãe?

– Sim, eu me lembro, e do meu irmão também.

Rodrigo ficou completamente atordoado:

– Mas você não tem irmão!

– Ninguém acredita em mim, mas eu tenho, sim.

Rodrigo se sentou na cama, pois achou que tudo que procurava estava ali, bem próximo dele.

– Daniel, preste bem atenção, você se lembra bem da mamãe?

– Sim senhor.

– Então, vamos ver... Qual é o nome de sua mamãe?

– Isabel, minha mamãe se chama Isabel!!!

Rodrigo se levantou e, andando de um lado para outro, tentou raciocinar.

– Por que está andando pra lá e pra cá, papai?

Rodrigo se agachou diante do garoto, colocou suas mãos nos pequenos ombrinhos de Daniel, e disse emocionado:

– Daniel, você sabe que não se deve mentir, não sabe?

– Sei, sim senhor.

– Então, com calma, com muita calma, responda-me: além da mamãe Isabel, quem mais morava com você?

– Tia Matilde e meu irmão.

– Não, Daniel, não minta, você não tem irmão.

– Sabia, ninguém acredita em mim, nem o senhor.

Daniel começou a chorar e, tirando as mãos do pai de seu ombro, saiu correndo do quarto. Rodrigo tentou chamá-lo de volta, mas foi em vão, o menino, decepcionado, não voltou. O pai ficou emocionado, porém queria entender o que realmente acontecera. Ficou ansioso e saiu correndo, mas no meio do caminho parou e pensou: "Não, não devo pressioná-lo, tem de ser tudo muito natural, quem sabe um outro dia? Que irmão é esse de que Daniel fala? Será que Isabel se casou e teve um filho? Mas, quando fui a sua casa, não havia criança nenhuma. Mas uma coisa posso ter certeza, é verdade o que ele disse sobre Isabel e Matilde. Meu Deus!!! Como não me liguei? Se Laura trouxe Daniel ainda bebê, como disse minha mãe, como ele se lembraria de Isabel e Matilde? E o que é pior, por que a chama de mãe? Lembro-me muito bem o que disse minha mãe. Que era um bebê frágil e lindo. Tem alguma coisa que não se encaixa nessa história, mas o quê? Preciso descobrir".

Rodrigo ficou por um bom tempo pensando em várias suposições, mas sabia que precisaria ter muito cuidado com o garoto e com sua mãe também.

O amor sempre vence

Estava anoitecendo e Danilo não se sentia muito bem, seu irmão não saía de seus pensamentos. Ele, quando sentia alguns fenômenos, esquivava-se, procurava ficar só, não gostava que todos e principalmente sua mãe ficassem lhe fazendo perguntas. Era tão comum o que sentia, que já nem se assustava mais, embora ainda não tivesse sabedoria para entender ou saber o que estava realmente acontecendo. Trancava-se em seu quarto e chorava angustiado, como se aquele sentimento partisse dele, e não do irmão em aflição. Ficava ali encolhido e lembrando dos conselhos de Tânia, fechava seus olhinhos e orava para o anjo da guarda de ambos, só assim conseguia voltar ao normal.

"Meu anjo guardião, me proteja e proteja meu irmão, não deixe que ele se sinta tão só e abandonado.

E se o senhor puder me atender, faça com que eu o encontre. Amém."

– Mãe, viu Danilo?

– Não, mas deve estar com seu pai por aí.

– Não, mãe, não está, papai acabou de entrar para o banho.

– Eu vi Danilo já faz algum tempo, ele foi em direção ao quarto – disse Matilde preocupada.

Isabel se dirigiu apressada ao encontro do filho. Bateu na porta e pensou em entrar, mas viu que Danilo a havia trancado.

– Danilo... Danilo... Abra aporta...

– Não, quero ficar sozinho.

– Abra, Danilo... Preciso falar com você.

Danilo não respondeu, apenas a ignorou. Isabel saiu preocupada e foi pedir ajuda.

– Mãe, onde está João?

– Entrou para tomar banho, mas já deve ter terminado. Eu vou chamá-lo, minha *fia*.

Logo Jandira voltou acompanhada de João e todos foram insistir para que Danilo abrisse a porta.

– Danilo, é o tio João, abra a porta, preciso falar com você.

– Não tio, não quero falar.

– Puxa, Danilo, pensei que não tivesse segredos comigo, você é ou não meu amigo do peito?

Danilo não respondeu, gostava muito do tio, não queria abrir a porta, mas, ao mesmo tempo, era seu melhor amigo. João, por sua vez, não desistiu:

– Insista meu irmão, por favor, insista, ele precisa abrir a porta.

– Eu sei, Isabel, mas vamos com calma, você ficar afobada desse jeito não vai resolver nada.

– Por favor, Danilo, puxa, meu amiguinho, abra a porta.

– Mas não quero conversar com ninguém.

– Nem comigo? – perguntou o tio desapontado.

Danilo pensou por alguns minutos e respondeu:

– Tudo bem, mas só vou abrir se estiver sozinho.

– Claro, eu prometo que só eu vou entrar. Por favor, deixem-me sozinho com ele. Quando ele estiver mais seguro, vocês vêm – pediu João conciliador.

Isabel se retirou acompanhada de Matilde e da mãe, porém, pediu que o irmão a chamasse assim que Danilo se acalmasse.

– Danilo, pode abrir, já estou só.

O menino levantou-se da cama ainda com as mãozinhas trêmulas e, chorando, abriu a porta se jogando nos braços do tio.

– Calma, meu amiguinho, estou aqui com você.

Ele não respondeu, apenas deixou que as lágrimas descessem pelo seu rostinho lindo. O tio também se calou por algum tempo, apenas se sentou na cama dele, acolhendo-o em seu colo. João não teve pressa, deixou que o sobrinho se sentisse seguro, mas, para sua surpresa, o garoto se pronunciou claramente:

– Tio João... Meu irmão está muito triste... Quando vou poder vê-lo?

– Se dependesse de mim, meu amigo, ele já estaria aqui junto de nós, mas precisamos muito de você, quem sabe você se esforçando, e papai do céu nos iluminando, iremos estar com ele em breve? O que você está realmente sentindo agora, nesse exato momento?

– Eu sinto uma coisa muito ruim aqui dentro.

Danilo colocou as mãos no peito explicando ao tio o que estava sentindo.

– E essa coisa o deixa muito triste?

– Eu acho que sim, mas sei que ele também sente minha falta, por esse motivo chora tanto.

– Mas você vê nitidamente seu irmão chorar?

– Não sei.

– Vamos ver se eu consigo ajudá-lo.

Danilo olhava para o tio fixamente, com esperanças de ter seu irmão ao seu lado novamente.

– Bem, quando você sente essa coisa ruim aí dentro do seu coração, você consegue ver o rosto dele ou é como um sonho muito forte?

– É isso, tio, é como se eu dormisse na minha cama, e ele vem me visitar, ele me abraça forte e chora, chora, chora... Só que eu quero ver mais e não consigo.

– Vamos ver se eu entendi. Parece que você está dormindo, mas, na verdade, vê seu irmãozinho em qualquer hora do dia, é isso?

– É isso mesmo.

– E você consegue vê-lo chorando?

– Sim, só que quando eu quero ver mais, tudo some.

– E quem você consegue ver ao lado dele? Não precisa ter pressa, nem medo, pense com calma, procure se lembrar dessa última imagem dele. Você entendeu?

Danilo fechou os olhos tentando relembrar a imagem nítida do irmão, permaneceu por alguns minutos, depois falou rápido:

– Vejo meu irmão... Um moço...

– Acalme-se, continue com seus olhos fechados e pense apenas em seu irmão, devagar você vai ver esse moço e quem mais estiver junto deles.

Danilo não abriu os olhos, ficou memorizando apenas a imagem do irmão e, de repente, disse de uma só vez:

– Tem um moço... E uma mulher bonita...

– Fique calmo, continue pensando em seu irmãozinho, não abra os olhos, respire como tia Tânia o ensinou e procure seguir o que vou lhe perguntar.

O garoto parecia estar em transe e, sem se mover, ficou com os olhos fechados como o tio pediu.

– Agora vou fazer algumas perguntas, continue assim, bem quietinho. Danilo, descreva-me esse moço. Ele tem cabelos claros ou pretos como o meu?

– Não é preto como o seu, tio.

– Então esse moço tem os cabelos mais claros do que os meus?

– Sim, bem mais claros.

– E veja se consegue ver o que ele está fazendo neste momento.

– Deitado... Isso, deitado... Ele tem o cabelo amarelo, é muito grande... E quase sempre vejo ele deitado muito triste.

– Consegue ver mais alguma coisa?

– Não, só esse moço e meu irmão chorando.

– Muito bem, então agora respire com calma, como tia Tânia o ensinou e abra seus olhos bem devagar, fique tranquilo que tio João está aqui perto de você segurando suas mãos.

Danilo se encontrava bem mais tranquilo e, como se nada tivesse acontecido, abriu os olhos e deu um sorriso para o tio. João o abraçou forte e, confortando-o, disse firmemente:

– Muito bem, meu amiguinho, está vendo, já passou. Sente-se melhor agora?

– Sim, estou com fome!!!

– Vamos comer já, mas antes o tio quer lhe fazer um pedido, posso?

– Pode, tio.

– Promete que quando sentir essas coisas confusas, como tristeza, por exemplo, você chama o tio João? Não importa a hora.

– Prometo!!!

Danilo levou os dedinhos em cruz à boca e, sorrindo, fez jura.

– Bem, então vamos correndo encher essa barriguinha?

Danilo saiu correndo como se nada tivesse acontecido. O tio foi atrás. Assim que chegaram à sala, todos estavam apreensivos esperando-os.

– Vovó, tô com fome!!!

– Ah, meu querido, então vem com a *vó*. Vamos ver se a comida *tá* pronta?

Jandira saiu com o neto e João procurou tranquilizá-los:

– Está tudo bem, aconteceu aquela mesma história, Danilo viu Daniel chorando.

– E, como sempre, depois que ele tem esses pressentimentos, volta ao normal como se nada tivesse acontecido, não é isso?

– É isso mesmo, meu pai, mas só que desta vez ele foi além.

– Como assim?

– Tânia já havia dito que isso poderia acontecer, não foi?

– Sim, foi, mas e daí?

– E daí? É que Danilo está evoluindo. Ele viu, ao lado do irmão, um homem e uma mulher.

– Sim, mas só isso?

– Você acha pouco? Ele disse que esse moço tem o cabelo claro, é alto e sempre que o vê está deitado.

Matilde olhou para Isabel um pouco temerosa, porém seria muita sorte do destino que ele estivesse com o pai.

– Tem certeza disso, João? – perguntou Matilde.

– Claro que tenho, e se querem saber, acredito em Danilo, ele falava com muita convicção.

– O que foi, minha filha, não acredita?

– Não é isso, pai, só estou tentando achar uma pista, só isso. Há muitos homens loiros por este mundo de Deus, será difícil chegarmos na pessoa certa.

– Ah... Mas não sei, tenho comigo que esse moço que Danilo vê deve ser doente ou ter alguma deficiência.

Isabel sem querer, mas instintivamente, sentiu um calafrio percorrer seu corpo.

– Por que acha isso, João?

– Porque Danilo diz que o vê sempre deitado e muito triste.

– Mas ele é muito pequeno ainda, não dá para saber ao certo o que vê.

– Por isso mesmo teremos de ficar atentos. Se vocês estivessem no quarto junto dele, veriam que ele quis passar algo, ele afirma com muita veracidade o que vê. Se vocês pararem e atentarem aos detalhes, ele vê sempre o moço deitado. Ele não sabe distinguir, nós é que temos de montar esse quebra-cabeça e chegar a Daniel. Vou mais longe, pelas explicações de Tânia, penso que esse homem que Danilo vê deve se encontrar doente, ele afirma que o homem está triste porque ainda não sabe avaliar com clareza o que se passa com ele.

Isabel ficou trêmula, mas procurou não acreditar no que seus pensamentos estavam tentando lhe dizer.

– O que foi, minha filha, parece assustada?

– Não foi nada, pai... Bem, o jantar já deve estar na mesa, vamos?

– Isabel, antes queria lhe fazer um pedido – disse João preocupado.

– Um pedido?

– Sim, sabe o que é? Gostaria de cuidar de Danilo.

– Como assim?

– Danilo confia em mim e sei que comigo ele vai se abrir. São muitos sentimentos misturados, e ele me prometeu que quando tiver, sei lá, como posso dizer, essas crises, vai me procurar. Por favor, sei que todos querem ajudá-lo, mas deixe-me tentar?

– Claro, meu irmão, sei que com você ele ficará mais à vontade. Comigo, às vezes, fica meio inseguro, sei lá.

João ficou feliz por sua irmã ter concordado. Laura e irmã Olívia estavam presentes.

– Irmã Olívia, você acha que João é a pessoa mais indicada?

– O indicado sempre será aquele que mais nos dá segurança, e Danilo confia em João.

– Será que por meio de Danilo será possível Isabel encontrar Daniel?

– Isabel, Danilo e Daniel nesta encarnação estão ligados por laços de amor, a confiança entre eles é mútua. Temos de aproveitar bem os dons que essas duas almas têm para nos oferecer e mostrar a todos grandes lições de provas e reparações.

– Mas ainda não me respondeu diretamente. Danilo vai conseguir chegar ao irmão?

– Daniel é uma criança como qualquer outra. Todos poderão não acreditar nele, pois nessa fase as crianças normalmente brincam, conversam com os prováveis amiguinhos imaginários e, se essa criança for criada por pais ou avós, enfim, familiares sem uma crença, um apego como cristãos, eles nunca acreditarão no que ele diz. No entanto, temos Danilo, que, além de ter seu sexto sentido apurado, é criado no seio de uma família que acredita em Deus e na força maior regida pelo Universo. E como Nosso Pai é misericordioso, ainda temos Tânia, que é espiritualista e oferece a todos grandes ensinamentos kardecistas. Contudo, ainda existem muitas coisas que os olhos dos encarnados não conseguem alcançar.

– Ah... Irmã Olívia, estou apostando em Danilo, ele há de se unir ao irmão e o pai.

– Por que só os irmãos e Rodrigo? Não quer que Isabel se una a eles também? Afinal de contas, em sua ausência Isabel é mãe dos meninos.

Laura não respondeu, apenas abaixou a cabeça.

– Não se envergonhe, sei que não aceita Isabel junto com seus filhos e Rodrigo.

– Eu sinto muito, irmã Olívia, mas, de repente, sinto-me insegura com Isabel ao lado de Rodrigo.

– Mas por quê?

– Sinto algo estranho em meu coração. Às vezes tenho a impressão de que há algo para eu saber, mas que ainda não chegou a hora.

– Isso é um bom sinal.

– Por que diz isso? Meus pressentimentos estão corretos, então?

– Quem sabe os desígnios de Deus?

– Será que esta minha insegurança é realmente uma suspeita de Isabel se unir com meus filhos e Rodrigo?

— Laura, minha querida, lembre-se, ninguém pertence a ninguém, a união de todos aqui neste mundo é uma provação a ser reparada e evoluída.

— É como eu disse, estou insegura, ainda amo muito Rodrigo, ninguém vai amá-lo como eu.

— Mas amor não se mede, ou é amor puro e verdadeiro ou não é amor.

— Não sei, irmã, talvez seja apenas insegurança minha; imagina... Como eu poderia ter esses pensamentos? Isabel não suporta Rodrigo, jamais daria certo.

— Já lhe expliquei, nem tudo o que brilha é ouro, não acredite em tudo o que vê ou ouve, tem de aprender a usar outros recursos que sua alma pode desenvolver. Minha querida, é preciso sentir, só sentindo é que você poderá enxergar. Ou já não sentiu que lá no fundo, bem lá no fundo, não é ódio o que Isabel sente por Rodrigo? Muitas vezes não aceitamos nossos generosos pressentimentos.

— Não sei muito bem, pode ser que eu não sinta esse amor que fala, por não querer aceitar, eu sei que preciso andar para a frente e que depende muito de mim que eles se encontrem e cumpram seus destinos, mas ainda não posso dizer que estou feliz com o amor de Isabel por Rodrigo.

— E se eu disser que Rodrigo também ama Isabel, mas ainda não sabe?

— Eu vou ter de dar um tempo para mim mesma, para aceitar ou sentir como você diz. Se Rodrigo vier a descobrir que ama Isabel, é sinal de que nunca me amou realmente.

— Tudo bem, Laura, eu a entendo, não amargure seu coração, tudo virá a seu tempo; vamos nos preocupar com os gêmeos, o que virá só pertence a Deus. Nós falamos, falamos, mas quem sabe tudo mesmo é Nosso Criador.

– E quanto à doença de Rodrigo?

– O que tem?

– Por que não posso vê-lo?

– Para seu próprio bem e o dele também. Sei que anda aflita desde que soube, mas não é tarefa sua.

– Mas por quê? Eu faria tudo para que ele ficasse bem.

– Laura, você não está preparada.

– Claro que estou!!!

– Não, Laura, não está. Você ainda vive como se tivesse um corpo físico, e suas emoções, em vez de ajudá-lo, vão deixá-lo pior. Lembre-se, somos o que vibramos, se eu a autorizasse a ir visitá-lo, você não aguentaria vê-lo sofrer e, sendo assim, suas emoções o deixariam mais doente.

– Mas o que ele tem de tão terrível assim?

– Laura, minha querida, não faça tantas perguntas, apenas ore e lhe mande boas vibrações. No momento, é só o que Rodrigo precisa. Suas preces serão de muita valia. Confie, Laura, Cida é de uma bondade inesgotável, e é dessa energia que ele precisa. Bem, agora vamos embora, deixe que todos eles vivam suas vidas.

E, antes de se retirarem, irmã Olívia e Laura fizeram uma linda prece a todos os habitantes daquela casa.

Dividindo
segredos

Aquela noite Rodrigo não conseguiu conciliar o sono, virou-se para um lado, para outro, mas o que Daniel havia mencionado não saía de seus pensamentos. Seu corpo transpirava muito, ele se levantou, trocou a roupa e desceu para tomar um copo de água. Suas dores se acalmaram, já conseguia caminhar melhor. Rodrigo andou pela casa até tarde da madrugada na tentativa de espairecer, pois seus pensamentos estavam todos em Isabel. Encontrava-se esgotado mentalmente, num repente, dirigiu-se ao escritório, olhou todos os livros que repousavam na grande estante e escolheu um. Sentou-se em uma poltrona e o abriu. Para sua surpresa, leu: "Para meu melhor e amado amigo Rodrigo, espero que leia e goste. Com carinho, Isabel".

– Meu Deus!!! Se isso for um aviso, ajude-me, eu lhe suplico, Senhor. Por quê... Por que Isabel não gosta de mim, nós éramos tão amigos! Onde foram parar aquelas noites em que ficávamos conversando por horas? Por mais que eu procure uma explicação, não a encontro. Sei que pisei na bola não assumindo meu amor por Laura, mas isso não é motivo para ela me odiar tanto. Senhor, meu Pai, se estiver me ouvindo, dê-me uma luz, meu tempo poderá estar se acabando, sei que não serei absolvido dos meus pecados de uma hora para outra, mas, se o Senhor for mesmo Soberano, mostre-me um caminho.

Rodrigo abriu o livro e resolveu lê-lo. Depois de alguns capítulos, ficou emotivo, pois se tratava de um amor impossível entre dois amigos. Rodrigo parou a leitura e, acolhendo o livro no peito com as mãos, disse para si mesmo: "Não pode ser... Será? Não é nada disso, Rodrigo, quem ama jamais foge do seu amor. Ela me odeia. É bobagem minha".

Seu coração acelerou espontaneamente; não soube definir o que acontecia com o seu corpo naquele momento, mas rapidamente passou-lhe a hipótese de um sentimento mais profundo entre eles.

"Pare de ser ridículo, Rodrigo, você não é e nunca será nada para Isabel."

Rodrigo passou as mãos nos cabelos procurando esquecer todos aqueles pensamentos atormentados, tornou a olhar a capa do livro, abriu-o e continuou a ler com entusiasmo. Já estava amanhecendo quando Rodrigo adormeceu na poltrona do escritório. A casa já se encontrava com os movimentos cotidianos a todo vapor. Ele estava em um sono pesado e reparador, sonhou com Laura, Isabel e seus filhos, mas não demorou muito acordou com a mão de Daniel em seu braço e sua mãe ao lado.

– Puxa... O que aconteceu?

Rodrigo olhou para o lado e viu Daniel e sua mãe o chamando.

– Rodrigo... Rodrigo...

– Acho que peguei no sono.

– Você acha? Eu tenho certeza. Por que dormiu aqui, Rodrigo? Está todo mal acomodado.

– Papai, o que estava lendo?

Rodrigo segurava o livro como um tesouro e, relembrando da história, respondeu:

– É uma história muito bonita.

– O senhor, depois, lê para mim?

Rodrigo olhou para o garoto e procurou ser mais gentil:

– Este livro não é para sua idade, deve ler outros tipos de histórias.

– Já li todos que a vovó e o vovô me deram, não tenho mais nenhum.

– Se é assim, pode deixar que eu compro outros para você.

Márcia ficou surpresa e aproveitou para unir os seus maiores tesouros.

– Se você quiser, meu filho, depois do café da manhã podemos ir ao shopping, o que acha?

– Menos, mãe...

– Puxa, Rodrigo, precisa ser tão indelicado? E, depois, nunca mais saímos juntos como nos velhos tempos. Tenho muita saudade, sabia?

– Desculpe, mãe, mas esqueceu que trabalho?

– Você fala como se tivesse de bater cartão. Deixe disso, meu filho, você ainda está se recuperando, o que você tem é muito estresse, trabalha muito, não precisa disso, vá aproveitar a vida.

Rodrigo não sabia o que era, mas estava feliz. Em sua mente ainda estavam desenhadas as figuras de Laura e Isabel, mas, de repente, também se lembrou de que havia duas crianças. E pensou, em fração de segundo: "Eram duas crianças, mas, se me recordo bem, são dois garotos". Rodrigo olhou admirado para a mãe e respondeu:

— A senhora tem razão, é preciso aproveitar a vida. Vamos, sim!!!

— Não estou acreditando no que estou ouvindo!!! Você ouviu, Daniel? Papai vai ao shopping conosco!!!

— Mãe, sem muito exagero. Só quero ser um pouco melhor, mas tenho ainda muito o que aceitar. Bem, vou tomar um banho e já desço para tomar café com vocês.

Márcia mal acreditou no que ouviu, pegou na mãozinha do neto e correu feliz para a sala de refeições para contar a Osmar.

Rodrigo foi tomar banho e, assim que entrou no quarto, ouviu seu celular tocar. Atendeu. No visor: Desconhecido.

— Alô... Alô...

Do outro lado da linha ninguém respondeu. Rodrigo insistiu:

— Alô... Alô...

Como não houve resposta, ele desligou e foi ao banheiro.

ॐ

Isabel desligou seu celular, mas ainda estava com o coração palpitando.

— Puxa!!! Ainda é o mesmo número. Ah, Isabel, pra quê isso? Idiota, pra que ouvir a voz dele? Imagina se está doente como Ricardo falou!!! Quem está doente não atende o telefone com a voz tão boa assim!!! E, depois, se ele esteve doente, não deve ter sido nada grave, está mais que recuperado!!!

– Falando sozinha, Isabel?

– Imagina, eu? Só estava pensando alto. Não sabia que havia chegado.

– Alto até demais. Para quem ligou?

– Eu? Para ninguém. Bom, chega de fazer hora, tenho uma sessão de fisioterapia.

– Não tem, não. Vim justamente avisá-la que seu paciente ligou e desmarcou.

– Desistiu? Não gosto que liguem em cima da hora, não dá nem ao menos para chamar outro paciente em seu lugar. Bom, então vou tomar um café.

– Vou com você. Isso é, se não for atrapalhá-la.

Isabel gostava muito de sua amiga Tânia. Não sabia o que era, porém ela sempre adivinhava tudo o que procurava esquecer e não expor. Muito sem graça, Isabel respondeu:

– Claro, não tenho paciente nenhum!

– Não, mas se for atrapalhar não vou.

– Para com isso, Tânia, sabe que gosto muito de sua companhia. Que ideia!!!

– Então, vamos.

Isabel e Tânia foram à lanchonete da pequena clínica e se sentaram.

– Está tudo bem com Danilo?

– Ah, teve uma crise ontem.

– Isabel, não é crise, é apenas sensibilidade mediúnica. Seu filho não é doente.

– Eu sei, eu sei que não é doente, mas parece que vai convulsionar.

– O que é isso, Isabel? Nunca fale assim. É bem diferente, ele não fica se retorcendo, tampouco tem movimentos bruscos. Espero que não fale uma asneira dessas na frente dele, que é bem sadio e tem um dom maravilhoso.

– Desculpe, é que fico muito preocupada.

– Preocupada com quê? É simples, quando acontecer suas visões, deixe-o em um lugar tranquilo, apenas fique ao lado dele. Amiga, você tem que aprender a lidar com isso, ele precisa confiar em você, precisa saber que não a incomoda ouvi-lo falar do irmão, ele ama Daniel tanto ou mais que você.

– Eu fico com medo, é só isso.

– Tudo bem, não precisa ficar nervosa. E quem o ajudou ontem?

– Meu irmão. Danilo gosta demais dele.

– Ótimo, se ele gosta muito do tio, vai facilitar, só espero que João tenha paciência.

– Tem sim, até pediu para eu esperá-lo na sala. João ficou sozinho com ele em seu quarto.

– E qual foi o resultado?

– Acho que bom. Para falar a verdade, não gosto quando Danilo vê essas coisas.

– Do que tem medo, Isabel? Ele viu algo que a deixou preocupada?

Isabel começou a chorar. Tânia a deixou à vontade, esperou que extravasasse suas mágoas, seus medos e tudo o mais.

– Desculpe, Tânia, estou com muito medo.

– Medo do quê? Você não queria chegar ao paradeiro de Daniel?

– É o que mais quero, mas não é isso.

– Então o que é? Isabel, preste atenção, sei que você tem seus segredos e eu estou aqui para ajudá-la. Se não estiver ao meu alcance, pelo menos poderei escutá-la. Quando dividimos nosso segredo, aliviamos nossa alma, é a cura para nossas amarguras.

— Por que você sempre sabe tudo o que se passa comigo?

— Porque, muitas vezes, o que achamos que está em segredo, bem guardadinho em nosso coração, está em evidência em nossos olhos. Nosso olhar nos condena, seja lá o que for que estivermos escondendo, nossos olhos são a transparência da alma.

Isabel, em vez de se acalmar, chorou com mais persistência. A amiga pegou em suas mãos e fez uma prece em silêncio. Ela, ainda com a alma triste, desabafou:

— Ah, meu Deus, eu o amo muito!!!

— Eu sei que ama seus filhos, está em seu olhar.

Isabel, com as mãos trêmulas e os olhos fixos em Tânia, respondeu baixinho:

— Rodrigo...

Tânia se calou, apenas esperou que Isabel continuasse:

— Eu amo Rodrigo... Eu tentei esquecê-lo, mas não consegui, sinto vergonha, mas não consigo parar de pensar nele...

Tânia segurou as mãos de Isabel e disse conciliadora:

— E por que sentir vergonha, por que se sentir a última das últimas traidoras da face da Terra?

— Por que é o que sou.

— Amar não é traição, para amar não se escolhe a quem, simplesmente acontece, não temos como controlar isso.

— Mas eu não podia, minha melhor amiga o amou.

— Você disse bem, amou. Isabel, há quanto tempo tem esse amor reprimido em seu coração fazendo com que sua alma sofra intensamente?

— Há muito tempo, ah, meu Deus, que vergonha!!!

– Há muito tempo, quanto?

– Deixe pra lá, não iria querer ouvir minha história.

Tânia deu um sorriso de satisfação para Isabel:

– Com certeza eu iria!!! Se dividir comigo, é sinal de que talvez já confie em mim para uma amizade sincera.

Isabel, meio que chorando, meio que sorrindo, passou as mãos nos olhos enxugando as lágrimas, e se abriu:

– Bem, eu conheci Rodrigo em um dos barzinhos que existem em São Paulo. Nós estávamos em uma turma de amigos, e um desses amigos conhecia Rodrigo, que também estava acompanhado de alguns outros amigos. Nós todos nos juntamos, era só alegria e muitos papos na curta noite, pelo menos para mim.

– E por que sua noite foi curta?

– Porque eu poderia passar noites, dias conversando com ele, que jamais me cansaria. Era como se naquele momento não houvesse ninguém à nossa volta, era eu e ele, foi uma noite inesquecível.

– Por que não se viriam mais?

– Nós nos vimos, sim. Durante três meses fui a mulher mais feliz do mundo. A turma se encontrava todos os fins de semana solidificando uma grande amizade. Quando ele chegava, meu coração acelerava, tinha medo de me condenar.

– E ele, o que sentia quando a via?

– Nada, só eu o amava. Ele procurava se esquivar dos nossos amigos, sempre arrumava um jeito de ficarmos em um cantinho só nós dois conversando, dizia que eu era a garota mais legal que ele havia conhecido, que conversar comigo lhe dava prazer, juramos amizade eterna.

– Mas isso não quer dizer que não a amou.

— Não precisa me agradar, Rodrigo nunca me olhou como mulher.

— Não estou querendo agradar-lhe, é uma possibilidade grande, ou não?

— Não, não é. Deixe-me terminar que verá que ele nunca sentiu nada por mim. Nesse meio tempo, Laura também foi para São Paulo, queria terminar os estudos e fazer faculdade. Meu pai sempre foi um homem generoso. Ele dizia que, se não gastasse conosco, com quem mais iria gastar? E assim fomos morar juntas. Mas Laura não queria ficar à toa, viver à minha custa não era legal. Foi aí que liguei para Rodrigo e pedi um emprego para ela.

— E ele arrumou?

— No dia seguinte. Disse que não poderia recusar um pedido meu.

— E aí Laura começou a trabalhar lá?

— Sim, no dia seguinte ao meu pedido. E, assim, minhas esperanças foram por água abaixo. Ele se apaixonou perdidamente por Laura.

— E Laura nunca desconfiou desse seu amor platônico?

— Nunca, e eu nem queria que isso acontecesse. Já pensou amar o namorado da melhor amiga?

— Mas você se esqueceu de um detalhe.

— Que detalhe?

— Você nunca, em hipótese nenhuma, teve culpa. Você o conheceu primeiro que Laura!!! Por que ter vergonha de assumir esse amor?

— Não sei, a única coisa que sei foi que, quando ela me contou que estava saindo com Rodrigo, toda e qualquer ilusão que eu poderia ter acabou naquele momento; procurei tirá-lo dos meus pensamentos.

– Mas não conseguiu tirá-lo do coração, não foi?

– É, não consegui. Não há um dia sequer que eu abra os olhos pela manhã e não me lembre dele, que não visualize seu rosto na minha frente.

– Por tudo isso que se defende agora, odiando-o.

– Não, pelo amor de Deus, não é isso; realmente fiquei com muita raiva de vê-lo fazer Laura de boba.

– Mas se Laura o aceitava assim, o que você poderia fazer?

– Eu queria que ele assumisse seu namoro, seu envolvimento com ela. Digo que ele foi um covarde e não mudo minha opinião. Ele é um fraco, deixa que sua mãe o manipule. Tudo o que eu queria era esquecê-lo.

– Mas não consegue, não é isso?

– Às vezes tenho raiva dele, e tudo que eu gostaria era sentir esse sentimento momentâneo pelo resto dos meus dias, mas logo passa; meu amor por ele é maior.

Tânia a abraçou forte e, comovida com seus sentimentos, disse carinhosamente:

– Não deve se entristecer com este amor, porque devo avisá-la que ele é verdadeiro e não há nenhuma possibilidade de tirá-lo de sua alma. Sinto em lhe dizer que está condenada pelo resto de sua vida.

Isabel olhou-a assustada:

– Está me rogando praga?

– Não precisaria de argumentos tão baixos, a vida já fez isso por mim. Isabel, acorde, você foi mais que uma amiga, você renunciou a seu amor em favor de duas pessoas mais que queridas. Não se sinta envergonhada, vá atrás do seu amor, lute por ele, faça o que tiver de fazer, mas não deixe mais nenhum minuto sua alma triste. Rodrigo pertence a você!!!

— Você é maluca, é?

— Nunca fui tão lúcida em minha vida. Laura já partiu, se não tentar, não saberá se ele amou mesmo sua amiga. Se o que houve entre eles era amor de verdade.

— Ele não a amou, ele ainda a ama.

— Como sabe? Você não está dentro dele para saber o que ele sente.

— Tânia, não me deixe com esperanças vãs, ele nunca saberá do meu amor, nem se eu ou ele estivermos à beira da morte.

— Nunca mais diga isso, estamos falando de amor, e não existe um sentimento tão nobre que se desenvolva voluntariamente sem que seja verdadeiro. Estamos falando de vida, e vida é isso, amar transforma nossos caminhos. Pode acreditar em mim, esse sentimento possui forças poderosas indestrutíveis, com ele removemos qualquer doença, amargura, transformando tudo em plenitude divina.

— Eu sinto muito, mas fiz minha escolha.

— Realmente temos nossas escolhas, mas, mais cedo ou mais tarde, você terá de enfrentá-lo, pois a vida de todos nós é um grande círculo. Nós podemos dar mil voltas para não enfrentar certos acontecimentos, porém, querendo ou não, voltaremos ao ponto de partida. Aprenda uma coisa, minha amiga, todos nós temos nosso círculo, e todos nós teremos de dar toda a volta completando-o antes de partirmos, e em seu círculo está Rodrigo.

— Não sei se tenho capacidade para entender sua doutrina. Até posso dar a volta nesse círculo que fala, mas terá um bom pedaço que vou desviar.

— Tudo bem, vai deixar que o tempo se encarregue. Deus é sábio, e só ele saberá por onde temos de prosseguir.

– Tânia, eu lhe peço, por tudo em que mais crê, não comente com ninguém de minha casa, principalmente com minha mãe.

A amiga abraçou-a com carinho:

– Não se preocupe, não faria isso, estou aqui para ajudá-la, fique tranquila. Mas nós estávamos falando de Danilo, não é mesmo? Prossiga, estou curiosa para saber o resultado.

– É por isso mesmo que me abri com você, o problema é com Danilo, mas tudo me leva a Rodrigo.

– Por quê, o que foi que Danilo viu?

– Ele disse que vê um homem loiro e alto e uma mulher. Ah, e que esse homem está sempre deitado em uma cama.

– Precisamos acompanhá-lo, quem sabe dará alguma pista de onde possa estar Daniel.

– Rodrigo é alto e loiro – disse Isabel com muito medo.

– Isabel, não é hora para brincadeiras, como é que é?

– Isso mesmo, Tânia, você acha que há possibilidade de ser o próprio pai?

– E por que não? As características conferem, não é isso?

– É sim, e estou preocupada... Alguns dias atrás, uma amiga minha, lá de São Paulo, telefonou-me dizendo que Ricardo, um amigo que eu tenho em comum com Rodrigo, estava desesperado para descobrir meu telefone.

– E por quê, Isabel?

– Por que Rodrigo pediu a ele.

– E sua amiga deu, não deu?

– Claro que não, e fi-la jurar que nunca daria.

– Desculpe em dizer-lhe, mas você está sendo egoísta.

– Não quero que ele venha atrás de mim, oras.

– Tudo bem, pule essa parte de seu egoísmo e continue.

– E por que esse seu amigo, o Ricardo, estava desesperado?

— Porque disse que Rodrigo está muito doente e que eu ainda sentiria muito remorso por isso. Você, que fala com os espíritos, acha que Danilo viu mesmo o pai?

— Não sei, mas tudo pode acontecer nesta vida, há tantos mistérios entre o céu e a terra que não duvidaria de nada. Bem, vamos por partes. Rodrigo é um homem alto e loiro, Danilo viu seu irmão junto dele, e esse mesmo homem na cama, e você recebeu um telefonema dizendo que o pai dos meninos se encontra doente. Isabel, não podemos perder um detalhe do que Danilo descreve. Tudo o que ele fala é importante para todos nós.

— Obrigada por se incluir.

— Isabel, não tem nada que me agradecer, quero muito ajudar Danilo e seu irmão, eles precisam se reencontrar. Mas, preste atenção, a vida está querendo lhe mostrar o que fazer, não desperdice essa oportunidade divina.

— Então seria mesmo Rodrigo o homem que Danilo vê na cama? Pelo amor de Deus, pergunte em seu centro espírita, por favor!!!

— Fique tranquila, vou pedir ajuda aos meus amigos espirituais, mas seria bom que você viesse comigo.

— Prefiro não ir, ainda não me sinto preparada para ir a um lugar desses. Mas confio em você.

Tânia abraçou Isabel e disse em seu ouvido.

— Eleve seu pensamento a Deus e ore por seus filhos e por Rodrigo, eles precisam de você, faça valer esse amor que sente por eles.

Tânia afrouxou o abraço confiante de que tocara o coração de Isabel.

As amigas terminaram de tomar o café e seguiram para seus compromissos.

o amor
deve ser treinado

Rodrigo foi ao shopping com sua mãe e Daniel, como havia prometido. Entraram em uma livraria e ele deixou que Daniel escolhesse alguns livros infantis. Embora não fosse tão atencioso com o filho, deu alguns palpites em suas escolhas, opinando qual seria a leitura mais apropriada para sua idade. Márcia estava feliz, seu rosto só cabia sorrisos de ver pai e filho amistosos. Depois de pegar livros e devolver livros em uma discussão amigável, Daniel saiu com uma sacola contendo uma porção deles. Caminharam por vários corredores do espaçoso shopping, até que Rodrigo se manifestou:

– Quer tomar um sorvete, Daniel?

Daniel abriu um lindo sorriso e respondeu com o coração feliz:

– Quero sim, papai!!!

– Então, vamos.

Os três sentaram-se em uma mesa e fizeram os pedidos. Rodrigo suava frio, a febre subia bruscamente, as dores começaram a dar sinal, e, enquanto sua mãe fazia os pedidos, ele pediu licença e foi ao banheiro. Ao entrar, retirou do bolso o frasco de comprimidos, que já fazia parte de seu cotidiano, e tomou dois comprimidos na esperança de ter suas dores cessadas e sua mãe não perceber. De suas narinas escorriam grandes gotas de sangue, que Rodrigo tentava inutilmente secar. Após longos e longos minutos de espera, ele lavou bastante o rosto e voltou à mesa, onde Daniel e Márcia o esperavam ansiosos.

– Está tudo bem, meu filho? Demorou tanto!!!

– Sim, é que o banheiro estava lotado.

Rodrigo mentiu para a mãe, mas não via a hora de ir para casa, mais precisamente para o seu quarto, pois lá era o único lugar que se guardava e ficava à vontade, sentindo suas dores sem ter de dar satisfações. Felizmente, depois de uma hora interminável, Daniel acabou a taça de sorvete e todos foram embora. Assim que entraram em casa, Rodrigo subiu direto para o seu quarto, tirou a roupa, abriu o chuveiro, deixando a água cair até que suas dores cedessem e o mal-estar infernal se acalmasse. As horas se passavam e ele, sem suportar mais as dores e o mal-estar súbito, caiu desacordado. Daniel, com alguns livros na mão, bateu na porta do quarto de seu pai e entrou, quando viu que o pai não se encontrava na cama, foi em direção ao banheiro, onde ouviu automaticamente a água do chuveiro cair. Não demorou muito e todos da casa ouviram um grito de terror suplicando socorro.

– Meu Deus, é Daniel!!! – disse Márcia assustada.

Márcia e a empregada subiram correndo, entrando no quarto em que Daniel gritava e chorava ao mesmo tempo. Quando Márcia entrou no banheiro, deparou-se com Rodrigo estirado no chão do boxe, pálido como cera e com o sangue se esvaindo em meio à torrente água que escorria para o ralo.

– Meu filho... O que está acontecendo?

Márcia se virou para a empregada e, aos gritos, suplicou:

– Por favor, faça alguma coisa, não fique aí parada, ajude-me!!!

As duas tentaram tirar Rodrigo do chão, mas não obtiveram sucesso. Daniel, a um canto, com os olhos vermelhos e assustados, saiu correndo, desceu as escadas e pegou uma agenda que havia ao lado do telefone procurando pelo número do avô, que estava logo na primeira página, caso um dia ele precisasse de socorro. Assim que discou, uma voz de homem atendeu do outro lado.

– Alô... Alô...

– Vovô sou eu...

Mesmo estando com a voz trêmula e chorosa, Osmar reconheceu que era o neto.

– Vovô, ajude-me... Por favor, ajude-me...

– O que está acontecendo, Daniel?

– Meu pai... Meu pai... vovô...

– Acalme-se, Daniel, fale o que aconteceu.

– O papai está caído no banheiro e vovó está chorando muito...

– Daniel, fique calmo e preste atenção. Vá até o portão e chame Jacinto, o porteiro, peça que ele o ajude, logo vovô estará aí.

Daniel, sem responder, desligou o telefone e correu para o porteiro da casa, que em seguida entrou com o garoto nos braços muito aflito por vê-lo tão assustado. Márcia permanecia debruçada sobre o filho chorando sem controle.

– Dona Márcia, venha, eu cuido de Rodrigo.

Márcia, meio que demente, estendeu a mão para o porteiro sem conseguir concatenar o triste episódio. O homem mais do que depressa usou de todas as suas forças e, com muito esforço, conseguiu levar Rodrigo para a cama, onde ele permaneceu inerte. Depois de acomodá-lo e cobrir o corpo, que visivelmente continha várias manchas roxas espalhadas, dirigiu-se à Márcia.

– Dona Márcia, é preciso chamar um médico o quanto antes.

O choque foi tão violento, que Márcia não conseguia raciocinar, seu rosto estampava uma expressão de terror e demência.

– Jacinto, ela não está ouvindo nada, ela não se encontra em seu estado normal, na agenda deve ter o nome do médico que Rodrigo se trata – disse a empregada.

Jacinto desceu e logo achou o número de Rodolfo. Telefonou e, em poucas palavras, explicou-lhe o que estava acontecendo. Logo que o porteiro colocou o fone no gancho, Osmar entrou aflito e abriu os braços para Daniel, que correu ao encontro do avô choroso.

– Onde está meu filho? E Márcia?

– Calma, seu Osmar, já liguei para o dr. Rodolfo.

– Quero ver meu filho!!! Onde ele está?

– Em seu quarto.

Osmar subiu sem que pudesse sentir seus pés tocando os degraus da escada. Assim que entrou no quarto do filho, deparou com uma cena mais que lamentável. Era como se

Deus estivesse punindo com as mesmas dores de uma mãe que outrora padecera com a perda de seu filhinho. Márcia se encontrava imóvel olhando para Rodrigo, suas lágrimas desciam dilacerando cada milímetro de seu pálido rosto. Osmar colocou o pequeno Daniel no chão e, aproximando-se do filho completamente inconsciente e inerte sobre a cama, deixou que as lágrimas dessem vazão à dor mais que infinda que poderia suportar uma alma suplicante de misericórdia de um Deus nunca lembrado por ele.

– Ah, meu filho... O que está acontecendo?

Osmar acolheu as mãos do filho entre as suas e, passando em seu rosto, pediu perdão a Deus. Márcia, com muito esforço conseguiu se aproximar de Osmar e, pousando sua mão em seu ombro, perguntou:

– Ele vai morrer, não vai? Eu sei que vai, e a culpa é minha. Deus está querendo me punir, eu sei que é isso...

De repente, num gesto tresloucado, ela começou a bater em seu próprio peito e, com ira, gritava desafiando a Deus.

Se quer me punir, pode me punir, mas não mexa com meu filho... O Senhor até pode me levar para o inferno, mas deixe que ele viva, não deixe que ele pague por uma coisa que não fez... Ele é inocente... O Senhor está me ouvindo? Ele é inocente...

Osmar chacoalhou-a na tentativa de que pudesse voltar a si.

– Márcia, controle-se, olhe para Daniel, veja como ele está, não piore as coisas, nosso filho não vai morrer, logo o dr. Rodolfo chegará. Acalme-se e vá com Daniel para o nosso quarto, deixe que eu fico com Rodrigo. Assim que Márcia se aquietou, o médico entrou no quarto e, com a ajuda dos enfermeiros, acomodou Rodrigo na maca e o levaram para a ambulância. Sem dar muitas explicações, o médico se voltou para Osmar e disse decisivo:

— Osmar, Rodrigo tem de ser internado. Cuide de sua mulher e seu neto, quando estiver mais calmo, quero que vá ao hospital para conversarmos.

— Mas o que está acontecendo? Rodrigo não fez os exames, não está medicado?

— Osmar, faça o que estou lhe pedindo, espero-o no hospital, cuide bem de Márcia. Quando ela já estiver bem, vá me encontrar, estarei esperando-o.

Rodolfo não lhe deu mais chances de nada, apenas virou as costas e saiu.

Rodrigo deu entrada no hospital, fizeram todos os exames apenas para comprovar o que já estava mais que na hora de sua família saber. Rodolfo já sabia, com certeza, que não era apenas uma doença corriqueira e que não seria com alguns dias de antibiótico que sua enfermidade seria sanada e ele estaria pronto para outra. Já havia se passado mais de uma hora desde que Rodrigo dera entrada no hospital quando Osmar chegou, abatido e infeliz por ver o filho naquela situação. Rodrigo era monitorado por aparelhos que controlavam seus batimentos cardíacos e a pressão arterial, e em seu braço recebia medicamento intravenoso na intenção de reanimá-lo e estabilizar seu quadro clínico.

Osmar respirou fundo e subiu para o quarto depois de passar pela recepção. Assim que se aproximou do filho, não suportou vê-lo ligado a todos aqueles aparelhos. Passou a mão pelos cabelos do filho amado, pousou um beijo em sua testa e, enxugando as lágrimas que teimosamente desciam pelo seu rosto, foi à procura do médico.

Nada é impossível para Deus

Era madrugada e Danilo se remexia muito agitado e gritando pelo irmão. Isabel e todos da família acordaram assustados e correram para o quarto:

– O que foi, meu filho? – perguntou Isabel aflita.

Danilo não respondeu, apenas se agasalhou nos braços da mãe chorando compulsivamente. Isabel, por sua vez, em vez de serenar o filho, agarrada a ele, chorava desesperada. João se encontrava mais calmo, aproximou-se e, com tranquilidade, tirou a irmã de perto de Danilo.

– Calma, minha irmã, deixa que eu cuido de Danilo.

Jandira, José e Matilde apenas se mantiveram a um canto esperando que João o ajudasse:

– Calma, meu amiguinho, eu estou aqui para ajudá-lo.

O tio esperou que Danilo serenasse e, aos poucos, o garoto voltou ao normal.

– Está melhor agora?

Danilo estava ainda sob forte crise emocional, apenas respondeu com a cabeça positivamente. Isabel tentou se aproximar, mas o irmão lhe fez sinal com a mão para que esperasse.

– Tio João, você precisa ajudar meu irmão – disse Danilo mais sereno.

– Tio João quer muito ajudar seu irmão, mas você precisa nos ajudar também. O que você está sentindo?

– Daniel chora muito, muito mesmo. Você tem que achar ele, tio.

– Nós todos desejamos encontrá-lo, mas o Brasil é muito grande. Agora, se você se esforçar um pouco e contar o que viu, qualquer pista sua, nós faremos o possível e o acharemos.

Danilo, num rompante, gritou decisivo:

– Ele chora por causa do homem...

– Que homem é esse que você vê?

– Aquele, tio, aquele que eu falei para você outro dia...

– O moço alto e claro?

– Esse mesmo...

– E o que mais você viu?

– Ele está em uma casa muito grande...

– E ele está com mais alguém?

– Tem uma mulher que chora muito também...

– E você consegue dizer como ela é?

– Não sei muito bem... Só sei que meu irmão está triste...

Danilo começou chorar novamente, muito agitado. João o abraçou e disse conciliador:

– Tudo bem, tudo bem, não vou perguntar mais nada.

Naquela noite ninguém conseguiu se entregar ao sono reparador. Isabel levou Danilo para dormir em seu quarto, procurou não deixá-lo um minuto sequer, mas depois, exausto e como se nada tivesse acontecido, o pequeno caiu em sono profundo. Isabel, ao lado do filho, observava-o com melancolia, seu peito estava oprimido. Por mais que respirasse fundo para relaxar, não conseguia tirar aquele sentimento do peito e, deixando as lágrimas fluírem pelo seu rosto, mergulhou em seus pensamentos tentando descobrir onde poderia encontrar Daniel e quem era o homem que Danilo via. José e Jandira nem se deitaram mais, seus pensamentos eram de tormentas incessantes:

— Meu Deus!!! Onde será que *tá* o menino Daniel?

— Não sei, mulher, a única coisa que sei é que não dá mais para ver meu neto aflito desse jeito. Sabe, mulher, estou com uns pensamentos...

Jandira, conhecendo muito bem o marido, cortou-o...

— O que vai aprontar agora? Quando vem com esses pensamentos, é que *tá* matutando alguma coisa.

— Alguém tem de fazer alguma coisa, ficar esperando não dá mais.

— E o que meu marido *tá* pensando em fazer?

— Vou para São Paulo!!!

— *Tá* ficando *loco*?

— Não, mulher, não estou, apenas quero ajudar a achar Daniel e acalmar o coração de meu neto e da minha filha.

— Mas a cidade é muito grande, e depois você não sabe se é lá que o menino Daniel *tá*!!!

— Eu sei que São Paulo é uma cidade muito grande, mas algo me diz que lá vou ter algum indício, qualquer coisa que me leve até ele.

— *Tá* ficando *loco*?

— Não, vou ficar louco se ficar esperando algum milagre acontecer.

— *Tá* bom, Zé, acho que você tem razão, vai, sim, vou ficar torcendo para que você volte com o menino Daniel.

— Mas não quero que ninguém saiba.

— Mas todo mundo vai querer saber aonde foi.

— Ninguém vai querer saber se eu disser logo que vou viajar a negócios.

— É mesmo... Como não pensei nisso... Sempre viaja *pra* comprar as coisas lá!!!

José, com a ideia já amadurecida, arrumou a mala e foi para São Paulo.

❧

Cida estava no quarto do hospital junto de Rodrigo e, com as mãos espalmadas sobre ele, pediu o auxílio de outros guias espirituais. Juntos, aplicaram-lhe passes magnéticos. Cida, quando encarnada, foi muito generosa, estava sempre disposta a ajudar as pessoas da região da pequena cidade de Minas Gerais. Embora tenha sofrido para desencarnar, seu espírito tinha muito entendimento. E a pedido de seus superiores estava pronta para auxiliar Márcia e Rodrigo em suas reparações, pois os dois lhe eram muito preciosos. Ao término de seus passes, Cida deixou o corpo material de Rodrigo se convalescendo e o levou a um lindo jardim para elucidar seu espírito. Assim que Rodrigo viu Cida, ficou apreensivo, pois tinha a nítida impressão de que já a conhecia.

— Quem é a senhora?

— Como vai, Rodrigo?

– Não me sinto muito bem, mas eu a conheço?

– De certa forma, sim, mas isso poderá esperar. O que importa, neste momento, é que nos ajude e ajude a si mesmo.

– Como assim? Não a estou entendendo.

– Rodrigo, é preciso que coopere e siga rigorosamente o tratamento dos médicos. Seu corpo material se encontra muito doente e, se não cooperar, não terá tempo para continuar sua caminhada e suas faltas se estenderão. Você precisa ir ao encontro de seus sentimentos verdadeiros.

– Faltas? Que faltas? Não sei do que está falando.

– Suas faltas com Isabel e seus filhos.

Rodrigo a olhou assustado quando Cida mencionou Isabel e os gêmeos.

– Isabel... Isabel...

Rodrigo mencionou o nome de Isabel e, naquele momento, sentiu seu coração disparar, logo se lembrou de que precisava achá-la.

– Você também a conhece?

– Sim, eu a conheço.

– Preciso tanto lhe falar... Espere um instante... Você disse filhos? Mas eu só tenho um filho!!!

– Não, Rodrigo, você teve dois filhos com Laura, apenas ainda não encontrou o outro, e quando digo reparar suas faltas, não será só uma missão sua, mas deles também. Por tudo isso, peço-lhe que memorize em seu corpo astral que é preciso deixar os médicos cuidarem de seu corpo, para pelo menos amenizar sua enfermidade. Você sabe o mal que seu corpo adquiriu?

– Acho que sim, mas minhas chances são muito pequenas, será difícil a cura.

– Mas lembre-se de que para Deus nada é impossível.

Cida se aproximou mais de Rodrigo e o abraçou com carinho e firmeza, falando-lhe ao ouvido:

– Só lhe peço uma única coisa, seja forte, sei que tem forças para isso, enquanto puder, lute até o último instante, eu estarei a seu lado. Lembre-se de seus sentimentos verdadeiros, eles estão à sua espera.

Rodrigo voltou para o corpo material e Cida sumiu no espaço.

Osmar encontrou o dr. Rodolfo, que o conduziu a uma sala para que pudessem conversar sem interrupções.

– Como está Márcia?

– Não muito bem, sabe como ama o filho.

– Sei, sim. Mas terão de ser fortes.

– Por quê? Meu filho vai sofrer alguma intervenção cirúrgica?

Rodolfo abriu um envelope, que continha os resultados dos exames de Rodrigo, e o colocou na frente de Osmar.

Osmar, mais que depressa, pegou os resultados nas mãos, e a cada linha passada se desesperava. Sentiu que seu mundo perfeito sumira diante de seus olhos. Se pudessem ver a olhos nus, enxergariam a dor atravessando seu peito como um punhal sem piedade. Desolado, deixou que as lágrimas invadissem seu rosto como uma cachoeira em dia de chuva.

– Eu sinto muito, Osmar, mas a situação em que seu filho se encontra é essa.

– Meu Deus!!! Meu Deus!!! Como vou suportar uma desgraça como essa? E Márcia, então? O que farei?

– Osmar, sei que está doendo muito, mas já há muitos recursos para a cura dessa doença.

Osmar não conseguia se conformar e, na tentativa de ser apenas um sonho, insistiu:

— Tem certeza de que esses resultados são mesmo de meu filho? Será que não houve um engano?

— Infelizmente não, afirmo com muito pesar que Rodrigo está com leucemia.

— Meu Deus!!! Como não percebi nada?

— Osmar, é difícil alguma percepção, mesmo porque ele escondia as manchas roxas pelo corpo. Quanto às dores, ele tomava comprimidos para controlá-la.

— E qual será o caminho para ele se curar?

— Temos algumas alternativas, hoje a ciência evoluiu muito. Mas, como ele deixou por muito tempo de se cuidar, tenho de preveni-lo de que o estágio é bastante avançado, seu caso é muito grave, temo pelo pior.

— Então, quando foi há alguns meses em casa examiná-lo ele já se encontrava com essa doença?

— Já sim, Osmar.

— E você não fez nada, não nos contou, deixou que chegasse a esse ponto?

— Osmar, eu sei que eu errei muito. Estou até o deixando à vontade se não quiser que eu cuide de seu filho.

— Isso é crime, sabe que poderá responder por seu ato?

— Sei, sim, mas não tive coragem de negar o seu pedido.

— Que pedido?

— Que eu não contasse nada a vocês até que ele achasse uma moça chamada Isabel. Na época, ele estava desesperado para encontrá-la. Eu sinceramente sinto muito.

— Então, quando Rodrigo disse que fez os exames, era tudo mentira?

— Era, sim, mas nada justifica o que fiz, porque mesmo sem os exames eu já poderia afirmar com muita propriedade que Rodrigo já estava com leucemia.

— Como pôde fazer isso comigo? Se eu pudesse matá-lo com minhas próprias mãos, o faria.

Osmar estava transtornado, não queria aceitar a doença do filho, andava de um lado para o outro tentando achar uma saída. Como vou contar para Márcia? Ela não vai suportar.

Rodolfo estava ciente de seu erro, mas ficar olhando Osmar andando de um lado para o outro não o ajudaria a obter a cura, assim, com muita dignidade, retrucou:

— Osmar, sei que faria de tudo para eu pagar por minha omissão, mas vai ou não autorizar que eu trate de Rodrigo?

Osmar olhou para o médico e deixou-se cair na cadeira com as mãos sobre o rosto, sentindo que não adiantaria puni--lo, pois conhecia muito bem o filho que tinha, que, quando queria algo, ninguém conseguia fazê-lo mudar de ideia. O médico esperou com resignação o silêncio de Osmar até que ele, terrivelmente melancólico, concluiu:

— A sua omissão é odiosa, mas tenho de admitir que foi corajoso com sua sinceridade. Se não confiasse tanto em você como profissional, iria entregá-lo agora para as autoridades, mas prefiro que faça tudo o que puder para que meu filho sobreviva, se é que ainda tem jeito.

Rodolfo se aproximou de Osmar, pousou sua mão sobre seu ombro, e disse conciliador:

— Eu lhe agradeço muito, mas pode ter certeza de que farei tudo para que Rodrigo supere essa etapa de sua vida.

O médico se dirigiu até a porta para sair, e Osmar, sem se virar, disse desesperado:

– Por favor, não deixe meu filho morrer. Salve-o!!!

Rodolfo suspirou fundo, sentindo o peso de sua responsabilidade, e saiu.

Rodrigo, por ser displicente com seu corpo material e não perceber as oportunidades de sua vida, ficou internado, seu estágio evoluía a cada dia. Márcia, com a notícia, envelhecera visivelmente. Nada a animava, nem mesmo a presença do neto. Seus dias eram de sofrimento constante, pois Rodrigo recebia muitas bolsas de sangue que amigos e parentes doavam. Iniciou o tratamento de quimioterapia; vivia à base de doses fortíssimas de medicamentos. Não era mais o rapaz bonito e atraente de outrora, a cada dia perdia peso, e a mãe vivia a seu lado no hospital. Por mais que Osmar lutasse para que ela fosse para casa descansar, Márcia lutava contra o cansaço e recusava-se a deixá-lo. Daniel completara 10 anos, mas não houve comemoração alguma, apenas um bolo que a empregada fez para não ver aquele rostinho triste e amargurado. Seu avô e Raquel procuravam cercá-lo de atenções, quando podiam, para não vê-lo tão solitário. Mas como tudo é para o nosso amadurecimento e crescimento espiritual, aquele garoto chorão e mimado pela avó tornou-se responsável, aprendeu a se cuidar, não perdia as aulas e estudava com afinco para não pensar muito no pai, que sempre o rejeitou, e mesmo assim não deixava de visitá-lo. Raquel passou praticamente a ser sua companhia, conversavam como dois adultos.

Daniel, quando sozinho em seu quarto, percebia que algo de estranho, às vezes, tomava conta de sua mente e de seu corpo. Já aceitava com mais naturalidade as visões que eram enviadas por seu irmão. As visões já tomavam grandes formas, e a cada dia se intensificavam. Muitas vezes, ele tinha a nítida sensação de ter o irmão ali a sua frente. Mas Raquel não gostava quando ele se trancava em seu quarto por muito tempo, pois sempre ficava muito estranho.

Um dia, Daniel estava entretido com suas lições e, sem mais nem menos, lembrou-se de Danilo. E, como se entrasse em transe, ouviu uma voz falando em seu ouvido: "Meu querido, sei que ainda é muito pequeno e não tem condições de ser responsável pelos seu atos, mas quero lhe dizer que muito em breve estará com seu irmão como sempre sonhou, amo muito vocês. Guarde o nome senhor José, será muito importante para você".

Muito assustado, mas convicto de que ouvira uma voz de mulher lhe soprar ao ouvido, mencionou em voz alta:

— Senhor José... Senhor José...

Raquel, sem saber o que havia acontecido, bateu na porta e entrou:

— Daniel, já não lhe pedi para não ficar muito tempo aqui fechado, não é bom para você.

Aproximando-se do garoto, pegou em suas mãos e pousou um beijo carinhoso em seu rosto:

— O que aconteceu, suas mãos estão suadas e geladas.

Daniel se desvencilhou de Raquel e levantou-se em direção ao banheiro.

— Não aconteceu nada, oras.

— Como não, ninguém fica com as mãos molhadas e geladas por nada.

Daniel abriu a torneira da pia e, lavando as mãos, respondeu do banheiro:

— Por que sempre acha que aconteceu alguma coisa? Minhas mãos devem estar suando de tanto escrever.

Com a toalha ainda nas mãos, voltou ao quarto e disse carinhoso:

— Tia Raquel, estou com fome, faz um lanche para mim?

— Seu danado, não adianta me enrolar não, viu!!!

Daniel jogou a toalha sobre a cama e rapidamente abraçou Raquel com amor:

— Eu te amo muito, sabia?

— Eu também.

— Olha para mim, diga-me, você está bem?

— Claro que estou.

— Não minta para mim, sabe que me preocupo muito com você e, se não estiver bem, não consigo ficar bem também.

— Estou só um pouco cansado, amanhã tenho uma apresentação na escola.

Raquel, não convencida, segurou entre suas mãos o rostinho de Daniel, e pediu carinhosamente:

— Daniel, aprendi a amá-lo muito, gosto de estar com você, pode parecer estranho, mas me sinto um pouco sua mãe, por essa razão lhe peço de coração que não me esconda nada. Se estiver aflito com alguma coisa, pode confiar em mim, estou aqui para ajudá-lo.

Ele tirou as mãos de Raquel de seu rosto e sentou-se a seu lado em silêncio.

— Confie em mim, abra-se, eu sei que tem algo a me dizer.

Daniel se acomodou melhor na cama, de frente para Raquel, e a olhou com carinho:

— Você acredita em mim?

— Claro, meu querido, você é um menino bom e sei que nunca mentiria.

— Tenho um irmão...

210 ❧ UMA LONGA ESPERA

— Lá vem com essa conversa outra vez.

— Sabia, você também não acredita em mim, ninguém acredita no que eu digo.

Daniel se levantou em direção à porta e, antes de sair, olhou firme nos olhos de Raquel e disse:

— Eu tenho um irmão, quantas vezes vou ter de repetir para que acreditem em mim?

Deixando seus olhos lagrimejarem, virou as costas e saiu. Raquel, por sua vez, sentiu que Daniel nunca mentira, todos é que duvidaram e, assustada, foi atrás dele:

— Hei, espere...

Raquel o trouxe de volta a seu quarto, sentou-se a seu lado e, mais que admirada, perguntou:

— Você tem certeza do que diz?

— Tenho. Sei que pensam que crianças imaginam ter um amigo, um irmão, mas eu tenho um irmão de verdade, e ele me procura como eu o procuro.

Raquel ficou abismada, não conseguia raciocinar direito. Nervosamente esfregava as mãos que transpiravam.

— Tia Raquel, ainda não acredita em mim?

Ela olhou para o menino por alguns longos segundos, seu coração estava acelerado, mas tinha a certeza de que ele não mentia.

— Daniel, meu querido, como deve ter sofrido todo esse tempo!!!

Aproximando-se mais dele, pegou firme em suas mãos, e pediu:

— Daniel, meu querido, prometo acreditar em tudo o que vai me contar, e prometo, também, não interrompê-lo. Agora, conte-me tudo.

Daniel contou tudo o que houve do seu jeito, pois, embora nunca se esquecesse do irmão, era ainda muito pequeno para contar com detalhes, depois de tanto tempo. Raquel deixou as lágrimas fluírem ao imaginar como ele teria sofrido com tantos sentimentos confusos para tão pouca idade.

Ela o abraçou forte e, deixando cair as lágrimas sobre ele, permaneceu por longos minutos, até que o pequeno se pronunciou:

— Não consigo me lembrar do rosto da minha mãe Isabel e da tia Matilde.

Raquel afrouxou o abraço de Daniel e, num misto de riso e lágrimas, perguntou:

— Não acredito que se lembra de Isabel e Matilde?

— Por quê, você também se lembra delas?

— Para falar a verdade não as conheço direito, mas sei que elas existem.

— Tia Raquel, ajude-me a achar meu irmão Danilo?

Raquel olhava para Daniel emocionada, sem conseguir conter as lágrimas, que não cessavam.

— Puxa, Daniel e Danilo, meu Deus, como pudemos não ouvi-lo? Isso é uma benção muito grande. Daniel, tia Raquel ainda não sabe como fazer para encontrá-lo, mas prometo que acharemos um caminho. Mas preciso lhe fazer um pedido, posso?

— Pode pedir.

— Daniel, não deixe que ninguém saiba disso. Seus avós estão muito abalados com a doença de seu pai, e nós dois amamos muito seu pai, não é?

Daniel balançou a cabeça positivamente.

— Pois, então, será um segredo nosso, está bem assim?

Raquel abraçou Daniel e ambos foram à cozinha para preparar um delicioso lanche.

❧ Acima ❧
de todas as coisas

José chegou a São Paulo e se instalou em um confortável hotel. Como estava perto da hora do almoço, achou melhor comer alguma coisa para depois sair e estudar um caminho para que começasse as buscas pelo neto Daniel. Já passava das duas horas quando, em frente ao hotel, pegou um táxi e se dirigiu a um bairro, mais propriamente, uma rua que achou num anúncio de jornal dizendo: Detetive Particular.

Assim que saltou do táxi, olhou um grande prédio e logo entrou. Havia um grande mural de metal com nomes e números das salas de cada profissional. José entrou no elevador, desceu em um determinado andar e, ao passar pelo corredor, admirou-se com tantos profissionais da área que havia lá. Mais a sua frente encontrou uma moça atrás de um balcão, que gentilmente o atendeu:

— Pois não, senhor, o que deseja?

— Bem, não sei ao certo, mas talvez você possa me ajudar.

— E qual é sua necessidade?

— Preciso de alguém competente para encontrar uma pessoa.

— Então veio ao lugar certo.

— Tem preferência por algum desses nomes?

A recepcionista abriu um catálogo com vários detetives.

— Eu não entendo muito dessa profissão, mas preciso de um muito bom.

— Eu entendo, mas fique tranquilo, aqui todos são muito bons e discretos, nunca houve problemas, tudo é muito sigiloso.

José deu um sorriso e concluiu:

— Deve estar pensando que é para amantes da paixão?

— E não é?

— Não, quem eu procuro ainda é muito pequeno para esses arroubos da ilusão. Eu procuro meu neto, que completou precisamente dez anos.

A moça deu um sonoro sorriso e disse com presteza:

— Ah, então deve se consultar com Carlos, ele é especialista em desaparecimento de crianças.

Ela se levantou e o conduziu a uma sala, onde em uma placa no alto da porta estava escrito: Detetive Carlos de Almeida.

Assim que a porta se abriu, levantou-se um jovem detetive que o recebeu com gentileza:

— Pode entrar.

Carlos estendeu a mão cumprimentando José:

— Como vai, senhor?

— Pode me chamar por José.

— Pois fique à vontade, seu José. Bem, o que o trouxe aqui?

José contou toda a história nos mínimos detalhes, e o ouvinte perguntou:

— E qual dos dois está procurando?

— Daniel, senhor.

— Muito bem, José, como disse que são gêmeos, deve ter alguma foto do neto que convive com o senhor.

— Ah tenho, aliás, tenho quantas o senhor precisar. O mais importante é eu voltar com Daniel para Minas.

— José, devo preveni-lo que não é tão fácil assim, temos de estudar o processo minuciosamente. Afinal de contas, já faz mais ou menos oito anos, demorou muito tempo para procurar nossa ajuda. Não sei se o senhor está a par das notícias, mas é grande o número de crianças que desaparecem por esse Brasil afora todos os dias.

— É, sei disso, mas na época minha filha disse que a polícia acompanhou a desaparecimento de Daniel.

— Mesmo assim, passou tempo demais.

— Por favor, ajude-nos, eu sei que meu neto vive aqui em São Paulo.

— Então tem alguma pista?

— Infelizmente não, é apenas o coração de avô que me diz.

Carlos olhou para José penalizado e, sem muitos rodeios, concluiu:

— Tudo bem, José, faremos de tudo para encontrá-lo. Por acaso tem algum jornal, revista, qualquer coisa da época?

— Tenho sim senhor, peguei no armário da minha filha, ela guardava bem guardadinho e todo o dia olhava as fotos gastas pelo tempo. Por favor, eu pago o que o senhor quiser para encontrá-lo.

O detetive ficou emocionado com a esperança que José tinha em seu coração, mas não podia, em hipótese nenhuma, deixar de ser profissional.

— Bem, José, fique tranquilo, com esse material vamos trabalhar para que seu neto seja encontrado. Qualquer coisa que se lembrar ou souber comunique-nos.

José se despediu e saiu do grande prédio não muito animado, era tempo demais que havia se passado, mas ao mesmo tempo sentia em seu coração que Daniel iria aparecer. E certo de que o acharia, disse para si mesmo:

— Eu vou encontrá-lo, meu neto, eu vou encontrá-lo, pode ter certeza, não volto sem você.

ॐ

Já haviam se passado quinze dias e Jandira estava diante de um lindo oratório com muitas rosas brancas e a imagem da Virgem Maria. De joelhos, orava. Pedia a Virgem Maria, como mãe Santíssima, que cobrisse com seu manto os passos de José e que ele fosse vitorioso em sua busca. Jandira se encontrava tão envolvida diante de sua santa, que não percebeu Matilde a seu lado rezando também.

— Puxa, Matilde, não sabia que *tava* aqui do meu lado!

— Estou ajudando-a a orar para que o senhor José encontre o que foi procurar.

Jandira olhou-a admirada e, ao mesmo tempo, assustada com o que Matilde afirmou.

– Minha nossa, Matilde, ainda bem que posso contar mesmo com você, já não *tava* aguentando mais esse segredo sozinha.

Matilde estendeu a mão para que ela se levantasse. Jandira aceitou a ajuda e, sem soltar a mão de Matilde, disse emocionada:

– Ah, Matilde, vamos, todos os dias, pedir para a Virgem Maria, ela é mãe também e sabe que dói demais nossa alma.

Matilde não se conteve e abraçou Jandira com esperança. E, confiante, disse a amiga:

– Vamos orar sim, minha querida, eu quero tanto quanto você que senhor José entre por aquela porta com Daniel.

Para o alívio de todos, inclusive de Daniel, Rodrigo correspondia à quimioterapia. Sua aparência era lamentável, mas Daniel não deixava que ele esmorecesse. Todos os dias, depois do almoço, Raquel o levava ver o pai, era sagrado. Logo que atravessava a porta da sala, já dizia com alegria:

– Tia Raquel, quero comer logo, preciso ver meu pai.

– Não me cumprimenta primeiro, não? Assim vou ficar com ciúme!!!

Daniel correu e abraçou Raquel, dizendo com muita convicção:

– Não precisa ficar com ciúme, é que meu pai precisa de mim.

– Ah, antes que eu me esqueça, não é, quero comer, quero almoçar.

– Está bom, está bom.

Logo depois do almoço, como já fazia parte dos planos de Daniel, Raquel o levou ao hospital e, assim que entrou no quarto, foi direto abraçar o pai. Márcia, sentada em uma poltrona, chamou o neto:

– Daniel, venha para cá, ele conseguiu dormir agora.

O garoto, decepcionado, saiu de perto do pai e disse triste para a avó:

– Ele nunca me espera acordado, sempre que chego, acabou de dormir.

Márcia puxou o neto para junto de si e, emocionada, disse-lhe:

– Eu sei que fica triste cada vez que chega e vê seu pai dormindo, mas o pouco que fica acordado se cansa muito, e nós dois sabemos que quanto mais ele descansar mais rápido vai sarar.

– Vovó, quero ajudar a curar meu pai.

– Eu também, meu querido, mas não há nada que possamos fazer, todos os doadores até agora não foram compatíveis.

– Mas eu vou ser o doador do meu pai.

Márcia ficou olhando aquele rosto tão esperançoso, sentiu como se sua alma a abandonasse. Sua emoção era tão visível que apertou Daniel entre seus braços magros.

Olhou para Raquel incriminadora e, segurando o rosto singelo do neto, chorou sem parar.

– Não olhe para mim, eu não disse nada a Daniel!!!

Márcia, ainda segurando o rosto do neto, perguntou:

– Quem lhe disse que poderia ajudar o papai?

– Minha amiga da escola. Ela procurou na internet tudo sobre doação de órgãos e me disse para eu entrar também que eu acharia uma forma de ajudá-lo. Lá diz que tenho de fazer um teste. Se der certo, serei doador de medula e ele ficará curado.

– Raquel, não lhe falei para ficar atenta?

– Eu não tenho culpa, dona Márcia, Daniel não é mais um bebezinho, ele tem suas escolhas, seus desejos, e até mesmo sabe decidir o que quer da vida. Se quer saber, ele é muito mais maduro do que pode imaginar.

— Mas eu pedi que não o deixasse entrar nesta questão, não posso arriscar meu único neto a uma tentativa que sabe lá Deus se daria certo. E, em vez de eu perder uma, perderia as duas pessoas que mais amo na minha vida.

Daniel, sentindo que poderia fazer algo pelo pai, passou por cima de tudo o que escondera até o momento e deu um grito:

— Pare, vovó, ela não tem culpa, eu quero ajudar meu pai. A senhora não ama ele mais do que eu.

A avó estava perplexa com a maturidade do neto e, com toda emoção que um ser poderia sentir, abraçou-o. Passada, disse:

— Não, Daniel, não vou deixá-lo fazer isso. Preste atenção, só tenho você e seu pai, e vocês são tudo o que mais amo em minha vida, não vou aguentar se vocês me faltarem. As coisas não são tão simples assim, para ser doador precisa ter, no mínimo, 18 anos.

— A senhora não tem só eu e papai...

Daniel olhou para Raquel sem pensar se ela iria ficar brava ou não, pois estava certo do que estava fazendo.

— Como não, meu querido?

— Não... E não...

— O que ele está tentando dizer, Raquel?

— Diga, Daniel, pode dizer, está na hora de sua avó deixar de ser egoísta e arrogante.

— Como se atreve a falar assim comigo? Dei-lhe toda a liberdade do mundo, até em minha casa está mandando, quer...

Daniel, não suportando, cortou-a de supetão:

– Eu tenho um irmão...

Márcia não conseguia concatenar o que estava acontecendo, apenas ficou olhando para Raquel e Daniel esperando que se explicassem.

– É isso mesmo, dona Márcia, Daniel tem um irmão. Quando a senhora teve a infeliz ideia de fazer o que fez, separou Daniel do seu irmão Danilo.

Não suportando tantas emoções desde que o filho ficou doente, ela foi ao chão sem sentidos. Raquel correu para chamar uma enfermeira, que logo a levou para outro quarto, evitando que Rodrigo fosse perturbado, porém não teve como Rodrigo não acordar:

– O que está acontecendo?

Raquel se aproximou dele estirado sobre a cama e, conciliadora, disse em tom quase que sumido:

– Não foi nada, meu amor, está tudo bem, descanse sossegado.

– Eu já não lhe pedi que não trouxesse Daniel aqui?

– Raquel não tem culpa, papai, eu que quis vir.

– Mas eu não o quero aqui, não é bom crianças em hospitais.

– Por favor, papai, não fique bravo.

– Saia já daqui!!!

– Rodrigo!!!

Daniel saiu do quarto e ficou esperando do lado de fora.

– Como pode fazer isso com ele?

Rodrigo virou o rosto para o lado oposto de Raquel muito zangado:

– Eu não quero que ele me veja desse jeito, estou um farrapo humano.

– Quer saber? Pois vou lhe dizer, não é porque está desse jeito, desse jeito lamentável, é porque nunca, nunca suportou a ideia de ter responsabilidades nas costas. Como pode afirmar que amava Laura, se o fruto desse amor é hostilizado dia e noite por você, como pode odiar um filho como Daniel? Você não sabe, e nunca saberá, quanto valor tem esse garoto! Que Deus tenha piedade de você, porque se eu fosse seu filho jamais me arriscaria por você. Você, Rodrigo, não tem um coração aí dentro do peito, tem é uma pedra que há muito não sabe o significado da palavra amor.

Raquel rodou nos calcanhares e se dirigiu para a porta. Rodrigo deixou as lágrimas descerem pelos lençóis que cobria um corpo macilento e sofrido pela doença. Assim que fechou a porta atrás de si, ela procurou por Daniel, que a esperava sentado a um canto da sala de espera. Ao se aproximar dele, pegou em sua mão e, na tentativa de sair o mais rápido possível, foi brecada pela pouca força do garoto:

— Vamos, Daniel.

— Não quero, quero ajudar meu pai.

Raquel, irritada com a bondade do garoto, disse áspera:

— Como pode querer ainda ajudar aquele... Aquele...

— Não fala assim, ele está doente, assim que ficar bom vai voltar a ser bonzinho.

— E quando seu pai foi bom para você?

O menino abaixou a cabeça e não disse nada. Ela, penalizada, sentou-se na cadeira que havia na sala e o colocou em seu colo, deixando a tristeza e a decepção fluírem por todos os seus poros.

— Perdoe-me, Daniel, eu quero que seu pai fique bom tanto quanto você, mas é preciso deixá-lo um pouco sozinho. Às vezes precisamos estar com nós mesmos, só assim podemos analisar melhor o que queremos para nossa vida.

Daniel não respondeu, apenas continuou de cabeça baixa. Ela não suportava mais ver o garoto ser maltratado pela vida e pensava o que uma criança como aquela poderia ter feito para ser tão rejeitada. Respirando fundo, passou a mão no rosto na tentativa de dissipar as lágrimas que teimosamente queriam descer, e disse com carinho:

– Que tal sairmos daqui e irmos tomar um sorvetão?

– Não tenho vontade.

– Vamos fazer o seguinte, prometo-lhe que amanhã voltaremos para ver seu pai. Que tal?

– Você me promete?

Raquel, para animar aquele pequeno rostinho triste, levantou as mãos para cima na intenção de que ele também cruzasse suas mãos junto das suas, e respondeu:

– Prometo, meu senhor.

Daniel, mais animado, sorriu e respondeu:

– Agora quero tomar aquele sorvetão.

Depois de irem até a sorveteria, ambos foram para a casa. Ela ajudou Daniel a fazer as tarefas escolares e pediu a ele que fosse tomar banho antes do jantar. Ele pousou um beijo no rosto dela e subiu para o banho. Raquel ainda ficou recostada no sofá, pensando como poderia ajudá-lo a encontrar Isabel e seu irmão. Olívia estava a seu lado tentando encorajá-la a não desistir da ideia de uni-los.

– Senhor meu Deus, ajude-me a encontrar Danilo e Isabel. Sei que fui muito egoísta de querer Rodrigo junto a mim, mas não suporto mais ver Daniel viver nessa casa vasta de luxo e conforto e pobre de afeto, amor e respeito. Ele merece conviver com uma família de verdade.

– Olívia, você acha que ela vai seguir seu conselho.

— Pense positivo, Laura, somos o que vibramos, não deve nunca duvidar dos desígnios de Deus. Quando desejamos ardentemente algo que fará bem para quem nos é valioso, tudo pode acontecer.

— Ainda não estou preparada para enfrentar alguns sofrimentos de quem deixei, é como se eu sentisse o que eles sentem.

— É natural. Quando voltamos à terra, voltam também muitos sentimentos, você só não deve confundi-los, tem de separar cada um deles.

— Como assim?

— Seu amor deve ser dirigido a todos sem distinção.

— Ainda não compreendo.

— Unificando o amor, amando a todos igualmente, mesmo aqueles que não tenham participado de seu caminho quando encarnada. Você deve querer bem a todos sem distinção, como ama Rodrigo e os filhos que deixou, deve amar a todos os que estão interligados na mesma jornada.

— Mas não consigo amar, por exemplo, Raquel e Márcia com a mesma certeza.

— E tem certeza de que ama Rodrigo?

— Por que me confunde?

— Não a estou confundindo, ao contrário, estou elucidando sua memória, seus sentimentos.

— Se ama tanto Rodrigo e os garotos, deve passar amor também para todos os que convivem com eles, ou quer continuar assistindo à indiferença entre todos dessa família? Laura, preste atenção, essa casa tem tudo que um encarnado poderia desejar, mas para nós que temos ainda pouco, mas algum entendimento, é apenas uma residência, e não um lar aconchegante que destila amor, respeito, compreensão, harmonia, paz e, principalmente, a alegria de sentir tudo o que acabei de citar. Aqueles que se amam sem ilusões sentem alegria ao se lembrarem de uma mãe, um pai, um irmão, um amigo. O amor, para essas pessoas, é suficiente para que tenham forças e lutem todos os dias de sua vida, para permanecerem vivos. Tudo isso já é o bastante para sentirem orgulho por estar com seus familiares.

– Eu sinto muito por ainda não nutrir esses sentimentos por todos.

– Mas pode tentar. Se puder se esforçar e aceitar Raquel, Osmar e Márcia, terá a certeza de que ajudará a unir todos os que deixou na Terra por um curto tempo de ausência.

– Tem razão, como querer ver bem os meninos e Rodrigo, se não posso ao menos ter um sentimento de fraternidade, de apoio, de solidariedade?

– Muito bem, minha querida, é assim que deve se nutrir para que seu espírito se farte de sentimentos nobres por onde passar, sem distinção, afinal, somos todos filhos de um mesmo pai e todos vamos voltar para a mesma casa.

Olívia estava feliz por Laura estar amadurecendo e, apontando para Raquel, disse como uma auxiliadora de Deus.

– Em poucos minutos de entendimento, já surtiu efeito em seus propósitos.

– Como assim?

– Apenas preste atenção.

– Não é possível... Deus ouviu minhas preces... Não acredito...

– O que foi, dona Raquel?

– Por favor, leia... Leia...

— Ler o quê, dona Raquel?

— Aqui... Bem aqui... Apontou Raquel com o dedo.

— Minha nossa!!! Quem é esse homem? E o que está fazendo com Daniel no colo?

— Aí é que está!!! Não é Daniel, é Danilo, seu irmão!!!

— A senhora está ficando louca? Acha que não conheço Daniel?

— Preste atenção, escute-me. Esse menino é Danilo. Alguém muito bom lá no céu quer nos ajudar.

A empregada não conseguia entender nada. Raquel, por sua vez, gritava e pulava pela sala, até que o pequeno Daniel, assustado, desceu os degraus da escada apressado.

— Que foi, tia Raquel?

Raquel pegou Daniel no colo e, com muita emoção, respondeu:

— Nós achamos seu irmão... Nós o achamos, meu amor...

A empregada foi até a cozinha e trouxe um copo com água e açúcar para acalmar não só o pequeno Daniel, mas também Raquel.

A semeadura é livre

Os dias se passavam e Jandira não suportava mais tanta demora do marido para achar Daniel. Embora José sempre telefonasse, ela estava preocupada com o paradeiro do garoto.

– Mãe, por que papai está demorando tanto para voltar?

– Ah... Sabe o que é, *fia*...

– Sabe o que é, Isabel, seu pai ligou agora mesmo, estava justamente indo dar o recado a sua mãe quando você entrou. Ele está fazendo um curso, mas logo estará de volta – disfarçou Matilde.

– Curso, que curso?

Jandira era muito humilde, mal sabia escrever, na hora não lhe ocorreu nenhum curso que fosse para dizer a Isabel.

226 ❧ Uma longa espera

– Curso para criação de ovelhas! – mais uma vez Matilde salvou Jandira.

– Curso de ovelhas? O papai está louco?

– E por quê, seu pai não pode criar ovelha, oras?

– Estou achando tudo muito esquisito, acho que estão me escondendo alguma coisa.

– Não, *fia*, acha que eu ia esconder de você se fosse importante?

– Espero que não. Estou muito cansada hoje, o dia foi muito puxado, vou tomar banho e ver Danilo. Ele está em seu quarto?

– Está sim, *fia*, pode ir lá.

– Isabel se retirou e Jandira e Matilde se jogaram no sofá, soltando um profundo suspiro de alívio.

– Essa foi por pouco, mas até quando vamos conseguir tapear Isabel? E o que é pior, criar ovelhas, essa foi de matar, mas na hora não me ocorreu nada melhor, e como seu José cria um monte de bichos mesmo, falei o primeiro animal que me veio à cabeça!!!

As duas mulheres riram muito. Depois de alguns minutos:

– Não sei ela acreditou, não sei, mas tenho boas notícias.

– É mesmo? Não me diga!

– Digo sim, aquela hora que você entrou eu *tava* mesmo falando com o Zé.

– E daí? Conte-me logo.

– Zé contratou um detetive e parece que já tem uma pista.

– É mesmo?

– É sim, parece que hoje à tarde vão se encontrar com uma moça que diz conhecer Daniel.

– É, mas seu José deve tomar muito cuidado, tem muitos golpistas em São Paulo querendo tirar proveito da desgraça alheia.

– Não se preocupe, Zé é muito esperto. Há muito tempo veio pra cá, mas não deixou a esperteza dele, não.

– Tomara, nós vamos ficar aqui torcendo para que tudo dê certo.

Jandira pegou nas mãos de Matilde, apertando-as com entusiasmo.

– Vai *dá*, amiga. Vai *dá*.

Isabel tomou banho e, logo em seguida, bateu na porta do quarto de Danilo, entrando:

– Mãe, já chegou? – perguntou Danilo feliz.

– Já, meu amor, cadê meu abraço?

Danilo abraçou a mãe apertado e logo em seguida disse:

– Mãe, Daniel precisa muito de nós, temos de achar um jeito de voltar para São Paulo.

– Danilo, você está me assustando!!!

– Não quero deixá-la assustada, mas algo me diz que ele mora lá, ele me chama, diz que ele e eu precisamos estar juntos.

– Danilo, não está inventando, está?

– Não, mãe, eu vejo bem Daniel, e ele está em um hospital.

– Pelo amor de Deus, filho!!! Acha que está com problemas de saúde?

– Não sei mãe, a única coisa que sei é que devo atender ao seu pedido.

Isabel abraçou Danilo apertado. Não sabia dizer o que estava acontecendo, mas sentia um pressentimento forte em seu peito. E, pela primeira vez, resolveu atender ao pedido do filho e voltar para São Paulo.

— Venha, meu filho, vamos jantar e avisar sua avó que amanhã bem cedo voltaremos para São Paulo.

O menino encheu os olhos de lágrimas e, movido por uma estranha força interior, olhou nos olhos da mãe carinhosamente, respondendo:

— Mãe, chegou a hora, nós vamos rever Daniel.

— Tem certeza, meu amor?

— Confie, mãe.

Ambos foram procurar Jandira determinados em crer nas intuições que estavam sentindo.

Só evoluímos
quando aprendemos

No dia combinado, Raquel chegou por volta das quatro da tarde e entrou em um restaurante movimentado, pois se fosse algum aproveitador qualquer, a fim de se dar bem, estaria cercada de pessoas.

Pediu um aperitivo, estava muito nervosa, mas não demorou muito e José se aproximou:

– Por gentileza, é Raquel?

– Sim, o senhor é seu José Roberto?

– Às suas ordens.

José se apresentou, puxou uma cadeira e não conseguia esconder sua ansiedade.

– Bem, seu José Roberto, espero...

– José a cortou e logo expôs seus propósitos.

– Senhora Raquel, não estou aqui para assustar ninguém, muito menos sou algum impostor se

230 ᘒ Uma longa espera

aproveitando da desgraça alheia. A única coisa que desejo saber é se conhece este garoto.

José tirou várias fotos de Danilo da pasta e colocou-as sobre a mesa.

— Como pode ver, são várias fotos de meu neto por toda minha fazenda. Sou um homem de princípios e jamais, em tempo algum, perderia meu tempo assustando ou me aproveitando de quem quer que fosse.

— Seu José, quem...

— Deixe-me terminar meu raciocínio, depois terá o tempo que for preciso para se explicar. Estou aqui há mais de um mês, perder mais algumas horas não será problema para mim.

Raquel ficou abismada e confusa ao mesmo tempo. O homem era gentil, educado, mas muito determinado, e pelas roupas que usava demonstrava bons tratos.

— Tudo bem, seu José, pode continuar.

Ele colocou mais algumas fotos sobre a mesa e disse com propriedade:

— Essa aqui é minha filha Isabel, essa aqui é minha esposa, meu filho João, e essa a seguir é Matilde, que morava com minha filha aqui em São Paulo, em um bairro próximo.

Raquel abriu a boca e fechou-a novamente. Sua felicidade era tanta que mal conseguiu segurar a emoção, suas mãos tremiam sobre a mesa. José se assustou:

— Senhora, está passando bem?

Raquel mal conseguia articular qualquer movimento. Ele, meio apreensivo, fez sinal para o garçom, que o atendeu prontamente:

— Pois não, senhor?

— Por favor, traga alguma bebida forte.

– Que tipo de bebida, senhor, temos várias, poderia escolher uma?

– Um uísque... Isso, uma dose de uísque.

O garçom saiu e logo voltou com o pedido:

– Muito obrigado

José agradeceu e fê-la tomar alguns goles na intenção de que ela se acalmasse.

Homem calmo e educado, assim que Raquel degustou alguns goles, ele esperou pacientemente que melhorasse. Ela já estava mais à vontade e mais serena, e resolveu também pegar algumas fotos e colocá-las sobre a mesa para que José as olhasse.

– Este é Daniel.

– Deus seja louvado!!! Sabia que iria encontrá-lo!!!

José pegou nas mãos uma foto de Danilo e outra de Daniel e, sem hesitar de tê-lo encontrado, disse emocionado:

– Como pode... É a perfeição divina se manifestando em duas almas sedentas por se encontrarem. Moça, não sabe que benção fez a esses dois garotos.

– Sei sim, seu José, Daniel lembra do irmão como se nunca tivessem se separado.

– Perdoe-me, mas estou muito emocionado, Deus me conduziu até você, tenho certeza.

– Eu também me sinto feliz por Daniel.

– Quero muito lhe agradecer por aceitar me encontrar, poderia se negar, mas é uma moça boa. Mas me conte como tudo aconteceu.

– Senhor José, não sou tão boa assim.

José olhou Raquel nos olhos e disse gentilmente:

– Tenho certeza de que é uma moça boa, sim.

232 ⊂℞ Uma longa espera

– Vou lhe contar tudo e depois verá que está diante de uma pessoa egoísta e mentirosa.

José não disse nada, apenas esperou que Raquel começasse a lhe contar.

– Bem, dona Márcia, mãe de Rodrigo, descobriu que Laura esperava um filho dele, mas mesmo assim não aceitava o relacionamento dos dois...

Raquel contou tudo o que sabia, sem negar sua participação. Ao término da narrativa, deixou que as lágrimas extravasassem o amor que ao longo dos anos aprendeu a nutrir pelo pequeno Daniel.

José, gentilmente, tirou um lenço do bolso e ofereceu-o para a moça, mantendo-se em silêncio.

– O senhor não vai dizer nada?

– Senhora Raquel, não tenho nada a dizer, mesmo que tenha participação nessa história, ainda não mudei minha opinião, continuo achando-a uma boa moça, mesmo porque sei muito bem o que acontece no coração dos jovens, fui jovem um dia e sei que fazemos muitas coisas insanas por conta de um amor. O importante é que refletiu sobre seus conceitos e nos ajudou com o paradeiro de Daniel.

– Agradeço muito por tudo o que me disse, mas fiz tudo isso com segundas intenções.

– Segundas intenções? Não entendi.

– Sinto muito, seu José, mas tenho de desapontá-lo. Eu fiz tudo isso por Daniel sim, mas também por Rodrigo.

Raquel pegou nas mãos de José e suplicou:

– Seu José, eu o ajudei, mas também preciso de sua ajuda.

José apertou as mãos da moça também e perguntou apreensivo:

— Calma, minha jovem, diga o que a aflige, sempre há uma solução!!!

— Rodrigo se encontra no hospital muito doente, e seu caso é muito delicado. Ele poderá até morrer... Está com leucemia...

José ficou chocado, mas procurou se manter tranquilo diante da moça:

— E você gostaria de me pedir que Danilo venha para São Paulo para junto do pai?

— Também, mas não é só isso.

— Não?

— Não, o senhor tem de trazer Isabel.

— Isabel? Por que minha filha?

— Porque Rodrigo a procura há muitos anos. Desde que ele voltou de Portugal, não tem sossego, inclusive, retardou seu tratamento por conta de ir atrás de qualquer pista que fosse levá-lo ao paradeiro de sua filha.

— Não sei se Isabel viria.

— Por favor, seu José, faça isso, não gosto nem de pensar, mas acho que Rodrigo não aguentará por muito tempo. Se o senhor quer saber, ele só está resistindo na esperança de que Deus, por um milagre, traga-a antes de ele...

Raquel não conseguiu concluir seu raciocínio, estava muito emocionada.

— Por favor, acalme-se e não pense assim, pense que Deus é generoso e lhe devolverá a saúde.

— Como, como?

— Com um transplante.

— Já fizeram vários testes de doadores, mas nenhum até agora é compatível com ele. E, depois, o senhor há de convir comigo que não há tantos doadores assim.

234 ᴄʁ **Uma longa espera**

— Fique tranquila, hoje mesmo vou ligar para minha filha e a farei vir para São Paulo de qualquer jeito.

— Promete-me que fará isso?

— Fique tranquila, no máximo em três dias ela estará aqui.

— Não sei se vai convencê-la, ela o odeia.

— Não se preocupe. O que eu prometo, eu cumpro. E quando poderei ver Daniel, se é que seu nome é Daniel mesmo.

— Seu nome não foi mudado, mesmo pequeno ele já sabia dizer seu nome, e todos o tratam por Daniel, mas tem um porém, não sei ao certo se ele tem dupla cidadania, não sei se dona Márcia o registrou com outro nome.

— Será?

— Quando se trata de dona Márcia, tudo é possível.

— Bem, vamos deixar esse assunto para depois, agora temos é que pensar em Rodrigo.

— Puxa, seu José, muito obrigada, o senhor, sim, é uma pessoa boa.

— Aprenda uma coisa, nós todos não somos bondosos e maus o tempo todo, e por muitas vezes ajudamos na esperança de que sejamos confortados também.

José se despediu da moça, mas deixou o número de seu telefone para que ela pudesse se comunicar, se houvesse necessidade.

Assim que saiu do restaurante, ele não perdeu tempo, fechou sua conta no hotel e foi para o aeroporto, era preciso ser ágil, mas antes telefonou para sua casa.

— Alô... Alô...

— Zé, é você?

— Sim, mulher, estou voltando para casa, cadê Isabel?

– Ta aqui, nós estamos jantando, Zé.

– Mulher, estou chegando, preciso muito falar com nossa filha.

– Mas você *tá* voltando e nossa *fia* diz que amanhã bem cedo vai voltar para São Paulo.

– Não deixe, mulher, pensei mesmo em telefonar para que viesse para cá, mas pensei bem e, antes de qualquer coisa, precisamos conversar.

– Zé, está me assustando, aconteceu alguma coisa, Zé?

– Não, mulher, ao contrário, mas antes tenho de preparar nossa filha, você me entendeu?

– Entendi, Zé, fique calmo, eu vou fazer o que você me pede.

– Agora preciso desligar, até algumas horas.

Ele desligou o telefone e, logo em seguida, embarcou.

Raquel estava mais aliviada por pode ajudar Daniel, mas preocupada com a reação de Márcia quando descobrisse tudo o que ela havia feito.

Uma **chance** de ser ❧ melhor

Márcia se encontrava extremamente exausta, mas não deixava o filho sozinho no hospital. Depois daquele episódio que a levou a perder os sentidos, pediu que Osmar viesse o mais breve possível ao hospital. Sem demora, ele a atendeu prontamente, pois quando se tratava do filho não media esforços. Estava caindo a tarde quando Osmar bateu na porta do quarto e entrou. Márcia conversava serenamente com o filho.

— Osmar, que bom que chegou.

— Como está, meu filho?

— Bem melhor, quero ir para casa.

— Tenha paciência, meu filho, logo poderá voltar para casa, não pode interromper o tratamento.

— Mas qual a diferença? Quando tiver de fazer quimioterapia eu venho.

– É por conta desse assunto que pedi que viesse. O dr. Rodolfo quer falar com você. Vá falar com ele, quem sabe deixará Rodrigo ir para casa.

– Tudo bem, falarei com ele.

Márcia pousou um beijo no rosto do filho e acompanhou Osmar até o corredor.

– Não demoro, meu filho, vê se descansa.

Assim que fecharam a porta, Márcia tocou o braço do marido e disse:

– Osmar, também tenho um assunto muito delicado para falar com você.

– O que foi? O estado de Rodrigo piorou?

– Sim, se não arrumarem logo uma medula compatível para nosso filho, ele não vai resistir, estou apavorada, não podemos perder Rodrigo.

Osmar sentou-se em uma poltrona que havia no corredor e, desesperado, blasfemou:

– Deus está nos castigando!!!

Já não havia mais lágrimas para Márcia poder, pelo menos, chorar. Havia chorado tanto, que parecia não só estar sem lágrimas, mas também sem alma. Márcia se questionava se realmente Deus os castigava. E se Deus realmente estivesse pedindo reparo, ela não teria saída, teria de entregar o seu bem maior em sacrifício. Márcia já não se importava com mais nada, sua vaidade soberba caíra por terra. Pela primeira vez, se pôs no lugar das mães que tiveram seus filhos roubados e, sentindo na própria pele, respondeu para Osmar:

– Infelizmente, Deus não vai me poupar.

Osmar, apesar de tudo, foi conivente com a esposa e, com o coração em prantos, abraçou-a.

– Eu também tenho minha parcela de culpa. Quando um não se dá conta de suas atitudes, o outro tem obrigação de aconselhá-lo. Eu sou tão culpado quanto você.

– E o pior do meu castigo está por vir.

– Do que está falando?

– Hoje soube que Rodrigo e Laura não tiveram só Daniel, há também um irmão.

Osmar recebeu as palavras da esposa como uma bomba e, sentindo um calafrio percorrer todo seu corpo, perguntou assustado:

– O que está dizendo, Márcia?

– Isso mesmo que ouviu, Daniel tem um irmão também, seu nome é Danilo.

– Meu Deus... O que mais falta acontecer? E agora, o que faremos?

– Não sei. A única coisa que sei, é que, se Rodrigo vier a saber, terá ódio de mim. E o que é pior: seu estado pode se agravar. Osmar, nunca senti tanto medo em minha vida como estou sentindo agora, não posso perder nosso filho, não vou suportar.

Osmar, pela primeira vez, sentiu Márcia frágil e insegura e, sem saber que atitude tomar, abraçou a pobre mulher que chorou desesperadamente.

– Osmar, o que faremos? Por quê? Por que tudo isso está acontecendo em nossa vida? Não foi nada disso que planejei para nosso filho.

– Não sei, mulher, não sei. Sempre fiz tudo para que nós pudéssemos ter uma vida perfeita. A única conclusão que posso tirar é que realmente Deus está nos punindo por tudo o que fizemos para nossos netos, não foi justo separá-los.

– Eu sabia, eu sabia desde o começo que essa moça iria nos trazer problemas.

– Márcia, não diga isso, chega de cultivar pensamentos errôneos.

– Mas é a pura verdade. Se essa moça não tivesse aparecido, nada disso estaria acontecendo, foi ela quem trouxe a desgraça para nossa família.

Osmar afrouxou o abraço e, segurando o rosto de Márcia, disse áspero:

– Márcia, quando vai cair em si? Quando vai ter consciência de que nós é que estamos errados?

– Por quê? É errado querer o melhor para nosso filho?

– Márcia, como pode falar assim? Como esquecer que temos dois netos? Nosso filho nos deu dois frutos de seu amor!!!

– Que amor? Se Deus nos mandou dois netos, poderia muito bem mandá-los por intermédio de Raquel. Se ela tivesse dado à luz essas crianças, eu nunca precisaria ter de separá-los. Como eu poderia supor que havia um irmão?

– Márcia, você não está em condições de conversar agora. E, para que Deus não se zangue ainda mais conosco, vou fazer de conta que você não disse todas essas asneiras.

– Não são asneiras, nunca deu certo e nunca dará misturar pessoas de posses com aquelas que não têm nada a oferecer, nem cultura ao menos.

– Márcia, não fale mais nada, por favor, não quero ouvir mais nada, enquanto não se conscientizar de que nós é que estamos errados e que agora não importa quem é ou deixa de ser a mãe de nossos netos, sua dor será cada vez maior. Pense bem, Márcia, enquanto alimenta pensamentos mesquinhos, seu filho está morrendo a cada dia naquele quarto.

Osmar saiu completamente atordoado com tantas reviravoltas que vida estava lhe apresentando e foi ver o filho, que estava a cada dia mais vulnerável à doença.

Doação

José chegou à fazenda e todos o esperavam ansiosos.

Isabel se encontrava tão nervosa que, mesmo depois de tomar litros de chá calmante que sua mãe preparou, não conseguiu se manter parada no lugar.

– Calma, menina!!! Está andando tanto nesse pedaço de chão que vai acabar fazendo um buraco.

– Ah, mãe, o pai não chega. Se eu tivesse ido, já saberia o que está acontecendo. Como quer que eu fique calma? Também, mãe, custava me dizer que o pai foi para São Paulo atrás de Daniel?

– Calma, Isabel... Acalme-se... Se o pai não lhe disse, tinha seus motivos. Eu confio nele, e você deveria confiar também.

— Olha aqui, *fia*, pode se acalmar, como disse seu irmão, teu pai sabe o que *tá* fazendo, ora.

Isabel ia retrucar, quando todos ouviram um barulho de carro chegando. Isabel ia sair correndo, mas a mãe a segurou pelo braço e disse:

— Pode se sentar aí, chega de tantos nervos, seu pai logo entra.

Isabel não quis discutir, sabia que quando a mãe dava ordens, era preciso apenas obedecer. Acalmando a ansiedade de Isabel, José abriu a porta e entrou:

— Que bom que chegou, Zé!!! Como foi lá?

José, antes de responder, abraçou a esposa, pois estava saudoso, e, pousando um beijo carinhoso em seu rosto, logo respondeu:

— Tudo bem, mulher.

Após cumprimentar os filhos e Matilde, ele ganhou um forte abraço de Danilo, que, já a par de tudo que seu avô fora fazer em São Paulo, perguntou feliz:

— Achou meu irmão, vovô?

José pegou o pequeno Danilo em seus braços e respondeu emocionado:

— Achei sim, meu querido!!! Vovô achou seu irmãozinho!!!

Isabel achou que seu coração fosse saltar pela boca e, deixando cair as lágrimas de muitos anos reprimidas em seu peito pela espera por ouvir aquela frase, ecoou um grito sonoro.

— O senhor o achou, pai?

José, ao ver a filha sob forte emoção, abriu um dos braços e a agasalhou entre ele e o neto:

— Achei seu filhinho sim, Isabel. Quer dizer, eu não o vi pessoalmente, mas já posso dizer que todos podemos agradecer a Deus por ele estar muito bem.

– O senhor não o viu, pai? – perguntou João ansioso.

– Tenho muitas coisas para lhes contar, é melhor que todos nos sentemos com tranquilidade, pois a história é longa. Todos, mais que depressa, se acomodaram e com os olhares em sua direção, esperaram José lhes contar.

– Bem, logo que cheguei a São Paulo procurei um detetive, e durante todos esses dias ele trabalhou com afinco. Carlos foi a todos os jornais e todos os dias publicava várias fotos de Danilo.

– Minhas, vovô?

– É, meu querido, graças às suas fotos é que chegamos a seu irmão, pois não tenho dúvida nenhuma de que vocês são gêmeos idênticos. Um dia, ele recebeu um telefonema anônimo e chegou a Daniel. Seguiu, alguns dias, todos os que entravam e saíam da casa para que pudesse confirmar que realmente era o garoto que procurávamos.

– E esses detetives entraram na casa em que Daniel mora?

– Não, minha filha, não foi preciso. Deus nos abençoou, uma moça, vendo a foto de Daniel no jornal, ligou para Carlos, que marcou um encontro e tudo foi resolvido. Tenho de admitir que tivemos ajuda de Deus, pois a moça aceitou ir me encontrar sem objeção.

– E quem é essa moça?

– É amiga da família que o sequestrou.

– E quem é essa família maldita?

– Não fale assim, minha filha. Como eu disse, é uma história muito longa. Portanto, não fale o que não sabe!!!

– Mas não deixa de ser. Isso que eles fizeram foi um sequestro. Quero que paguem, isso é crime, pai!!!

— Isabel, quer escutar o resto da história? Depois você tira suas conclusões. Sei que é crime, mas é preciso pensar muito bem em qual atitude tomar.

— Pai, seja qual for essa história, nada justifica, eles devem pagar pelo que fizeram, está no código penal, é lei.

— Daniel está com o pai!!! Está satisfeita? Ele vive com o pai.

Isabel, na mesma hora, empalideceu ao ouvir as palavras mais que reveladoras de seu pai. Ela jamais poderia supor algo assim em toda sua vida.

— Meu Deus, Zé!!! Que dizer que Daniel *tá* com o pai?

— Menos mau – concluiu Matilde admirada.

— Não estou acreditando, vocês estão felizes por Daniel estar com Rodrigo?

— Você disse muito bem, minha filha, embora ele não tenha participação nenhuma no sequestro de Daniel, o filho é dele, Isabel!!!

— Pai, depois de tantos anos de sofrimento à procura de Daniel, os senhores estão do lado dele?

— Sei que não foi legal tudo o que você sofreu, mas Daniel é filho dele, minha filha, você achando certo ou não. Daniel é filho dele.

Isabel ficou com as têmporas em brasa e, revoltada com o pensamento do pai, disse ameaçadora:

— Amanhã mesmo vou para São Paulo e vou tirar Daniel dele. Vou trazê-lo para junto de mim, de onde nunca deveria ter saído.

— Muito bem, minha filha, nunca pensei que um dia fosse ouvir de um dos meus filhos algo tão mesquinho. O que você quer provar? Que tem mais direitos que ele? Que você tem direito a tudo e ele a nada? Por lei, Rodrigo tem mais direitos que você, e sabe muito bem que ele pode provar isso. E, depois, realmente, amanhã você vai para São Paulo, não para provar e ter a mesma atitude que eles tiveram alguns anos atrás, mas para visitá-lo.

— Para visitá-lo? O que está acontecendo, seu José? — perguntou Matilde apreensiva.

— Rodrigo está muito doente, precisa muito de você, Isabel, e dos filhos a seu lado também. Eu prometi a Raquel que a levaria.

Isabel pensou que o mundo fosse acabar e, em vez de querer lutar contra a paixão que estava cravada havia muito em sua alma, chorou desesperadamente, extravasando como nunca e como ninguém havia conseguido em toda a vida. Deixando seu orgulho cair por terra, perguntou:

— O que ele tem, pai?

José olhou para Danilo e, penalizado com a privação de viver ao lado do pai, não respondeu.

— Pode falar, vovô, eu sei que meu pai está muito doente. Eu sabia que o homem que eu via em meus sonhos era meu pai, eu sentia que era, mas nunca quis falar a verdade para mamãe porque sabia que ela ia ficar desesperada assim!!!

João abraçou Danilo fortemente, demonstrando confiança e amor.

— Danilo, tio João ama muito você, e eu sempre soube que é um menino mais que especial. Tudo que você é e que traz em sua alma está acima da compreensão de qualquer um de nós. Quero que saiba que, se quiser, eu o acompanho a São Paulo.

— Você vai comigo, tio?

— Quando você quiser.

– E você, mamãe, vai também?

Isabel não conseguia conter as lágrimas que desciam por seu rosto, seu corpo tremia com violência, e, abrindo os braços para o filho, respondeu:

– Claro que a mamãe vai, fique tranquilo.

Danilo, afetuoso, correspondeu ao abraço.

Naquela noite na fazenda, a tristeza abraçou a todos. José não teve coragem de dizer que Rodrigo era portador de uma doença traiçoeira, faltou-lhe coragem, pois tinha certeza de que sua filha não suportaria e que todo aquele ódio que dizia sentir era para abafar a dor de amor, que um dia foi vencida pela melhor amiga Laura.

Olívia acompanhava Laura, que não conteve a emoção e deixou que algumas lágrimas descessem.

– Ainda é difícil se manter imparcial, não é mesmo, minha querida Laura?

Laura abaixou a cabeça e não conseguiu responder.

– É, minha cara, são duas almas, duas vidas muito bem preparadas por Deus, e deve ter orgulho por ter sido uma colaboradora, preparando-os para suas estadas na Terra.

Laura enxugou as lágrimas, que insistam em descer e, com muitas dúvidas ainda, perguntou:

– Do jeito que emprega e coloca as palavras, dá a impressão de que não tenho participação direta nesta história.

– Por quê? Sente-se menos importante?

– Então quer dizer que realmente eu só colaborei para que Isabel, os meninos e Rodrigo fossem felizes para sempre?

– Não se menospreze, Laura, isso não é um conto de fadas. Isso é a pura realidade de alguns encarnados dentre milhões deles.

— Mas sinto que Isabel é mais importante para Rodrigo do que eu.

— Você, em algum momento, ouviu Rodrigo dizer que Isabel é mais importante do que você foi?

— Não, realmente nunca ouvi. Mas tenho essa sensação em meu peito. É um sentimento estranho, não sei explicar.

— Acalme-se, minha querida, o que você ouviu sempre de Rodrigo é que ele precisa saber o que aconteceu realmente com você. Afinal de contas, tem muitas coisas que Rodrigo ainda não sabe.

— Isabel sempre foi minha melhor amiga, fomos criadas juntas, reconheço que fez tudo o que podia por mim.

— Ela sempre a amou muito, sentia-se responsável por você. Quando foi para São Paulo, achou-se no dever de protegê-la, sempre foi muito leal a você.

— Não foi, não. Se tivesse sido leal comigo, não me esconderia esse amor que está deixando explícito para quem quiser ver!!!

— Por quê? Acha que ela deveria passar por cima de seus sentimentos e ter corrido atrás do homem que amava? Você faria isso se fosse o contrário?

— Então Isabel ama Rodrigo? Isso que seus pais suspeitam e que só agora estou conseguindo enxergar é verdade? Como ela pôde esconder de mim? Como pôde amar o meu Rodrigo?

— Laura, mas não é você quem torce para que ela crie Danilo e Daniel. Não foi nela que depositou sua confiança?

Sem conseguir responder, ela abaixou a cabeça, sentindo vergonha de seu egoísmo.

— Não é preciso sofrer com o que sente, tudo tem seu tempo e sua hora.

— Mas me sinto péssima com essas emoções ecoando em meus pensamentos.

— Laura, ainda há muitos reflexos de sua última encarnação. É natural ter muitos sentimentos embaralhados, mas todos nós só podemos doar o que possuímos. Não se aflija, terá muitas das respostas de que necessita para seu entendimento, sua evolução.

Laura estava visivelmente abalada com o que acabara de descobrir. Como aceitar que ela tivesse de continuar sua jornada deixando que Isabel, por algum momento, fosse feliz ao lado do homem de sua vida? Olívia sentiu que talvez fosse mais difícil do que ela poderia supor que Laura aceitasse não só sua condição como espírito, mas como atriz coadjuvante. Procurando não dar vazão à decepção tão aflorada no espírito de sua protegida, disse serena:

— Bem, minha querida, já está na nossa hora, vamos?

Olívia estendeu a mão para Laura, que ainda se sentia extremamente confusa e decepcionada, assim ambas volitaram em silêncio.

Sem caridade
não há salvação

Naquela noite, Márcia foi para casa depois que Osmar insistiu muito. Ela estava sofrendo muito com a doença do filho, culpando todos e, embora não quisesse admitir, sentia muito remorso por tudo o que havia feito para Daniel e Danilo. Questionava-se, com muitas dúvidas, se Deus realmente a estava castigando. Sua cabeça doía e seu corpo já não se queixava de tantas noites maldormidas. Márcia nem bem chegou a sua casa, tirou os sapatos dos pés e se jogou no confortável sofá. Sua vida mudou como se mudasse de casa, de cidade, de país. Nunca havia parado naquela ampla sala, nem para reparar sua decoração, era tão normal viver em uma casa com tantos cômodos, com uma decoração admiravelmente luxuosa, que naquele exato instante, naquele exato momento, olhando aquilo tudo à sua volta, concluiu que tudo não tinha valia nenhuma se não tivesse seu filho a seu lado. Ela nunca havia parado para pensar que ela era menos que um simples grão de areia em uma imensa praia deserta. E, se ela era um minúsculo grão de areia, aquela imensa praia eram outros incalculáveis seres viventes como ela, e todo aquele Universo pertencia a alguém muito mais poderoso que qualquer outro adjetivo pudesse supor descrever. E, no limite de sua insignificante vida, pendeu sua cabeça no encosto do sofá e chorou como um desgraçado ser ignorante, ausente da bondade divina.

— Vovó, cadê meu pai? Ele não vem para casa?

Márcia, ao ouvir a voz do neto, decepou todos os pensamentos em devaneios e se voltou para ele:

— Oh... Meu querido, dá um abraço forte na vovó.

Daniel abriu os braços e, adivinhando seu sofrimento, apertou-a por alguns longos segundos.

— Puxa vida... Estava com muita saudades suas, meu amor.

— Eu também, vovó, mas e meu pai, quando vou *ver ele*?

Quando Márcia ia responder, foi interrompida por Raquel:

— Como está, dona Márcia?

Márcia não respondeu, apenas se limitou a olhá-la.

— Sei que está sofrendo muito, mas não pode se comportar assim.

— E como gostaria que eu estivesse, feliz?

— Sei o que sente, é muito pior do que qualquer pessoa poderia sentir, mas é preciso que achemos uma saída.

— Se houvesse uma saída, acha que não a teria achado?

— Dona Márcia, sei que se encontra muito cansada, mais tarde conversaremos.

– Daniel, querido, vá ao quarto da vovó e pegue uma toalha. Se puder encher a banheira para eu tomar banho, vovó ficará muito agradecida. Logo, logo vovó vai subir.

– Está bem, mas não demore, vovó, quero muito ir ao hospital ver meu pai.

Márcia esperou que Daniel se retirasse e, sem hesitar, perguntou:

– Que história é aquela de que Daniel tem um irmão?

– Tem muitas coisas que aconteceram durante sua ausência, mas nossa conversa será muito longa, é melhor que a senhora tome banho e descanse um pouco.

– Raquel, já não sei mais se estou cansada ou anestesiada, não consigo sentir quase nada, portanto, se tem algo a me dizer, diga agora.

Raquel contou tudo o que havia acontecido nos últimos dias, desde a foto do irmão nos jornais até a chegada de José Roberto a São Paulo.

– Você está afirmando que Daniel tem um irmão gêmeo?

– Sim senhora.

– E onde ele se encontra?

– Em uma cidade em Minas Gerais.

– E quem é esse tal José Roberto?

Raquel se encontrava nervosa, mas, mesmo assim, não se intimidou e foi em frente.

– Bem, dona Márcia, seu José é pai de Isabel.

– Isabel!!! Quem é Isabel?

– A amiga de Laura, a senhora não se lembra?

– Amiga de Laura?

– É, dona Márcia, morava com ela quando ainda viviam em São Paulo.

– Meu Deus, estou me lembrando!!! Ela veio aqui em casa e, por sinal, foi muito petulante.

– Pois então, dona Márcia, ela está com o outro garoto.

– Mas isso é inacreditável, como ela ousou levar meu neto embora? Preciso imediatamente achá-la e trazer meu neto de volta para junto do pai.

– Dona Márcia, a senhora se esqueceu que sequestrou o irmão de Daniel?

Márcia sentiu que o chão sumiu de seus pés e, mesmo assim, não se deu por vencida:

– Mas é meu neto, e depois o pai tem direitos sobre o menino. E fique sabendo que ela não foi mais suja do que eu, ela também sequestrou Danilo.

– Dona Márcia, às vezes penso que a senhora não quer enxergar os fatos como eles se apresentam.

– Isabel os criava como seus filhos, eles são registrados com o sobrenome da família e ela nunca precisou andar os escondendo, já a senhora, sim. Ela tinha residência fixa, isso prova que ela está do lado da lei, os garotos foram registrados legalmente.

– É, e por que levou meu Danilo daqui após eu pegar Daniel? Isso prova que ela tem culpa no cartório, sim, que está errada tanto quanto eu. No mínimo, sentiu-se ameaçada, talvez soubesse que o pai poderia ter a guarda do garoto.

Raquel não havia pensado naquela possibilidade, mas Márcia poderia estar certa.

– Raquel, você tem como entrar em contato com esse José?

– Nós trocamos nossos números, ele tem o meu telefone e eu o dele.

– Pois, então, dê-me, vou falar com ele agora mesmo.

Raquel pensou por alguns segundos e respondeu:

– Não é preciso, eles virão para São Paulo em breve.

– E você acreditou?

– Claro que acreditei. Senhor José Roberto me pareceu um homem de bem, de princípios, e depois ele veio atrás de Daniel, não veio? Não faria sentido se ele viesse até aqui por nada.

– Raquel, dê-me o número desse telefone agora, é meu neto e tenho todo direito de trazê-lo de volta para sua família.

– Não, não vou dar, senhor José me prometeu e eu vou esperar.

– Quem você pensa que é?

– Eu posso não ser ninguém, mas amo muito Daniel e quero que ele encontre seu irmão Danilo.

– Estou cansada, preciso tomar um banho, não quero discutir com você.

– Quando a senhora vai descer do pedestal e ser uma pessoa de bem, mais humilde?

– Pode me chamar do que quiser, mas tenho todo o direito do mundo de ter meus dois netos aqui comigo.

– Quando a senhora vai acordar e enxergar que a vida está lhe dando uma chance de ser melhor? A senhora é mais egoísta do que eu pensava, quer sempre satisfazer os seus desejos, quer trazer Danilo sem pensar no que ele realmente vai sentir. A senhora está lidando com duas vidas que choram, riem, sentem medo, enfim, têm sentimentos que talvez a senhora nunca tenha sentido na vida. Não quero e não vou perder mais tempo, achei que a vida poderia ter lhe tocado o coração com a doença de seu único filho, mas estou vendo que jamais vai se curvar diante de Deus e pedir-lhe misericórdia. Sinto muito, dona Márcia, mas agora seria a hora de nos unirmos para uma benção comum, mas vi que me enganei, nem a doença de seu filho a faz repensar em simples conceitos de humanidade, de caridade, de se importar sobre qual é o sofrimento de um irmão que está a seu lado. Irmandade, para a senhora, não existe, só pensa em satisfazer seu orgulho.

Márcia sentiu um nó na garganta, pois ninguém havia lhe falado tantas verdades, mas seu orgulho sempre sobressaía, não admitia sequer alguém a humilhando, e o que era pior, nunca se curvara a quem quer que fosse.

— Escuta aqui, Raquel, quando você nasceu, eu havia vivido muitos e muitos desafios da vida. Portanto, não queira me dar lições de moral dizendo palavras bonitas, não vai me comover, sempre fiz tudo pela minha família e sempre farei, portanto, é melhor não se meter, porque com certeza esquecerei quem é e passarei por cima de você como um trator.

— Chega, dona Márcia, não vou ouvir mais desaforos seus e, quanto a passar por cima de mim, é melhor repensar seus atos, quem está precisando de mim, no momento, é a senhora. Com licença.

Raquel se retirou e, com muita dor em seu coração, foi se despedir de Daniel, pois não suportava mais a soberba de Márcia.

Márcia, por sua vez, esquentou as têmporas. Teve de engolir seu orgulho e esperar que Raquel se acalmasse e trouxesse Danilo.

ᗅᖉ

Osmar se sentiu impotente diante da doença do filho. Nada, nem ninguém poderia fazer algo. Ele andava pelos corredores do hospital completamente alheio ao mundo e, por mais que pensasse na possibilidade de seu neto Daniel ser o único doador a salvar seu filho Rodrigo, não admitia ter de submetê-lo a uma intervenção que poderia ser em vão ou trazer-lhe algum tipo de trauma.

– Osmar... Osmar...

Ele se encontrava tão absorto em seus pensamentos que não se deu conta de que o dr. Rodolfo o chamava. Só voltou a si quando o médico lhe tocou o ombro:

– Desculpe, doutor. Eu estava longe.

– Sei que não se encontra bem, mas precisamos conversar.

– Não é sobre o assunto do doador, é?

– Osmar, temos de conversar sobre isso, nosso tempo é precioso, precisamos tomar uma decisão o mais rápido possível.

– Tudo bem, sei que meu filho está morrendo aos poucos.

– Por favor, não fale assim, enquanto houver vida devemos ter esperanças.

Rodolfo passou o braço ao redor dos ombros de Osmar e ambos se dirigiram a uma sala. Assim que se acomodaram, o médico foi taxativo:

– Osmar, temos de repensar na possibilidade de Daniel ser o doador.

Osmar apoiou os cotovelos sobre a mesa a sua frente e, com as mãos entre seu rosto, chorou compulsivamente.

– Sei que é muito difícil ter de tomar uma decisão, mas devemos pensar na possibilidade. As chances de que seu neto possa salvar Rodrigo são muitas.

– Mas não é preciso que o doador seja maior de idade?

– É verdade, mas Rodrigo suportará até quando? Eu, como médico, preciso tomar alguma atitude. Em caso de risco de morte poderemos pensar na possibilidade. Não posso ver seu filho morrendo diante de meus olhos e não fazer nada; meu papel aqui é salvar vidas sempre, não faria nada que pudesse prejudicar uma criança. Daniel é um garoto corajoso e caridoso.

– O que quer dizer? Meu filho pode morrer?

– De uma hora para outra. O caso é muito mais delicado do que o senhor pode imaginar.

Osmar passava as mãos pelo rosto desesperadamente:

– Meu Deus!!! Por que meu filho, por quê?

– Osmar, essa doença ainda nos atormenta, há muitos doentes passando o que seu filho está passando neste momento, e também há muitos que não têm as mesmas possibilidades que ele. Por favor, pense nisso. Daniel é saudável, é jovem, sua recuperação será mais rápida do que imagina.

– Eu sei, eu sei... Mas tenho muito medo.

– Não tem o que temer, por favor, prometa-me que vai pensar sobre essa possibilidade.

Osmar não disse nada, apenas afirmou com a cabeça positivamente e saiu para ver o filho. Assim que entrou no quarto, encontrou Rodrigo um pouco mais animado folheando uma revista:

– Puxa, pai, onde estava?

– Estava convencendo sua mãe a ir para casa descansar, sabe como ela é, não?

– Fez bem, pai, estou me sentindo melhor, já não sinto dores, acho que logo, logo vou ter alta, os medicamentos estão surtindo efeito, tenho certeza.

Osmar engoliu seco e procurou dar ao filho coragem:

– Isso é muito bom, estou feliz por você, meu filho.

– Pai, posso lhe pedir um favor?

– Claro, meu filho, do que se trata?

– Preciso achar Isabel, tenho medo de que algo possa acontecer.

– Pare de bobagens, meu filho, você mesmo não disse que sente melhoras?

– Disse, sim, mas vamos ser sinceros, ainda não estou curado e, depois, as doações em nosso país são bastante raras. Agora é que as pessoas estão tendo consciência sobre o assunto, aos poucos todos aceitarão que ser doador é muito importante para a humanidade. A ciência está evoluindo muito, por essa razão é bom que todos tenham consciência de que, a cada criança nascida, são mais células-tronco salvando portadores não só de câncer, mas de muitas outras doenças.

– Mas por que pensar nisso agora? Tenho certeza de que ficará bom.

– Eu tenho muitas esperanças, pai, mas temos de pensar no pior.

Osmar, sem suportar a dor que fez morada em seu coração, aproximou-se do filho, pousando sua mão sobre a dele, e disse esperançoso:

– Vamos pensar que vai se curar. Bem, vamos falar sobre essa moça, é bem mais agradável. Onde posso ter pelo menos alguma chance de encontrá-la.

– Tenho um amigo em comum que poderá ajudá-lo.

– Mas se teve oportunidade de saber dela por meio de seu amigo, por que já não o procurou?

– Eu já o procurei, mas ele não quis me ajudar, ou não tinha realmente nenhum indício de onde encontrá-la.

– Mas se você, que é amigo dele, já o procurou e não foi feliz, por que acha que eu conseguiria?

– Não sei, pai, mas, por favor, tente, eu quero lhe falar, nem que seja uma única vez, preciso saber como e por que Laura faleceu.

– Mas, filho, isso já aconteceu há muito tempo. Para que voltar a esse assunto?

– Pai...

– Tudo bem, meu filho, eu vou tentar, fique tranquilo.

– Mas, por favor, pai, que esse assunto fique só entre nós, mamãe não deve saber, ela vai fazer de tudo para desanimá-lo.

– Não se preocupe, seu pedido vai ficar somente entre nós.

– Obrigado, pai, sabia que o senhor iria entender.

Osmar pensou no irmão de Daniel, mas não quis aborrecê-lo com o assunto, pois se não aceitava Daniel, com quem convivia havia anos, imagine se soubesse que ainda tinha outro filho!

Rodrigo deu o endereço do amigo a tempo de sua mãe não ver, pois logo ela bateu na porta e entrou. Daniel amava o pai, mesmo sentindo que ele o rejeitava, sentia-se feliz de estar a seu lado, e, assim que entrou, correu em sua direção:

– Pai, estava com muita saudades!!!

Rodrigo se limitou em passar a mão em seu cabelo:

– Como está, Daniel?

– Eu muito bem, e o senhor?

– Estou me sentindo um pouco melhor.

– Mas vai ficar bom, assim que eu for seu doador.

Rodrigo olhou para seus pais perplexos. Como poderia um garoto de apenas dez anos falar sobre doação como se fosse um assunto corriqueiro entre as crianças!

– Pai, mãe, por que abordar esse assunto com Daniel?

Márcia se aproximou do filho, pousou um beijo em seu rosto, e disse emocionada:

– Nunca abordamos esse assunto com ele, meu filho, ele é quem fez algumas pesquisas com ajuda de uma amiga da escola.

– É isso mesmo, pai. Li tudo pela internet.

Por mais que Rodrigo o desprezasse, não conteve as lágrimas que desciam por seu rosto. E, num gesto grosseiro, disse ao filho:

– Não quero que faça nada por mim.

– Mas por quê, papai, eu quero te ajudar.

Rodrigo não entendia o tipo de sentimento que o envolvia e que lhe tomava por completo. Muitas vezes lutava contra aquele sentimento hostil e ignorante e se penalizava diante do garoto.

– Daniel, desculpe-me, não foi isso que eu quis dizer, apenas não quero que se preocupe comigo, e depois, não é assunto para uma criança da sua idade.

Márcia e Osmar não contiveram a emoção.

– Eu sei, papai, acha que ainda sou criança, mas já sei ler e escrever muito bem, e sei também que posso te ajudar, eu quero ver o senhor de volta em casa.

– Daniel, sinto muito em desapontá-lo, mas não vai ser preciso, eu já estou sarando.

Rodrigo, mais uma vez, olhou os pais com o olhar reprovador. Osmar, sentindo que havia possibilidade de o filho ser áspero novamente com Daniel, levou o menino até a lanchonete do hospital.

– Mãe, já lhe pedi que não traga Daniel, aqui não é ambiente para uma criança.

— Mas ele quis vir. Por favor, Rodrigo, não o despreze, ele é seu filho.

— Quantas vezes vai repetir que ele é meu filho? Já estou cansado de saber. Não o traga mais no hospital.

A mãe não conseguia segurar as lágrimas, tudo acontecia ao mesmo tempo e, cada vez mais, ela se revoltava com a vida. Num gesto desesperado, blasfemou:

— Por quê? Por quê, meu Deus, o senhor se virou contra mim? Por que me faz tão infeliz?

Rodrigo se penalizou com a dor da mãe e, num gesto de carinho, puxou-a para junto de si e a abraçou forte.

— Por favor, mãe, não fique assim.

— Como quer que eu fique? Como Deus o deixa em cima de uma cama de hospital com essa doença terrível e, ainda por cima, a única criatura que pode ajudá-lo é alguém por quem você cultiva ódio.

— Mãe, acalme-se, eu não odeio Daniel, eu mesmo não sei explicar o que sinto, mas pode ter certeza de que não existe esse sentimento de ódio em meu coração. Apenas, ainda não me acostumei com a ideia de ser seu pai.

— Mas por quê, meu filho, por quê? Ele é um garoto adorável.

— Olhe para mim, mãe.

Ela afrouxou o abraço do filho e olhou-o com comiseração.

— Mãe, eu sei que estou errado, mas quando ele se aproxima de mim, não fico à vontade, nem eu sei explicar o que sinto aqui dentro do meu peito. Mas vamos fazer o seguinte, prometo-lhe que vou me esforçar, vai ser um desafio muito grande para mim, mas vou tentar.

– Ele é apenas uma criança, não há maldade em seu coração. Às vezes me pego pensando o que há de tão especial nele, muitas vezes me assusto com certas coisas que diz. Para falar a verdade, fico com medo, é como se ele penetrasse em nossa alma.

– Há muito tempo venho observando que ele não age como uma criança de sua idade, talvez seja isso. Dá a impressão de que procura os pensamentos mais escondidos, é como se soubesse os mais íntimos dos nossos segredos.

Márcia abraçou o filho com paixão e, suspirando fundo, disse com voz embargada:

– Meu filho, eu o amo tanto, não tenho medo de nada, apenas de perdê-lo.

– Como uma pessoa que extravasa tantos sentimentos bons é capaz de ser tão ruim?

– Ela não é ruim, minha filha, apenas não aflorou outros sentimentos nobres que possui em sua alma – respondeu Cida para Laura. – Muitas vezes, quando não aprendemos pelo amor, aprendemos pela dor. Talvez Márcia tenha de desenvolver muitos sentimentos sufocados pela vaidade e pelo orgulho. Mas não pense, minha cara, que é uma falta só dela, muitos encarnados sofrem por ser vaidosos e orgulhosos como ela. Muitos pensam que abaixar a cabeça em sinal de um erro cometido é se humilhar perante Deus e, no auge de seu orgulho e vaidade, não conseguem enxergar que Deus lhes estende sua mão por clemência e amor por seus filhos – disse Cida com pesar.

– Não gosto de ver Rodrigo em um leito de hospital definhando com tanto sofrimento.

262 ⌘ UMA LONGA ESPERA

– Por esse motivo, irmã Olívia não a queria neste trabalho. Sei que é muito doloroso ver alguém que estimamos assim, em cima de um leito, quase à beira da passagem. Agora, por outro lado, minha querida, é bom que saiba que o sofrimento nos eleva. Rodrigo e, principalmente, Márcia, precisam se conscientizar de que só conseguimos evoluir à custa dos nossos próprios esforços.

– Mas por que com essa doença tão maligna?

– As doenças, muitas vezes, aparecem para nos mostrar que algo não está indo bem. Ódio, rancor e mágoa vêm, frequentemente, nos ensinar que não estamos no caminho certo. Nunca devemos cultivar sentimentos de baixas vibrações. Nossos sentimentos e até mesmo pensamentos são muito importantes para nossa harmonia material e espiritual.

– Mas, em minha opinião, Rodrigo não é uma pessoa que cultiva rancor ou ódio.

– Você tem razão, ele não é um homem que pode se dizer que cultiva esse tipo de sentimento, porém terá de trabalhar seu orgulho.

– Estou entendendo, é preciso que ele aceite Daniel como seu filho – disse Laura admirada.

– Também, mas o que está pesando mais é aceitar a mão que Deus lhe estende, pois Ele está lhe dando uma oportunidade de se livrar da enfermidade que o consome a cada dia, porém Rodrigo não aceita que essa ajuda venha de Daniel, que é o único que nesse momento pode socorrê-lo.

– Mas e Danilo?

– Ele não sabe que Danilo existe, esqueceu-se?

– Mas José o está levando para São Paulo, fatalmente ele saberá.

– É tudo o que nós desejamos, porque só assim ele romperá as barreiras do orgulho e da vaidade. Mas quem nos garante que ele vai aceitar Danilo? Por ora, não aceita nem Daniel, com quem já convive há alguns anos!

– Puxa vida, quando é que seu coração vai se abrir para o amor e exterminar o espaço ocupado pelo orgulho?

– Laura, o amor é um dos sentimentos mais nobres e soberanos que existem. Daniel tem de sobra, ele ama seu pai. Não se desespere, temos de confiar e acreditar que todos nós, unidos, alcançaremos nossos objetivos.

Laura suspirou ansiosa, sentia que sua mãe tinha razão, ela ainda não estava preparada para ajudar em certos acontecimentos.

Olívia e Cida espalmaram suas mãos sobre o doente e aplicaram-lhe passes magnéticos para fortalecer seu corpo e seu espírito. Ao término de generosas vibrações curativas e regeneradoras, Cida estendeu suas mãos para Laura, que assistia com interesse às bênçãos que luziam como fonte em abundância de amor e caridade a um irmão sedento por viver e cumprir suas reparações, que ainda eram ocultas em seu coração.

Em busca do entendimento

Isabel não conseguiu conciliar o sono nem por um minuto. Seus pensamentos eram todos voltados para Rodrigo. Ela nunca foi estudiosa de religiões ou qualquer tipo de crença, mas sua alma almejava desesperadamente pela misericórdia divina de Deus: "Senhor Deus, sei que nunca fui uma criatura voltada para os grandes ensinamentos religiosos, mas me permita lembrar de Vós neste instante tão miserável de minha vida. Permita, Senhor, que eu seja forte quando encontrá-lo, faça com que eu engula o egoísmo e minha mesquinhez de anos enclausurados em minha alma. E permita que Danilo e Daniel estejam amparados por seus anjos guardiões quando se encontrarem".

Amanheceu e Isabel, sem ter conseguido descansar, foi tomar um banho, deixando que a água caísse por todo seu corpo, misturando-se com as lágrimas que desciam sem controle. Isabel estava tremendamente nervosa, sua ânsia em ver Rodrigo era grande, mas seu medo também, pois ele poderia ter todos os motivos para tirar Danilo de seu convívio também. Não importava que seus filhos fossem devidamente registrados em cartório com o seu sobrenome, ele poderia, legalmente, processá-la por roubo. Todo seu corpo vibrava e, por mais que tivesse sido forte até aquele momento, havia chegado a hora de encará-lo, de ficar a sua frente. Isabel desligou o chuveiro, mas não conseguiu impedir as lágrimas que teimavam em descer, deparando-se com muitas emoções embaralhadas de sua alma temerosa por amar os três homens mais importantes de sua existência. Ao se olhar no espelho, não reconheceu aquela imagem refletida diante de seus olhos vermelhos e melancólicos. Sentiu que era hora de reagir, que nunca, em sua vida, havia se encontrado tão melindrosa. Passou a toalha por seu rosto secando as lágrimas que ainda insistiam em descer e, passando a escova mecanicamente em seus cabelos, conversou com o espelho: "Isabel, tudo vai dar certo, Rodrigo precisa de você e dos filhos, acalme sua alma e seu coração e deixe que esse amor vença todos os obstáculos que terá de transpor".

Assustada, olhou à sua volta e percebeu que não eram seus pensamentos, e sim alguém que suplicava sua piedade e seu amor.

– É você, Laura? Eu sei que é você. Por favor, ajude-me, sei que não fui uma pessoa legal, que fui mesquinha e egoísta, mas se é que existe vida após a morte, sei que pode me escutar, auxilie-me no que devo fazer com seus filhos e com Rodrigo. Por mais que eu tenha fugido de tudo e de todos, sei que não há mais como ocultar a verdade. Se realmente estiver aqui em meu quarto, peço que me perdoe por tudo o que não só escondi de Rodrigo, mas de você também. Por favor, perdoe-me por amar o homem de sua vida, mas eu juro que lutei, eu juro a você, mas sempre fui e sempre serei leal a você, fique descansada, ele jamais saberá. Peço-lhe misericórdia, não posso perder seus filhos também, como perdi você.

Laura, sem saber o que dizer, apenas olhou irmã Olívia.

— Isabel suplica sua ajuda!!!

— O que devo fazer?

— O que seu coração pedir, minha querida.

Laura não conseguiu dissimular o que sentia naquele instante.

— Como pode? Isabel sabe que estou aqui!!!

— Ela não tem a convicta certeza, embora tenha sentido sua presença.

— E isso é bom ou ruim?

— Fique tranquila, é um bom sinal. Laura, muitos encarnados ainda se questionam se estão realmente ouvindo o irmão amado que fez a passagem. Ficam confusos, algumas vezes acham que pode ser delírio de seus próprios pensamentos, em outras que o desencarnado em questão soprou em seus ouvidos, como se realmente estivesse ali a seu lado. Mas o que mais importa, para nós, é se nossa mensagem terá sucesso.

— Com assim?

— Não importam quais são as certezas de Isabel, mesmo porque, até os médiuns mais experientes questionam-se sobre a veracidade da mensagem enviada a seu cérebro material.

– Quem está confusa sou eu. Ainda não entendi.

– Simples, minha cara, nos ensinamentos kardecistas, em muitas palestras de vários cursos, o próprio orientador auxilia seus ouvintes para que nunca acreditem piamente no que lhes é passado. Seja qual for a religião, todos os ouvintes ou alunos devem questionar, procurar auxílio em livros, revistas religiosas ou até mesmo em outros templos, para que não se bitolem, deixando que suas crenças tornem-se fanatismo e passem por cima da essência principal, que são os valores verdadeiros que Nosso Mestre Jesus nos deixou. Sem caridade não há salvação.

As informações para o entendimento de Laura eram muitas, seus pensamentos se confundiam.

– Irmã Olívia, Isabel acha que esses pensamentos de apoio partiram de mim...

Olívia a cortou e disse carinhosamente:

– Mas não foi, não é isso?

– É, não foi. Como apoiá-la e dizer que Rodrigo precisa dela a seu lado?

– Laura, não seja egoísta. Se neste exato momento Deus intercedesse e tivesse de chamar entre filhos e marido, quem escolheria para partir?

Laura, sem pensar duas vezes, respondeu de pronto:

– O marido, é claro!

– E você saberia me dizer o porquê de sua escolha?

– Porque perder um filho é mais que doloroso, diria insuportável!!!

– Justamente. Você já respondeu o porquê do seu egoísmo.

Laura arregalou seus olhos e, completamente irritada, perguntou:

– Por que egoísta, não entendi.

— Porque se perdesse um filho sofreria bem mais. Todos nós ainda somos mais que egoístas, vamos por eliminação. Dentre uma família, eliminamos por "grau de parentesco", como se os filhos fossem a peça e a propriedade mais importante da nossa caminhada e, claro, por que sofremos tanto? Isso é puro egoísmo nosso.

Tudo o que partia de irmã Olívia não era um valioso ensinamento e, sim, desencontros de raciocínio em turbilhões de correntes apressadas, pelo menos para Laura, que ainda não enxergava com o sentimento da alma.

— Puxa, às vezes suas palavras me chocam!!!

— Diria que ainda não há entendimento, sua alma é ignorante de fatos, mas nada que aos poucos não se esclareça.

— Às vezes é tão carinhosa e, em outras, tão dura comigo!

— Perdoe-me, querida Laura, mas sermos duras com nossos filhos também é sinal de bem-querença. Por mais que doa, muitas vezes precisamos ser, não diria dura, mas verdadeiras, e quase sempre a verdade dói.

— Eu que peço lhe perdão, sei que está fazendo o que deve ser feito.

Laura calou-se e fixou seus olhos em Isabel, que estava muito triste.

— Isabel precisa de paz em seu coração, por isso a encorajei. Rodrigo está muito doente e quem mais indicada para lhe trazer conforto, se não nossa querida Isabel?

— Talvez você tenha razão. E, depois, ele quer tanto encontrá-la mesmo.

— Laura, não deixe seu coração se entristecer, procure serenar sua alma e faça exercícios de aceitação, tudo é um grande treinamento.

Olívia não esperou que Laura respondesse, apenas segurou suas mãos e ambas desapareceram.

Embora Isabel estivesse com muito medo de tudo o que estava por vir, encontrava-se mais calma. Assim que terminou de se arrumar, colocou mais alguns objetos na mala e saiu para o quarto do filho.

A união é provação

Depois de muito conversar com a mãe, Rodrigo, cansado, acabou adormecendo. Márcia saiu em silêncio e foi ao encontro de Osmar e do neto, que permaneciam em uma mesa na lanchonete do hospital.

— Como ele está, Márcia?

— Dormiu, aliás, é a única coisa que lhe resta, dormir.

— Tenha calma, mulher, Deus há de nos ajudar.

Márcia meneou a cabeça com pesar.

— Não fique assim, vovó, logo meu irmão vai chegar, tenho certeza de que vai ajudar papai.

— O que Daniel está dizendo? — perguntou Osmar, admirado.

— É isso mesmo, Danilo está vindo para São Paulo, e o pior será ter de olhar para a cara daquela infeliz da Isabel.

– Minha mãe não é infeliz.

– Márcia, respeite Daniel!! Isso será muito bom, Rodrigo quer vê-la mesmo!!!

– Nem pensar!!! Essa moça não vai vê-lo de maneira nenhuma!!!

– Márcia!!! Como pode se preocupar com isso em uma hora dessas?

– Não quero, tenho o direito, como mãe, de não aprovar, oras. O que interessa é que vamos conhecer nosso outro neto.

– Quando minha mãe chegar, vai ver meu pai, sim.

– Ela não é sua mãe.

– Ela é minha mãe, sim, e vai ver meu pai, sim.

– Daniel, a vovó está muito triste e não quer discutir.

Daniel saiu correndo pelos corredores, sem dar tempo de o avô segurá-lo. Entrou no quarto em prantos, assustando Rodrigo que, com dificuldade, sentou-se na cama e, pela primeira vez, abriu seus braços magros para o filho.

– O que foi? Por que está chorando?

– A vovó... A vovó... Ela disse que minha mãe não vai ver você!!!

Rodrigo passou a mão no cabelo do filho, tentando acalmá-lo.

– Calma, Daniel, calma. Diga-me, o que está acontecendo?

– Minha mãe está vindo com meu irmão Danilo, e vovó...

Osmar entrou correndo no quarto, mas Rodrigo levantou a mão em sinal de conter o pai:

– O que está dizendo, Daniel?

– Minha mãe... Minha mãe...

– Quem é sua mãe?

– Isabel... Minha mãe é Isabel...

Rodrigo olhou para o pai tentando uma explicação, mas pendeu para trás, sentindo seu corpo todo se paralisar. Márcia, que acabara de entrar no quarto no exato momento, começou a gritar ao ver o filho passando mal. Osmar saiu correndo em busca de ajuda. Daniel, agarrado ao pai, gritava seu nome incessantemente. A cena era lamentável. Assim que o dr. Rodolfo entrou, acompanhado de vários enfermeiros, tirou o garoto com muito esforço de cima do pai e pediu que todos saíssem.

Rodrigo se encontrava mais e mais frágil, sua saúde se agravava. Recebia sangue, depois de ter estancada a hemorragia que se tornara rotina na vida dele, um irmão sedento por viver. Osmar não sabia como fazer para amenizar a dor da mulher e do neto, que chorava compulsivamente.

Ɉ

Quando Isabel entrou no quarto do filho, encontrou-o impecavelmente vestido e sentado na cama com sua bagagem pronta a seu lado. Ela entrou em silêncio, esperando, pacientemente, Danilo terminar suas orações.

— Dormiu bem, meu filho?

— Para falar a verdade, não muito bem.

Isabel o abraçou.

— Eu sinto muito, meu amor.

— E a senhora, dormiu?

— Para falar a verdade, eu também não.

Isabel se ajeitou diante do filho e, segurando em suas mãos, abriu-se:

— Danilo, não sei como começar, mas antes de sairmos para essa viagem, preciso conversar com você.

— Tudo bem mãe, pode falar.

— Talvez eu não tenha feito as coisas certas, mas foi na intenção de acertar sempre.

Danilo não respondeu, apenas esperou que sua mãe continuasse.

— Nunca falei abertamente, mas sabe que sou sua mãe do coração, não sabe?

Danilo apenas balançou a cabeça positivamente.

— Sua mãe verdadeira morreu quando você e seu irmão nasceram. Na época, não pensei nas consequências, só pensei em criá-los como meus filhos. Não sei se estava certa ou não, mas fiz o que meu coração pediu.

— Mãe, a senhora já falou que era minha mãe do coração, não sei por que está tão preocupada.

— Por que as coisas mudaram agora.

— Não mudou nada, mesmo eu conhecendo meu pai, nunca vou deixá-la, minha família é você.

— Mas as coisas mudaram, e não será tão simples assim.

— Por que não?

— Porque minha obrigação era ter procurado pelo seu pai e ter falado sobre vocês, afinal de contas vocês têm um pai, ou melhor, uma família.

— A senhora nunca gostou do meu pai, eu já sei.

— É isso, mas, mesmo assim, eu não tinha esse direito, agora vou ter de arcar com as consequências.

— Que consequências?

— Como eu lhe disse, seu pai tem direitos sobre vocês, a lei está do lado dele, mas quero que saiba que, aconteça o que acontecer, nunca deixarei de amá-los...

Isabel não conteve a emoção, e suas lágrimas desceram involuntariamente. Danilo passou os dedos sob os olhos da mãe e disse temeroso:

— Mãe, não precisa sofrer tanto assim, não precisa falar sobre isso. Pode parecer que não sou muito sabido, mas já

274 ☙ Uma longa espera

sei tudo que poderá acontecer. E eu, sim, quero que saiba que nada nem ninguém vai nos separar. Sei, também, que a sua vida toda teve raiva de meu pai, e agora está com muito medo, mas eu também estou. Não sei como vai me receber ou se vai me querer a seu lado, mas nada desse mundo fará com que ele me afaste da senhora, então, fique tranquila, o mais importante agora é tentarmos salvar sua vida. O resto não importa.

As lágrimas desciam pelo rosto de Isabel ferindo-a, mas como falar para seu filho que não era bem assim que tudo funcionava e que ela tinha suas responsabilidades a reparar?

— Tudo bem, não vamos pensar nos problemas que virão, o importante é estarmos junto de seu pai.

Ela abraçou o filho apavorada por tudo que a esperava, mas tentou ainda ser forte como Danilo sempre a enxergou.

Todos já os esperavam sentados à mesa. Assim que terminaram o café da manhã, despediram-se. Jandira e Matilde ficaram chorosas, mas torcendo para que Isabel fosse feliz no encontro com Rodrigo. Era perto do almoço quando José Roberto, João, Danilo e Isabel chegaram ao hotel. Raquel combinou de encontrá-los à noite no restaurante do hotel.

Passava das oito horas da noite quando Raquel se aproximou da recepção.

— Boa noite. Senhor José Roberto me espera.

A recepcionista ligou para o quarto, em seguida José Roberto desceu acompanhado do filho João.

— Como vai, Raquel?

— Eu estou bem, e o senhor?

— Agora melhor, esse é meu filho João.

João estendeu a mão para cumprimentá-la.

— Como vai?

– Bem. Danilo não veio?

– Fique tranquila, veio sim, está no quarto com minha filha.

– Isabel também veio?

– Eu lhe prometi, não lhe prometi?

– Pensei em conhecê-los.

– Não fique decepcionada, Isabel achou melhor conversarmos a sós, talvez Danilo pudesse ficar mais preocupado do que já se encontra.

– Sua filha tem razão, as coisas por aqui não estão muito boas. Poderíamos conversar em algum lugar mais tranquilo?

Senhor José indicou com a mão e todos foram para o restaurante do hotel. Assim que se acomodaram, João se pronunciou:

– O que houve? Rodrigo não melhorou?

– Não, pelo contrário, piorou muito. Desde ontem se encontra desacordado. A situação é lamentável.

– Como poderemos ajudar?

– Sinceramente eu não sei, o que sei é que a cada dia Rodrigo se entrega mais. Coitado do pequeno Daniel, está no hospital com o pai desde ontem.

– Precisamos fazer alguma coisa, pai!!!

– Daniel contou para o pai que Isabel e o irmão estavam chegando a São Paulo.

– E ele, como reagiu?

– Não sei ao certo, só sei que depois disso ele caiu em prostração profunda e não acordou mais.

– Não seria melhor Isabel ir vê-lo ainda hoje? – perguntou João, temeroso.

– Talvez não.

– Como assim? Você quem pediu que a trouxesse.

— Eu sei, seu José, mas não sei se dona Márcia vai autorizar.

— Como é que é? Está dizendo que Rodrigo quer falar com minha irmã e a mãe dele não a autoriza?

— Perdoe-me, mas dona Márcia é muito possessiva.

— Meu Deus!!!

— Pai, é melhor nós falarmos com Isabel agora!!!

— Não, João, não podemos impor nossa presença, agora não é hora de desavenças.

— Mas, pai...

José cortou o filho firme:

— Não, João, a situação poderia piorar ainda mais. Vamos esperar, amanhã é outro dia e Deus há de nos amparar da melhor maneira possível.

José colocou sua mão sobre a de Raquel e disse conciliador:

— Tenha calma, minha filha, vamos todos descansar, amanhã veremos o que fazer.

Raquel, penalizada, agradeceu o amparo dos dois homens. José e João acompanharam-na até o carro e subiram para o quarto. Danilo já estava dormindo, mas Isabel os esperava muito aflita.

— E aí, pai, o que conversaram?

José contou quase tudo a filha. Isabel olhava para o irmão, que, com os olhos reprovadores, manteve-se calado até o pai terminar.

Isabel não disse nada, apenas abaixou a cabeça respeitando a opinião de seu pai.

Almas afins

Na manhã seguinte, Rodrigo permanecia dormindo. Osmar, encostado a uma poltrona, segurava Daniel em seus braços, pois ele adormecera, muito cansado. Márcia, em uma cadeira, com os olhos vermelhos e secos, não arredou o pé do lado do filho, o silêncio do quarto era sombrio e melancólico; mas foi interrompido pela força de um destino mais que providencial por Deus. Isabel se aproximou de Rodrigo com a alma gritando por um amor latente e intransferivelmente verdadeiro, sem se importar com a dimensão do esforço que teria de fazer para trazê-lo à vida.

Sem conter as lágrimas que libertava toda a imensidão de fé pelo "Soberano", colocou as pequenas mãos de Danilo entre as do pai e pediu em júbilo:

— Mestre Jesus, curvo-me diante de ti, que é o médico dos médicos, suplico-Lhe, nesta hora insuportável de lamento, que sua bondade possa interceder por um homem que sofre a dor não só de um corpo miserável, mas de alguém que ainda necessita ser feliz ao lado dos filhos tão jovens ainda.

Danilo, a cada palavra da mãe, sentia sua fé aumentar, mesmo sem saber direito o que significava tão nobre sentimento. Laura, ao lado de mãe Cida e de irmã Olívia, comoveu-se, decepando todo o egoísmo que até então alimentara sua alma de aprendiz.

Márcia, do lado oposto do leito em que seu filho repousava sem vontade própria, ficou imóvel diante do que seus olhos muito assustados testemunhavam.

— Danilo? Danilo, é você meu neto?

— Danilo continuou a segurar mão do pai e não se abalou.

A avó se levantou e abraçou Danilo, que sem saber como agir pediu socorro com os olhos para Isabel.

— Fique calmo, meu querido, essa é sua avó Márcia!!!

Márcia não sabia o que estava sentindo naquele momento, seu corpo todo tremia visivelmente.

— Cumprimente sua avó, Danilo.

O garoto, sem muito entusiasmo, disse tímido:

— Como vai a senhora?

Ela afrouxou o abraço para poder ver melhor Danilo e, emocionada, disse:

— Eu muito bem, se não fosse a doença de seu pai...

Danilo não entendia muito bem, mas não se entusiasmou em conhecer a avó.

— Como vai, dona Márcia?

Ela, como se estivesse diante de uma rival, respondeu secamente:

— Não muito bem como você, mas vou vivendo.

Daniel, acordando com o falatório, ecoou um grito:

— Meu irmão Danilo!!!

Danilo se esqueceu de tudo a sua volta e correu para abraçar o irmão, que parecia tão frágil diante de tantos sofrimentos. A bem da verdade, Danilo demonstrava muito mais maturidade, a impressão que dava era que Daniel encontrara um irmão muito mais velho do que ele e, sem conter as lágrimas, repetia com euforia:

— Eu sabia... Eu sabia... Eu sabia que você viria...

Danilo, mais sereno por ter convivido com mais equilíbrio, respondeu emocionado:

— Não precisa mais ficar com medo, nunca mais vamos nos separar.

Depois de longos minutos abraçados, Daniel disse feliz:

— Vovô, esse é Danilo, meu irmão!!!

Osmar não sabia o que fazer e, extravasando a emoção, deu-lhe boas-vindas:

— Seja bem-vindo, Danilo.

O garoto estendeu a mão e o cumprimentou:

— Puxa vida!!! Como é bom ver os irmãos juntos!!! E agora, o que vai acontecer? — perguntou Laura, ainda com os olhos rasos d'água.

— Temos de vibrar boas energias a favor de Rodrigo. Vamos elevar nosso pensamento a Deus para que seja proveitosa a vinda de Isabel junto de Rodrigo.

Márcia, em seu orgulho, não aprovava ter de dividir o espaço com Isabel. Embora estivesse feliz por conhecer

Danilo, não suportava a ideia de vê-la ali, como se fosse da família. Isabel, por sua vez, procurou não se incomodar com os olhares reprovadores de Márcia. Ela estava ali por outro motivo e não se intimidaria com a rebeldia dela.

– Seja bem-vinda, minha filha, não sabe como estamos felizes por vir e trazer Danilo para junto do pai – disse Osmar conciliador.

– Não se preocupe em agradecer, fiz isso por Danilo, afinal de contas todos nós desejamos que Rodrigo se recupere.

– Se pensa assim, por que o privou do convívio com sua família?

– Márcia!!! Pelo amor de Deus, isso não é hora de cobranças, afinal de contas, Rodrigo precisa de nós todos a seu lado.

– Rodrigo precisa de sua família a seu lado, e ela não faz parte da família.

– Márcia!!!

– Não se preocupe, seu Osmar, realmente não faço parte da família.

Isabel sempre teve o temperamento impulsivo, mas, diante da situação, abrandou seu coração, não deixando que Márcia a influenciasse com seu rancor. Procurou não perder o equilíbrio e concluiu:

– Dona Márcia, não quero entrar em desarmonia com a senhora, por ora esqueçamos nossas desavenças e respeitemos Danilo e Daniel, pois está sendo muito importante e, ao mesmo tempo, difícil esse reencontro, não só entre eles, mas com o pai também.

– Você tem razão, minha filha, Márcia e eu estamos muito gratos por sua compreensão.

– Tudo bem... Sei que não é hora de tratarmos nossas pendências, mas não pense que vou esquecer esse assunto, sabe tanto quanto eu que tudo o que houve foi muito grave.

– Eu sei sim, dona Márcia, mas sabe também que sua atitude vai pesar muito.

– Está me ameaçando?

– Por favor, Márcia, para com isso!!! Não vou admitir que esse assunto continue.

Osmar se aproximou da esposa e, pegando em seu braço, disse alterado:

– Se disser mais uma palavra, não arcarei com meus atos!!! Sei que nunca foi de respeitar quem quer que fosse, mas já está passando dos limites, se seu coração não se encontra feliz por ver seus netos finalmente juntos, eu estou e quero que eles se sintam pelo menos à vontade ao lado do pai!!!

Márcia puxou o braço bruscamente e saiu pisando duro. Danilo ficou um pouco assustado, pois não estava acostumado com tantos conflitos familiares. Osmar passou a mão carinhosamente na cabeça dos dois garotos e procurou tranquilizá-los:

– Perdoe-me, Danilo, sua avó não é assim, apenas está muito preocupada com seu pai.

Danilo sorriu para o avô:

– Eu sei.

– Senhor Osmar, não quero criar problemas para o senhor, espero que dona Márcia se acalme.

– Peço a você que se tranquilize, e saiba que é bem-vinda.

Ele, num ímpeto de medo e insegurança, segurou as mãos de Isabel e, olhando em seus olhos, disse com a voz embargada:

– Meu filho está desesperado para encontrá-la.

282 ⊗ Uma longa espera

— Eu sinto muito, seu Osmar, mas senti muito medo, a bem da verdade fui covarde. Eu...

Ele a cortou e disse conciliador:

— Não precisa se explicar, eu imagino como deve estar seu coração, mas agora que está aqui, peço-lhe que o ajude.

Isabel, sem conter sua alma sufocada por mentir para si mesma sobre um amor latente em seu coração, abraçou Osmar e chorou compulsivamente, deixando que a vergonha melindrasse definitivamente seu caminho. Daniel correu e abraçou a mãe, deixando, também, que todo seu amor a envolvesse, dando-lhe boas-vindas. Isabel, quando sentiu seus pequenos bracinhos envolverem seu corpo, apertou-o forte e disse:

— Meu querido, não sabe como o procurei, eu o amo... Eu o amo, meu amor...

Osmar se afastou deixando que aquele momento sublime iluminasse duas almas sedentas por se encontrarem. Danilo também se juntou a eles e ficaram abraçados por longos minutos absorvendo um amor verdadeiro e incondicional de três irmãos lutando para cumprirem mais uma jornada.

Depois de tantas emoções, Isabel pediu para Osmar se poderia ficar a sós com Rodrigo, e ele prontamente saiu com os netos e com Márcia.

Há muito Isabel não sentia seu coração bater tão forte, suas mãos procuraram instintivamente as de Rodrigo e, beijando-as repetidas vezes, disse muito zangada, como uma mãe fica com o filho amado:

— Não admito que parta sem mim... Eu exijo que volte...

A cada palavra de Isabel, Laura deixava as lágrimas descerem abruptamente:

– Volte, meu amor... Volte... Eu o quero curado... Eu exijo que se cure... Se me deixares... Não vou perdoá-lo...

Rodrigo aparentemente não ouvia, mas sua mão apertava as mãos de Isabel, que se exaltava cada vez mais.

– Isso, meu amor... Isso... Estou aqui... E nunca mais irei embora... Prometa-me que vai voltar... Prometa-me... Vou esperar o tempo que for necessário... Mas não me abandone...

Rodrigo segurava firme a mão de Isabel, como se pedisse socorro por tão miserável dor. Seu corpo doente permanecia imóvel, mas sua alma chorava olhando para Cida, Olívia e Laura. Suplicando por sua vida, falava assustado:

– Ajudem-me, eu não posso morrer, ela voltou... Ela voltou... Ajudem-me, pelo amor de Deus!!! Laura chorava desesperadamente e como se fosse um filme a passar a sua frente, lembrou-se de suas vidas passadas:

– Meu Deus!!! João Pedro!!!

Cida se aproximou rapidamente de Rodrigo, que se debatia assustado, enquanto irmã Olívia impôs suas mãos sobre Laura que, aos poucos, voltou a si.

Isabel sentia seu coração encher-se de esperanças e, quase que gritando, repetia:

– Isso, meu amor... Reaja, você consegue... Você consegue, volte para a vida... Seus filhos precisam de você...

Ela estava sob forte emoção, suas lágrimas caíam sobre Rodrigo como se fosse um bálsamo curador, penetravam profundamente como se cada gota limpasse sua enfermidade. Rodrigo, aos poucos, foi se acalmando, seu semblante foi serenando, quase que sorrindo. E Isabel aquietou seu coração como por encanto. O quarto parecia todo iluminado com fortes luzes a brilhar em torno de Rodrigo e Isabel.

284 ଏ Uma longa espera

Olívia, depois de aplicar passes em Laura, esperou que ela se pronunciasse:

– O que aconteceu?

– Calma, Laura, quando estiver mais refeita conversaremos, o véu de suas encarnações caiu definitivamente, agora tudo vai se esclarecer.

– João Pedro, Rodrigo é João Pedro!!!

– Laura, vamos fazer uma prece, isso vai fortalecê-la.

Laura não questionou irmã Olívia, apenas abaixou sua cabeça e a acompanhou em fervorosa prece. Cida, enfraquecida, ficou a um canto também fazendo suas orações para se refazer. Olívia e Cida estavam exaustas, mas radiantes por conseguirem mais uma oportunidade de unir Rodrigo e Isabel.

Isabel pousou um beijo na testa de Rodrigo e saiu, deixando-o descansar.

ଏ

José acordou e foi chamar os filhos e o neto para tomarem o café da manhã, mas quando estava abrindo a porta para sair, deparou com João de pé, do lado de fora.

– Bom dia, meu filho, estava indo justamente chamá-los para tomarmos café.

João não respondeu, pois sabia que o pai ia se zangar.

– O que foi, está tão calado! Danilo não passou bem?

– Sabe o que é, vamos nós dois tomar café?

– Não, meu filho; vamos chamar sua irmã também, aliás, Danilo deve estar morrendo de fome, parece até um bezerro desmamado pela manhã...

– Isabel e Danilo não estão no quarto.

– Não? O que houve?

João não disse nada, apenas ficou olhando para o pai.

– João... O que está acontecendo?

– Isabel e Danilo não estão no quarto, ou melhor, no hotel.

– Não? E onde ela pode ter ido?

– Eu acho que sei.

– Acha? João, o que está acontecendo?

– Vamos tomar café, assim lhe conto tudo.

Ambos foram para o restaurante e se acomodaram.

– Agora fale logo.

– Bem, eu não sei onde estão, apenas desconfio.

– Fale logo, está me deixando nervoso.

– Ontem à noite, depois que o senhor foi dormir, Isabel foi ao meu quarto.

– Você não comentou o que conversamos com Raquel, não foi?

– Pai, sinto muito, mas Isabel estava muito aflita por notícias de Rodrigo.

– Claro, além de contar, ainda a ajudou a ir ao hospital, não é?

– Não, não é, só lhe contei o que estava acontecendo, o resto foi por conta dela.

– Então confirma que a louca de sua irmã foi para o hospital com Danilo?

– Não sei, mas pelo que a conheço, sim.

– Então vamos imediatamente para lá!!!

José mal deixou João tomar seu café, assim, eles rumaram para o hospital.

Isabel estava saindo do quarto quando se deparou com Raquel na porta. Ela não a conhecia pessoalmente, mas pelo rosto vermelho de chorar desconfiou e perguntou:

– Você é Isabel?

– Sim, você é...

Raquel estendeu a mão gentilmente para cumprimentá-la.

– Muito prazer, sou Raquel, amiga de Rodrigo.

– Pensei que fosse vir mais tarde para cá.

– A bem da verdade, já estou indo embora.

– Mas e seu pai, não veio?

– Ainda não. Desculpe-me, nem meu pai, nem meu irmão sabem que estou aqui.

– Isabel, aceita tomar um café comigo, assim você me conta tudo o que está acontecendo.

Ela ficou sem jeito, não esperava que Raquel fosse tão amável, afinal de contas era uma moça rica e amava Rodrigo, pelo menos era o que sua memória lembrou rapidamente. Mas, envergonhada por julgá-la, Isabel aceitou:

– É, acho que estou precisando.

Assim que entraram na lanchonete, Márcia fuzilou Raquel com os olhos.

– Não sabia que se conheciam.

– Bom dia também, dona Márcia!!!

Raquel não se abalou, estava acostumada com o mau humor dela.

– Bom dia, Raquel!!!

– Bom dia, seu Osmar!!!

– Meu Deus, então é você o grande Danilo?

Danilo abriu um lindo sorriso e olhou para Daniel, que feliz se adiantou:

– Tia Raquel, ele é Danilo, sim!!!

Raquel, muito carinhosa, cumprimentou-o mais que feliz, realizada.

– Puxa vida, muito prazer, não estou acreditando que está aqui pertinho não só de Daniel, mas de todos nós!!!

Márcia, não suportando Raquel com tantas gentilezas, levantou-se e disse mal-educada:

– Raquel, será que eu poderia conversar com você?

Todos os que se encontravam ali a olharam, esperando sua reação.

– Não pode ser daqui a pouco?

– Não, é importante.

Raquel não quis se indispor com Márcia, pois a conhecia e, constrangida, pediu licença e saiu.

Harmonia
🌿 e equilíbrio

Jandira estava ansiosa por notícias, mas achou melhor esperar pacientemente. Se José ainda não entrara em contato, era porque não havia tido oportunidade.

— Está preocupada, não está?

— É, *tô* sim, Matilde, mas se o Zé não telefonou é porque ainda não pôde.

— Eu também estou impaciente.

— Como será que minha *fia* está se saindo?

— Isabel saberá o que fazer, fique tranquila.

— Eu conheço minha *fia*, e sei que tem o pavio curto.

— E eu não sei? Mas se acalme, Isabel não tem papas na língua, mas tem Danilo e agora Daniel, tenho certeza de que não vai pôr tudo a perder.

– Mesmo porque, tem o moço também, ele precisa da minha *fia* calma.

– Como será que ela vai reagir quando encontrar Rodrigo?

– *Pra* ser sincera, Matilde, cada vez que me lembro da minha Isabel, rogo pela Virgem Maria; minha alma diz que seu amor vai *tirar* o moço daquele hospital.

– Não consigo acreditar que Isabel sofreu até hoje por esse rapaz, a impressão que sempre tive é que ela o odiava.

– Mas coração de mãe não se engana, e o meu tem a certeza de que Isabel morreria no lugar dele.

– E ele? Será que também sente alguma coisa por Isabel?

– Ah, isso só Deus *pra* responder. Só espero que ela seja forte. Se a falecida Cida estivesse aqui, ia *tá* com o coração apertadinho de tanto sofrimento.

– Não estou entendendo, por que tanta preocupação?

– Sabe o que é, Matilde, Cida nunca aprovou de sua *fia* Laura ir *pra* São Paulo. Ela era muito boa menina, era como uma *fia pra* mim, mas parecia que a falecida *tava* adivinhando que Laura ia arrumar tudo isso que está acontecendo.

– Mas por quê? Laura era uma moça tão boa!!!

– Era sim, mas se iludia à toa, à toa... Saiu daqui amando o *fio* de um dos fazendeiros, amigo do Zé e logo caiu de amor por esse moço Rodrigo, é ser ingênua por demais da conta, não é mesmo?

– Puxa, para mim, isso tudo é uma grande novidade!!!

– E não é? A falecida Cida não queria que minha *fia* Isabel desse amparo *pra* ela, não. Dizia: "olha, Isabel, você quer que Laura vai *pra* São Paulo, *pra mode* de mora com você, mas sabe que ela é ingênua, vai logo, logo arrumar um rabo de calça e *ti* dá trabalho", e *num* foi que a falecida tinha razão? Agora tem os dois meninos, o que se há de fazer?

– Minha nossa!!! Estou entendendo, agora quem sofrerá é Isabel, com certeza não vai suportar ficar sem os meninos, caso a família queira lutar por eles na Justiça.

– E o que é pior, eles até podem pôr minha *fia* na cadeia!!!

– Não diga uma coisa dessas, Jandira.

– Como não, quando Laura morreu, não pensou duas vezes, logo registrou os meninos no nome da gente. Seu amor foi grande, mas a Justiça *num* vai querer saber disso, não.

– Nunca pensei assim!!! E agora?

– Agora, é rezar, minha cara, rezar...

– Rodrigo não faria uma coisa dessas com Isabel, tenho certeza, ele é um rapaz bom.

– Mas e a família dele, como vai reagir, será que é tão boa como esse tal de Rodrigo?

– Jandira, está me deixando aflita!!! Como a senhora pode falar assim, é sua filha.

– Como você quer que eu fale? Ficar nervosa *num* vai adiantar.

– Que Deus não desampare Isabel, ela ama tanto os filhos!!!

– A bem da verdade, não são dela, não é mesmo?

– É claro que são, a mãe é quem cria.

– Vai dizer isso *pras* autoridades...

– Não, não é possível, será que depois de Isabel ter passado por tudo isso, ainda terá de enfrentar a Justiça?

– Vamos pensar que a justiça de Deus é maior. Se não eu não *vô* aguentar!!!

Matilde abraçou Jandira muito aflita, ela que sempre morou na cidade grande e conhecia de tudo, sabia que Jandira em sua ignorância era sábia, pois tudo poderia acontecer.

— É, minha cara, eu posso não ter estudado muito, mas conheço esse mundo de Deus; o que me consola é que minha *fia* sabe tudo isso e *tá* preparada.

— Por quê? Ela comentou com você, Jandira?

— Não foi preciso, meu coração me diz.

Jandira e Matilde, abraçadas, se calaram, cada qual com seus pensamentos, mas, com certeza, mãe e amiga torciam para que Deus não a desamparasse.

Conforto

Márcia saiu com Raquel e, assim que se viu a sós, puxou-a pelo braço.

— Não me diga que já conhecia essa fulana?

— Não, dona Márcia, não a conhecia, acabei de encontrá-la saindo do quarto de Rodrigo.

— Mas a impressão que dá é que são velhas amigas.

— Pelo amor de Deus, dona Márcia, tenha um pouco de compostura, afinal de contas ela trouxe Danilo para junto do pai.

— Não gosto dela.

— Mas a senhora não gosta de ninguém.

— Mas você é muito ingrata, mesmo. Estou lhe poupando e você ainda a defende?

— Poupando-me do quê, dona Márcia?

– Ela tem muito mais chances que você. Esqueceu-se de que, querendo ou não, ela criou até agora Danilo, o menino até a chama de mãe.

– Mas é natural, ela convive com ele desde que nasceu!!!

– E é tão boazinha que trouxe Danilo por solidariedade, não é mesmo?

– Ainda existem pessoas boas, dona Márcia!

– Como você é ingênua. Pelo pouco que estive ao lado dela, deu para ver que tem alguma outra intenção e, pode ter certeza, não é solidariedade.

– Dona Márcia, nem a conhece e já está tirando suas conclusões?

– Raquel, Raquel, quando vai acordar, a vida não é um conto de fadas, meu filho há anos procura por ela, e não deve ser para saber da morte da amiga, será que acredita que até depois de morta ele a ama?

– Pelo amor de Deus, dona Márcia, como pode ser tão cruel?

– Escute bem, Raquel, sempre apostei em você, mas acho que perdi meu precioso tempo. Se não fizer alguma coisa para afastá-la do meu filho, serei obrigada a colocá-la onde merece, e seu lugar é na cadeia.

Raquel ficou completamente assustada com o ódio com que Márcia falava de Isabel. Seu coração descompassado fez tremer seu corpo todo. Como pôde ter se enganado depois de tanto tempo de convivência? Raquel olhou em seus olhos fixamente e, sem se importar com seus próprios sentimentos, se naquela altura amava ou não Rodrigo, disse desafiadora:

294 ෨ Uma longa espera

– Nem pense em fazer qualquer coisa contra essa moça. Se fizer isso, nunca mais terá ao menos o respeito de seus netos, quanto mais amor!!!

Raquel saiu sem olhar para trás, indo direto ao banheiro para se recompor. Mas Márcia ainda disse sonoramente:

– Pode ter certeza de que eu farei, quer queira, quer não...

Márcia, sem condições de enfrentar os olhares de Osmar e Isabel, foi para o quarto do filho. Raquel, depois de lavar o rosto para que ninguém desconfiasse, juntou-se a todos que ainda permaneciam na lanchonete. Márcia entrou no quarto totalmente descontrolada e, assim que se aproximou do filho, pegou em sua mão e a levou à boca, beijando-a repetidas vezes. Para sua surpresa, ouviu:

– Mãe...

– Meu filho querido... Meu querido... Como se sente?

O espírito de Rodrigo parecia liberto de um corpo visivelmente doente, como se estivesse tomado amplamente de amor e equilíbrio. As partículas de seu perispírito não mais identificavam marcas doentias. Muitas vezes somos amparados por espíritos benevolentes, como médicos e enfermeiros, a pedido de amigos encarnados ou desencarnados, oferecendo-nos mais uma oportunidade de reparar alguns malefícios que nós mesmos, por erros de outrora, trouxemos como provações reencarnatórias. Cabe a cada um de nós crer que somos eternos como essência maior do Universo; consequentemente há algo muito mais "Puro, Inteligente e Soberano" nos regendo para sermos melhores. Um dia, não haverá mais gritos de dor e lamentos, e sim a unicidade do amor, respeito, harmonia e equilíbrio, em que todos, todos nós igualmente, trilharemos outros estágios, lado a lado, sem rivalidades nem egoísmo, com o simbolismo em nossa alma da "Caridade entre nós, irmãos".

— Ainda me sinto fraco.

— Vou pedir para a enfermeira chamar dr. Rodolfo, quem sabe ele o deixa comer alguma coisa.

— Não tenho fome, mãe.

Rodrigo estava entorpecido, seu corpo ainda se encontrava fraco e doente, mas seu espírito, com muita ajuda, já se encontrava fortalecido e sereno para enfrentar sua enfermidade material com mais esperança.

— Rodrigo, meu querido, precisa se alimentar, precisa lutar para combater essa doença!!!

— Mãe, o que eu preciso é ter meu filho Daniel aqui, gostaria de terminar de conversar com ele.

Márcia se admirou por Rodrigo ter se dirigido a Daniel com carinho de pai, mas não disse nada, apenas continuou:

— Meu filho, sei que é muito importante falar com Daniel, mas também é muito importante avisar dr. Rodolfo que você acordou.

— Tudo bem, mãe, será melhor mesmo eu ouvir o dr. Rodolfo, preciso muito de sua ajuda.

Márcia já estava consciente de que não conseguiria esconder do filho a tão esperada Isabel, mas não tocou no assunto, apenas esperaria as coisas acontecerem naturalmente. Não gostava de ver o filho lutar, não para viver, mas para encontrar a mais odiosa criatura que, para ela, era Isabel.

— A ajuda que precisa de dr. Rodolfo é que ele consiga um doador para você, espero que tenha tirado de sua cabeça a ideia absurda de ainda encontrar com a tal da Isabel.

– Mãe, a senhora nunca vai me entender, portanto, não quero me desgastar tentando lhe explicar. O que sabe sobre isso? Nunca comentei com a senhora.

– Como eu sei... Eu sei o que todo mundo já sabe, não tira essa ideia fixa da cabeça, não vejo em que essa moça pode ajudá-lo. Você não precisa dela, e sim de um doador. Isso sim...

– Mãe, por favor.

Rodrigo estava mudado, não conseguiu, por algum motivo alheio, irritar-se com a mãe, apenas pegou em suas mãos carinhosamente:

– Mãe, já que está sabendo como todo mundo que até agora só procurou me ajudar, peço que me entenda, não é tão difícil assim.

– Mas, meu filho...

Rodrigo a cortou e continuou:

– Por favor, deixe que eu termine de falar. Eu também não sei direito por que tanto quero encontrá-la, mas não é tão absurdo assim. A senhora sabe, melhor do que eu, que tenho o direito de saber muitas coisas, e vou mais longe, não podemos apagar o que meu filho disse para quem quis ouvir, que existe mais um garoto que depende de mim, e nada mais justo, se é que eu ainda terei oportunidade de reaver a pouca vida que ainda me resta, que saber tudo sobre meus filhos; e é só Isabel poderá dar um pouco mais de calma e entendimento para minha alma.

Márcia não estava mais suportando as palavras empregadas, achou que, por algum motivo, seu único filho mudara. Assim, abaixou a cabeça sentindo sua impotência diante de súbita dor que lhe envolvia a alma. Rodrigo, por sua vez, muito mais maduro com seu próprio sofrimento, passou a mão pelo rosto da mãe, visivelmente arrasado, e a fez olhá-lo:

– Mãe, não quero que sofra mais, nunca fui, aliás, nunca fomos adeptos de qualquer crença, mas me sinto preparado para enfrentar seja lá o que Deus está promovendo para mim e nada mais justo que eu saiba sobre meus dois filhos. Espero, sinceramente, que Deus me dê a oportunidade de reparar muitas faltas minhas. Eu quero ser uma pessoa melhor e só Isabel saberá me trazer conforto com sabedoria.

Tudo que Rodrigo falava com verdade era muito para o entendimento da mãe, que ainda deixava que seu orgulho engolisse tão simples significado da palavra humildade. Era visível a dor que seu rosto sofrido apresentava, mas por fim ela, por amor ao filho, rendeu-se:

– Por favor, meu filho, não fale assim, até parece que...

– Que vou morrer?

Márcia passou as mãos no rosto, tentando impedir que as lágrimas descessem e, apavorada, inquiriu:

– Pelo amor de Deus, meu filho, não diga uma coisa dessas!!!

Agarrou-o desesperadamente como quem está prestes a perder realmente um ser amado.

– Mãe, todos nós vamos morrer um dia e, se meu dia está próximo, não há o que fazer a não ser aceitar.

Cida estava a seu lado, comovia-se muito com o desespero de Márcia, mas sentiu muito orgulho por ver Rodrigo, com sabedoria, aceitar sua provação.

– Isso, meu filho, quando temos aceitação de nossas provações, elevamos nossa alma para um futuro de redenção e verdade!!!

– Como pode falar em morte se tudo o que eu desejo desesperadamente é vida... Muita vida para você, meu amor...

— Mãe, não desisti de viver, só quero que a senhora aceite tudo o que está acontecendo e seja mais humana, aceite o que é importante para cada um de nós. Quero que esqueça um pouco essa vaidade e esse orgulho, que não a deixam ser uma pessoa mais leve, melhor. Procure viver a sua vida, seja melhor consigo mesma e deixe que eu faça e siga o que é melhor para mim, o que minha alma realmente almeja. Se a senhora apenas aceitar, já vai me fazer feliz. Entende o que quero dizer?

Ela afirmou positivamente com a cabeça e, olhando penalizada para o filho, disse com um meio sorriso:

— Eu acho que entendi, meu querido. Pelo menos prometo que vou tentar.

Rodrigo beijou as mãos da mãe, feliz.

— Seu filho já chegou a São Paulo.

— O que disse, mãe?

Rodrigo mal pôde acreditar no que sua mãe lhe disse.

— É isso mesmo... Daniel não disse que seu irmão chegaria? Pois então, já chegou...

— Que notícia boa, mal posso acreditar!!!

Ela chorava e sorria ao mesmo tempo e, vendo a felicidade explícita nos olhos do filho, sentiu seu coração mais leve.

— É verdade, mãe?

— É, meu filho... É sim... Seu filho Danilo já está em companhia de Daniel e de seu pai!!!

— Então conte-me, o que eu perdi?

Quando ela ia dizer eufórica, Rodolfo bateu na porta e entrou:

— Não me diga que acordou, Rodrigo?

— Já, Deus foi bom comigo, quer que eu pelo menos entenda e coloque algumas coisas no lugar!!!

Rodolfo ficou feliz e, sem muitos rodeios, disse em um rompante:

— Pois vai ficar melhor!!!

— O que seria tão melhor que eu lutar tanto para conhecer meus filhos?

— Temos um doador!!!

Rodrigo e Márcia olharam admirados para o médico, que, com certeza, se havia trazido tão venturosa notícia, era porque os testes haviam sido compatíveis. Desse modo, sem mexer um só dedo, esperaram o médico concluir:

— É isso mesmo que ouviram, temos um doador, ou melhor, uma doadora e, para felicidade de todos nós, os testes foram positivos!!!

Márcia abraçou o médico emocionada. Ela não tinha mais lágrimas para lubrificar seus olhos vermelhos e inchados; mas seu coração descompassado por tão boa notícia fez Rodolfo se emocionar ao senti-lo bater junto ao seu.

— Uma doadora? E quem é essa tão abençoada pessoa?

— É a moça que você queria tanto encontrar. É Isabel, Rodrigo... É Isabel...

Rodrigo não conseguiu dizer nada, seu coração, enfraquecido, começou a bater forte sem ter medo de romper-se definitivamente. Com as mãos trêmulas, ele perguntou com um sorriso a enfeitar aquele rosto mais que abatido e sofrido:

— Isabel... A Isabel que procuro há tanto tempo?

— Essa mesma, meu jovem!!! Ela veio bem cedo me procurar e, sem muitos rodeios, me pediu que fizesse os exames.

Márcia recebeu a notícia como se tivessem jogado um balde de água fria sobre ela, congelando todo e qualquer raciocínio. Como aceitar uma criatura que ela poucas horas atrás julgara, hostilizara e que mal havia encarado desde que chegara. Disputara não só a atenção dos netos como a alegria que seus olhos viam estampados no rosto de seu único filho, também.

— A senhora viu, mãe?

— É, filho, que bom...

— Que bom, mãe? Isso é maravilhoso, acho que Deus ouviu minhas preces!!!

— Calma, Rodrigo, é preciso que saiba que não é tão simples assim. Mesmo que os doadores sejam da família, como pai, mãe, irmãos e até mesmo filhos, a possibilidade é só de 25% de chances de serem compatíveis, imagina uma pessoa sem laços sanguíneos?

— Mas há uma possibilidade, não há doutor?

— É, há sim.

— Então, doutor, esses 25% serão de grande valia, eu sinto isso. Deus há de ajudar, meu filho!!!

— Agora, como devemos proceder?

— Bem, Rodrigo, ela concordando, marcaremos a retirada da medula.

— E como é esse procedimento?

— Bem, teremos de usar centro cirúrgico. Isabel vai tomar anestesia geral ou peridural e ficar internada pelo menos 24 horas, assim retiraremos mais ou menos 15% de sua medula, depois substituímos sua medula óssea doente por células normais, com o objetivo de reconstituir a medula. Mas fique tranquilo, em quinze dias Isabel estará bem, como se nada tivesse acontecido, novinha em folha.

— Eu sei que dará certo, eu sei, meu filho logo estará curado!!!

— Dr. Rodolfo, Isabel já sabe?

– Ainda não, quis trazer a notícia primeiro para você.

– E onde ela está? Quero vê-la!!!

– Não sei ao certo, mas acho que se instalou em um hotel, pelo menos foi o telefone que me deixou.

Márcia ainda sentiu um mal-estar em ter de contar principalmente com quem ela menos esperava, mas, diante dos fatos, teve de passar por cima de tudo que não gostaria que acontecesse, afinal de contas, para ela, Isabel serviria para alguma coisa.

– Acho que ainda está no hospital, não faz muito tempo que a encontrei na lanchonete com Raquel.

– Mãe, não acredito que esteve com Isabel e não ia me dizer nada.

– Bem, não é hora de desavenças, o mais importante é vermos se ela ainda se encontra no hospital. Você faria isso, Márcia?

– Eu? Por que eu?

– É, mãe, você. Será que custa tanto ir ver se ela ainda se encontra aqui no hospital?

Rodolfo sentiu que havia algum tipo de rivalidade e, com boa intenção, interveio:

– Pode deixar, Rodrigo, eu mesmo vou procurar por essa moça, afinal de contas é o médico que deve comunicar o doador.

Rodolfo saiu à procura de Isabel, e Rodrigo, sem vontade de falar sobre Isabel com a mãe, cerrou os olhos e agradeceu a Deus por estar lhe dando valiosa oportunidade. Sua alma exaltava com prazer, não sabia definir com precisão qual era o sentimento que o envolvia, mas parecia que ela sorria mesmo contra sua vontade. Márcia, a um canto, sentou-se deixando o filho descansar. Ela também se encontrava muito cansada, mas

302 ᏅᎵ Uma longa espera

ainda pôde observar o filho suspirando profundamente, deno-
tando em seu rosto um sorriso suave, trazendo uma imensa
paz ao rosto magro e pálido.

Rodolfo foi ao encontro de Isabel, mas, assim que se
aproximou, viu apenas Osmar, os netos e Raquel. O médico
explicou-lhes tudo o que estava acontecendo, deixando todos
os ouvintes felizes por tão boa notícia.

– Sabia que minha mãe ia ajudar meu pai a ficar bom!!! –
disse eufórico Daniel.

Danilo, por sua vez, agradeceu a Deus em pensamento por
trazer esperanças a seu pai. Danilo não queria deixar a mãe
naquela hora tão triste de sua vida por já sentir há muito tempo
que ela não nutria raiva pelo pai, mas, sim, um grande amor. Mas,
diante das circunstâncias e a pedido de seu irmão e avô, resolveu
ficar e conhecer a casa que era de sua verdadeira família. Não
que isso fizesse alguma diferença em um coração bem resolvido,
mas sua sensibilidade o intuiu de que chegara a hora de conhecer
e estar ao lado de seu pai. E, muito decidido, pronunciou-se:

– Gostaria de ver meu pai. Será que posso ir a seu quarto?

Osmar olhou Danilo com emoção e, sem pensar duas
vezes, respondeu:

– Claro, Danilo, vamos todos ver seu pai!!!

Naquele mesmo instante, Osmar e Raquel levaram os meninos
para ver o pai. Assim que Raquel bateu na porta, eles entraram
e, para a surpresa de todos, Rodrigo abriu os olhos instantanea-
mente, voltando de seus mais íntimos pensamentos. Pedindo
ajuda para a mãe, com muito esforço levantou-se um pouco
mais, se apoiando nos travesseiros, e algumas feridas se pronun-
ciavam com ardência, dando-lhe certo desconforto momentâneo. Assim que viu Danilo entrando, sentiu uma felicidade e,

ao mesmo tempo, a emoção percorrer sua alma. Nunca antes havia sentido algo assim. Danilo parou no meio do quarto esperando ver qual seria a reação do pai que não conhecia. Rodrigo, com os olhos fixos, deixou as lágrimas descerem sem constrangimento nenhum. O menino se aproximou vagarosamente do leito em que o pai passava dias intermináveis e o cumprimentou:

– Como se sente, papai?

Rodrigo não conseguiu dizer nada, apenas o puxou e o abraçou apertado. Ficou por longos minutos sentindo tão prazerosa sensação iluminar seu coração. Assim que afrouxou seu abraço, estendeu a mão para que Daniel se aproximasse.

Todos os que se encontravam ali naquele momento não suportaram tantas emoções confusas e deixaram que as lágrimas lavassem as tristezas que envolviam cada alma ainda esperançosa pela misericórdia divina.

Daniel demorou a acreditar que seu pai o estava abraçando com tanta intensidade, assim como ao irmão. Seu coração experimentava, pela primeira vez, o vibrar por toda a extensão de um corpo ainda pequeno. Pai e filhos permaneceram assim por longos minutos, deixando que suas almas se afinassem na mais absoluta harmonia, edificando suas provações, cumprindo, aos poucos, a grande escala evolutiva de seus caminhos já combinados anteriormente.

Márcia, por sua vez, foi quem mais se emocionou. Seus olhos não perdiam nenhum detalhe, mas a ânsia por suas conquistas tão desejadas não a deixava enxergar a misericórdia infinita e edificante que Deus proporcionava com a nobreza despretensiosa "daquela que julgava intrusa e atrevida". E, se não fosse a humildade de Isabel, ela não estaria sentindo a felicidade plena de ter seus netos junto de si, tampouco a possibilidade de salvar o filho amado.

Força
no coração

Isabel chegou ao hotel muito tensa por tantos acontecimentos. Seu pai e irmão, por mais que insistissem, não a convenceram a descer para jantar depois do banho. Ela se deitou tentando conciliar o sono, mas foi impossível; seus pensamentos se embaralhavam entre ser doadora compatível para Rodrigo e Márcia. Por mais que pensasse positivamente, como sua amiga Tânia a havia aconselhado, não se sentia segura, seu medo era maior.

— Isabel, concentre-se em Rodrigo, isso sim é importante.

— Meu Deus, ajude-nos, por favor, a única coisa que suplico neste instante é que os exames sejam positivos e que eu possa ser compatível com Rodrigo.

Não deixe que Danilo e Daniel percam também o pai, eles não merecem!!!

Isabel estava angustiada por ter fugido de tudo durante toda sua vida. Sabia que, por mais que tivesse fugido, sua verdade viera à tona, seu amor por Rodrigo era verdadeiro e forte e, em seus conflitos, achava-se uma grande traidora.

– Como amar um homem que é pai dos filhos de uma pessoa que aprendi a amar e respeitar? Por que Deus foi tão cruel, por que impõe essa reviravolta em meus caminhos?

– Não se maltrate, minha cara Isabel, aquiete seu coração. Deus é a perfeição do Universo e, com toda a certeza de nossa existência, posso lhe dizer que tudo isso terá respostas. Eleve seus pensamentos e apenas se concentre em amparar Rodrigo neste momento tão delicado de sua vida. Que Deus conceda força e fé para seu coração aflito.

Isabel olhou para os lados para entender o que estava acontecendo e, num repente, levantou-se e falou para o nada:

– Não sei quem é, mas sei que há um anjo aqui comigo. Por Deus, preciso de você. Se for Laura, perdoe-me por não conseguir apagar o amor que sinto pelo pai de seus filhos, talvez eu esteja longe da amiga leal que sempre acreditou, mas nós duas, neste momento, temos de trazer a vida de Rodrigo de volta, pois Danilo e Daniel já sofreram muito. Prometo-lhe que, assim que Rodrigo se curar, vou embora deixando que eles sigam seus caminhos. Prometo-lhe sumir, mas lhe suplico que fique ao meu lado até que os três homens mais importantes de nossa vida estejam bem, estejam fortalecidos para continuar.

Isabel chorava desesperadamente ao suplicar pela ajuda de Laura ou quem quer que fosse esse anjo que lhe soprava ao ouvido. Laura, por sua vez, não conseguira lembrar muita coisa sobre João Pedro, mas, orientada por irmã Olívia e sua mãe Cida, libertou de sua alma o egoísmo contido por muito tempo. E com o coração confiante, respondeu:

— Isabel, estarei sempre a seu lado, serei a força e a fé que tanto almeja seu coração assustado. Fique tranquila, logo tudo estará terminado e você estará livre para ser feliz.

Ao término de palavras tão sinceras, Laura chorou com emoção, deixando que realmente seus sentimentos verdadeiros iluminassem cada milímetro de seu espírito, sentia uma sensação indescritível de leveza e conforto. Irmã Olívia a olhava com alegria, por ela não só ter entendido, mas por ter sentido o verdadeiro caminho que deveria seguir. E havia muito mais verdades a serem descobertas...

— Sinto-me tão envergonhada por sentir...

Irmã Olívia a cortou:

— Por sentir sentimentos poucos sinceros, não é isso?

— É com muita vergonha que lhe afirmo que sim. Não sou capaz de saber com tanta precisão o que mudou, mas sei que algo mudou, quero ajudar Isabel. Quero ajudá-la com Rodrigo!!!

Mãe Cida abraçou a filha com orgulho.

— Estou feliz, minha filha. É assim que dever ser; ajudando sempre, independentemente de qualquer sentimento que nos envolva, sem julgar também. Como irmã Olívia diz, nem tudo o que brilha é ouro; e, se olharmos com o coração plenamente aberto, não existe nada ofuscado em que não encontremos um brilho. Nós três, com a benção de Deus, apoiaremos Isabel para que essa doação não só cure o corpo material de Rodrigo, mas também cure sua alma ainda ignorante. Ainda existem sentimentos tão nobres como os de seus filhos e de Isabel.

Laura se encontrava mais serena e, confiante, perguntou:

— Como Isabel sabe quando sou eu e quando não?

— Isabel ainda não sabe, mas será uma grande médium, por essa razão se comunica conosco usando com admiração seu potencial telepático. Se continuar assim, assimilará perfeitamente quando for você e quando não.

— Bem, minhas queridas, parece estar tudo caminhando bem, vamos fortalecer o corpo material de Isabel para que ela possa descansar esta noite, pois amanhã será um dia longo e de expectativas — disse mãe Cida.

E assim foi feito, todas deram um passe em Isabel e logo ela deixou seus pensamentos para o dia seguinte e adormeceu tranquila.

No dia seguinte, José bateu na porta do quarto da filha. Isabel, ainda sonolenta, levantou a cabeça e olhou ao redor para ver onde se encontrava, pois acabou tendo um sono mais que reparador, parecia ter dormido décadas. E, com as pernas ainda pesadas, levantou-se lentamente e abriu a porta.

— Oh, minha filha, não dormiu direito?

Isabel se jogou sobre a cama ainda sonada e respondeu:

— Não, pai, pelo contrário, dormi muito bem. Havia muito tempo não dormia tão pesado.

— Que bom, filha, você está mesmo precisando relaxar de verdade.

José Roberto silenciou na tentativa de deixar que sua filha dormisse mais um pouco. Ela, com os olhos fechados diante da penumbra do quarto, passou a mão tateando o relógio para ver as horas. Suspirando, disse calmamente:

— Puxa, pai, ainda são só seis horas da manhã!!! Caiu da cama, é?

308 ◌ UMA LONGA ESPERA

– Sim, minha filha, mas por um bom motivo.

– Um bom motivo? Posso saber que motivo?

– Bem, ligaram do hospital aqui para seu quarto, mas, como você não atendeu, ligaram para o meu.

Ela deu um pulo da cama fazendo com que sua preguiça desaparecesse.

– Ligaram do hospital? Quem ligou?

– A auxiliar do dr. Rodolfo.

– E o que ela queria?

– Não falou, mas pediu que você fosse para lá o mais breve possível.

– Pai, será que Rodrigo piorou?

E, com o coração disparado, sem conter o medo que sentiu naquele momento, ouviu do pai:

– Calma, minha filha, não é preciso ficar assim descontrolada, eu perguntei sobre seu estado de saúde e ela me garantiu que o assunto era outro, inclusive ele acordou.

– Tem certeza, pai?

– Tenho, minha filha. Por que ela esconderia algo tão grave? Ela apenas pediu que você fosse o quanto antes. Só isso.

A filha não esperou que o pai terminasse de concluir seu raciocínio, foi para o banheiro, tomou um banho rápido e se arrumou. José continuou sentado a esperar, pensando o quanto sua filha amava Rodrigo, estava tão claro que era impossível esconder, e, com o afeto que um pai dedica a seus filhos, parou-a de supetão e disse carinhoso:

– Sente-se aqui, minha filha.

– Mas, pai, precisamos ir agora para o hospital!!!

– Eu sei... Eu sei... Mas perder alguns minutos não vai mudar em nada o que nosso Mestre Jesus já preparou.

Ela olhou para o pai desalentada e, pegando em suas mãos que estavam estendidas, sentou-se.

– Você o ama muito, não é mesmo, minha filha?

Isabel baixou a cabeça sem conseguir encarar o pai.

– Não sei por que sentir vergonha, minha filha. O amor é assim mesmo, não tem preconceitos, não tem senso e não escolhe a quem. Há muito tempo eu e sua mãe já percebemos, mas preferimos deixar que você pensasse que era um segredo seu.

José levantou sua cabeça para que ela olhasse para ele, e continuou:

– Não a condeno, e ninguém poderá. Sei que ama Rodrigo e que sofre por isso, mas por que temer? Você não tem de esconder um sentimento como esse, tampouco se punir, afinal de contas, você é livre e ele também.

Isabel, com os olhos em lágrimas, não disse nada, apenas abraçou o pai, que respeitou seu silêncio abraçando-a forte e esperando que ela falasse, se assim quisesse. Depois de longos minutos ela disse:

– Puxa, pai, embora suas palavras sejam verdadeiras, não me impedem de me sentir desleal com Laura e com todos vocês.

– Mas por que se sentir assim, você não deve nada a ninguém! Como eu lhe disse, nosso coração não raciocina, não escolhe a quem devemos amar e, depois, você e Rodrigo são livres.

– É, pai, é fácil falar, mas é difícil reagir. Não ligo para o que as pessoas possam pensar e até para o julgamento que possam fazer, mas eu mesma me condeno, e depois ele nunca soube do amor que sinto por ele.

– E por que não se abriu para ele?

– Por que, pai? Não houve tempo para isso.

– Como assim, minha filha?

– Eu me apaixonei por Rodrigo no primeiro dia em que o conheci.

– Continuo a não entender, minha filha.

– Pai, eu me apaixonei, não ele. Nós nos víamos todos os dias, não conseguíamos mais ficar um sem o outro, mas para ele era como se eu fosse seu melhor amigo, entende?

– Não, não entendo, por que não se declarou, por que não foi franca com ele?

– Porque o tempo passou.

– Por que você deixou passar, minha filha.

– Não, pai, as coisas aconteceram como deveriam acontecer, Laura foi seu amor.

– Onde Laura entra nessa história, minha filha?

– Quando Laura veio para São Paulo morar comigo, eu pedi a Rodrigo um emprego para ela e, assim como eu me apaixonei por ele quando o conheci, ele se apaixonou por Laura assim que a conheceu.

– Como pode ter certeza disso, minha filha?

– Ah, pai, essas coisas a gente sente, oras.

– Não, minha filha. Não sou dado a julgamentos, mas você sabe muito bem que mãe Cida não aprovava que Laura viesse para São Paulo, eu é que insisti para que ela viesse terminar seus estudos, convenci-a de que os estudos aqui são muito superiores, mais completos. Sei que se aborrece quando falamos de Laura, mas hoje vejo que mãe Cida tinha toda a razão. Afinal de contas, pelo que me contou, Laura nem bem se estabilizou direito, logo se apaixonou, quer dizer, outra vez, entre tantas, e se entregou sem resguardo nenhum.

— Pai, não quero falar sobre isso agora.

— Eu sinto muito, sei que amava muito Laura. Quero que saiba que não é minha intenção jogar pedras, mas ela nunca se guardou, sempre caiu de cabeça dizendo estar apaixonada, até que engravidou. Isabel, minha filha, ter filhos é, e sempre será, uma responsabilidade muito grande. É nesse sentido que digo que ela nunca se protegeu. Assim como se envolveu com um rapaz bom e de princípios, poderia ter se envolvido com qualquer outro que a colocaria em apuros maiores.

— Chega, pai. Não adianta falarmos de tudo o que já se passou há muito tempo, o tempo não volta, o que está feito, está feito, depois Danilo e Daniel são minha alegria.

— Minha filha, eu também amo Danilo e, com certeza, amarei Daniel também. O que quero dizer é que você sempre a defendeu, amparou-a, e ela nem por um minuto pensou ou se preocupou com seus sentimentos, ou ao menos com quais eram suas perspectivas de vida. Em algum momento ela procurou saber qualquer coisa a respeito do que gostaria para si? Ou melhor, preocupou-se quando estava triste, doente ou quando simplesmente estava mais reservada, mais calada?

— Por favor, pai, cada um é de um jeito, e ela não está mais aqui para se defender.

José se levantou, colocou um pouco de água no copo e tomou alguns goles.

— Tudo bem, minha filha, você tem razão, ela não está mais aqui para se defender, mas eu tenho o direito de defender você e quero que lute pelo que quer, não desperdice e nunca recue diante do que teme. Tente, ao menos, alcançar sua felicidade. Rodrigo teve Danilo e Daniel com Laura, teve sua história, hoje ele permanece só. Não deixe seu amor sufocá-la mais, o amor não mata, mas deixa grandes sequelas, e o que é pior, em um futuro não muito distante você vai se arrepender e se questionar o porquê de ter desperdiçado suas oportunidades e não ter deixado seu coração falar mais alto.

Isabel se levantou, foi ao banheiro, lavou o rosto e disse com muita tristeza no olhar:

– Meu tempo já passou, não há mais tempo, tenho certeza de que Rodrigo amou e ainda ama Laura. O que me resta e o que ainda peço a Deus é que, pelo menos, eu tenha tempo para trazer o meu único amor de volta à vida. Quero vê-lo vivendo por muito tempo ao lado de seus filhos.

Isabel pegou a bolsa e foi em direção à porta, sem se importar com tudo o que seu pai lhe dissera. José, por sua vez, passou as mãos pelos cabelos dela e respeitou sua opinião, mas não pôde deixar de sentir seu coração amargurado com a decepção que sua filha sentia pela vida.

Amadurecimento

Depois de tantas emoções que Rodrigo e sua família desfrutaram na noite anterior no hospital, finalmente Osmar e Márcia foram para casa descansar em companhia dos netos amados. Raquel, com sua alma em festa, prontificou-se a passar a noite com Rodrigo, para que seus pais não só descansassem como também para que pudessem curtir os netos, pois os próximos dias seriam de grandes expectativas, e nada mais revigorante que duas maravilhosas crianças para iluminar a alma.

José, João e Isabel chegaram ao hospital e foram procurar por dr. Rodolfo. Miranda, auxiliar do médico, recebeu-os e os encaminhou para uma sala. Isabel estava nervosa, pois não confiava na misericórdia divina como muitos de nós, que sempre nos precipitamos e alimentamos pensamentos negativos. Assim que entraram, Miranda esperou que se acomodassem. Isabel, impaciente, se adiantou:

— Rodrigo piorou? Por favor, não esconda nada de nós.

— Calma, Isabel, Rodrigo até que se encontra bem na medida do possível, o motivo de pedirmos que viesse logo, é que você é doadora compatível...

Isabel, sem conter sua ansiedade, não deixou que a moça terminasse seu raciocínio:

— Graças a Deus!!! E quando podemos fazer o procedimento?

— Calma, minha filha, deixe que a moça termine.

A moça, sorrindo, concluiu:

— Não se preocupe, seu José, eu entendo a pressa de sua filha, é normal essa ânsia que ela está sentindo, mas devo lhe prevenir que, embora não seja um procedimento tão complicado, serão necessários alguns dias de internação.

— Tudo bem, não me importo; só espero que tudo dê certo e que Rodrigo se recupere logo.

— Eu sei, Isabel, o quanto é valioso podermos ajudar uma pessoa querida, isso é muito mais gratificante para nós, que a cada dia podemos salvar mais vidas, só lhe peço que se acalme. Assim que o dr. Rodolfo chegar, daremos andamento a sua internação.

José se encontrava mais nervoso que a filha, mas procurou encorajá-la:

— Está vendo, filha, você estava preocupada com o estado de saúde de Rodrigo, e, no fim, logo vai poder tirá-lo da cama.

João não disse nada, apenas abraçou a irmã forte, pediu licença e saiu.

— Bem, por hora é só isso, Isabel. Se quiser ver Rodrigo enquanto aguardamos o dr. Rodolfo, sinta-se à vontade. Só quero seus documentos para que possa dar entrada em sua internação.

Isabel deu seus documentos a Miranda, que saiu em seguida, deixando-os à vontade na sala para que eles pudessem conversar.

— Como está se sentindo, minha filha?

— Muito feliz, sei que tudo vai dar certo, estou confiante.

José pegou as mãos da filha e as beijou.

— Devo confessar-lhe que estou nervoso.

Ela apertou suas mãos e o tranquilizou:

— Pois não fique, meu pai, o amor que tenho por Rodrigo supera qualquer risco ou medo que eu poderia sentir, quero vê-lo saudável novamente como alguns anos atrás, quando o conheci.

— Seu amor vai fazê-lo viver novamente, tenho certeza disso, minha filha, que Deus nosso pai ampare vocês dois.

— Tenho certeza que sim, pai.

José agasalhou a filha entre seus braços e perguntou emocionado:

— Quer ver Rodrigo agora?

— Não sei, pai, não sei como vai me receber.

— Pare de bobagens, tenho certeza de que ele também quer vê-la.

Isabel olhou admirada para o pai:

— Como pode ter certeza? Nem o conhece.

— Não é preciso, se você o acolheu em seu coração, com certeza é um bom moço.

Isabel enxugou algumas lágrimas do rosto do pai e disse decidida:

– O senhor me acompanha?

– Sem dúvida. Não tema, ele a espera também.

Ambos foram ao encontro tão temido. Assim que ela chegou à frente do quarto, olhou para o pai, respirou fundo e bateu na porta.

Raquel abriu e feliz recebeu Isabel:

– Entrem, sejam bem-vindos.

Assim que Isabel entrou, seus olhos cruzaram com os de Rodrigo que, ansioso, esperava por aquele momento. Embora a aparência dele fosse desoladora, para Isabel era o ser mais bonito e amado em seu mundo, jamais haveria um homem tão marcante a ocupar não só seu coração, mas toda sua alma.

– Como está se sentindo, Rodrigo?

Ele estendeu sua mão para ela, que, trêmula e gélida, a envolveu entre as suas.

– Como você pode ver, estou ótimo, só estou aqui porque sabia que um dia iria encontrá-la neste lugar, exatamente neste quarto!!!

Isabel sorriu sonoramente de sua piada, lembrando dos tempos em que ainda viver era uma grande brincadeira e a vida ocultava as grandes responsabilidades deles.

– Por que fugiu de mim?

– Eu não fugi, apenas tirei umas férias – Isabel respondeu em tom de brincadeira.

Raquel cumprimentou José automaticamente, sem muita atenção, pois naquele exato momento, ao vê-los juntos, percebeu que não havia um sentimento de discórdia entre eles, pois os olhares intensos entre ambos denunciavam um brilho de dois seres apaixonados. Raquel perdeu o chão e, sem conseguir segurar sua decepção, pronunciou-se:

– Bem, Rodrigo, vou tomar um café, acho que vocês têm muito o que conversar.

– Se me permite, vou com você, Raquel – disse José.

Ela saiu em companhia de José, que não pôde deixar de perceber sua decepção:

– Você está bem?

Raquel passou a mão no rosto, tentando impedir que as lágrimas descessem.

– Claro que estou. Agora mais do que nunca. Temos Isabel, que trará a vida de volta a Rodrigo.

– O que sente por Rodrigo?

Ela não esperava por aquela pergunta e, sem jeito, respondeu com a voz entrecortada:

– Eu... Bem... Eu sinto uma grande... Amizade...

– Desculpe-me... Desculpe-me, não queria ser intrometido, mas é que...

Ela o cortou parando no meio do corredor, olhou para José e procurou ser firme:

– Não sei o que o senhor quis insinuar, mas eu e Rodrigo somos bons amigos, nada mais e, por favor, não tire conclusões precipitadas.

– Desculpe-me mais uma vez, apenas pensei que iria lhe fazer bem falar sobre isso.

Desalentada e se apoiando no braço de José, disse com emoção:

– Por favor, seu José, perdoe-me, não quis ser indelicada, mas não quero falar sobre meus sentimentos. Nessa altura dos acontecimentos, não têm mais importância nenhuma.

Ele se calou, respeitando a vontade de Raquel e, pegando em sua mão, foram tomar café:

No quarto do hospital, a emoção entre Rodrigo e Isabel estava aflorada, mas nenhum dos dois deixou transparecer. Isabel largou de pronto a mão de Rodrigo e se afastou, pois lutava contra seu coração disparado teimosamente.

— Rodrigo, temos muitas coisas para conversar, mas acho melhor deixar para outra ocasião.

— Mas por que sumiu depois daquele dia que fui a sua casa?

— Rodrigo, são muitos os acontecimentos, mas acho que não é o momento de falarmos sobre isso, quero que você se concentre apenas em se curar.

— Antes de qualquer coisa, quero lhe agradecer por sua coragem de ser doadora.

— Não precisa me agradecer, embora me ache intolerante, quero vê-lo curado.

— Você quer mesmo? Olha que seria uma ótima oportunidade de se livrar de mim!!!

Isabel sorriu espontaneamente, lembrando como era bom estar ao lado de Rodrigo.

— Deixe de ser bobo, por mais que eu tenha implicado com você, nunca mais quero ouvi-lo falar uma asneira como essa.

— Tudo bem, não precisa brigar comigo, só brigue quando eu estiver curado, está bem?

— Só você mesmo para brincar em uma hora como essa!!!

Rodrigo olhou fixamente para Isabel e também sentiu saudades de quando eram inseparáveis. Rapidamente se questionou o que os levara a romper definitivamente a bem-querença. Triste, insistiu:

– Minha alma questiona por muitas respostas, Isabel, e só você poderá me responder.

Ela se afastou, abaixando a cabeça, pois sua vontade era de agasalhá-lo em seu peito e dizer-lhe o quanto ele era importante, e que sem ele sua vida não tinha sentido.

– Isabel, olhe para mim...

Ela continuou muda e de cabeça baixa, suas mãos estavam molhadas e trêmulas, pensou que não fosse suportar tanto amor em seu peito.

– Por favor, Isabel, quero olhar em seus olhos, olhe para mim.

Ela suspirou e lentamente cruzou seu olhar, pedindo forças a Deus para se manter firme. Rapidamente mudou de assunto:

– Rodrigo, já conheceu seu outro filho?

– Já sim, e me sinto o homem mais feliz deste mundo. Mas essa é uma das muitas dúvidas. O que aconteceu anos atrás? Eu preciso saber!!!

Isabel tinha consciência de que não fora correta, mas tinha de ocultar passagens dessa história em que sua mãe também colaborara, pois achava que tudo isso iria magoá-los ainda mais.

– Rodrigo, não quero esconder nada, estou disposta a lhe contar tudo, só lhe peço um pouco mais de entendimento. No momento, só quero vê-lo curado. Nem eu, nem você temos condições de nos expor a aborrecimentos. Prometo que tudo será esclarecido.

Ele queria abraçar o mundo de uma vez e ser um homem melhor para seus filhos e para todos de seu convívio. Sua sede de saber toda aquela história era imensa, mas respeitou a vontade de Isabel.

— Tudo bem, acho que tem razão. Se fiquei anos sem saber, esperar mais alguns dias não vai me matar.

Isabel sorriu diante da ironia de Rodrigo.

Irmã Olívia, mãe Cida e Laura estavam juntas assistindo ao grande momento do reencontro entre Rodrigo e Isabel.

— Puxa, que alegria estou sentindo por ver Rodrigo sendo amparado pelo amor de Isabel!!!

— O amor faz milagres em nossa vida, mãe Cida, cura todos os nossos males.

— Rodrigo ficará curado, irmã Olívia?

— Esperamos que sim, minha querida Laura.

— Mas o que sente diante desse amor que Isabel traz em sua alma por Rodrigo?

— Sinto que realmente Isabel o ama verdadeiramente, desejo sinceramente que ela seja feliz ao lado dos três homens de sua vida. Não sei se eu seria tão nobre se tivesse em seu lugar.

— Puxa, minha filha, estou gostando de seu amadurecimento.

— Eu também, mãe, agradeço-lhes por me ajudarem a relembrar minhas outras vidas, só assim me libertei, e hoje posso mandar-lhes vibrações verdadeiras de carinho e reconhecimento.

— Bem, então vamos ao que realmente nos propomos e viemos fazer.

As duas mentoras mais velhas, com o auxílio da mais recente desencarnada, aplicaram passes nos dois irmãos de provações para que ambos fortalecessem suas matérias e seus espíritos, galgando mais um degrau de suas jornadas. Ao término de edificantes passes, recolheram-se em suas moradas.

Naquele mesmo dia, Isabel ficou internada para o procedimento cirúrgico e, com a colaboração dos médicos do plano espiritual, tudo correu na mais perfeita harmonia e o receptador recebeu a medula.

Passaram-se alguns dias e Rodrigo permanecia no CTI, em recuperação. Logo depois da visita ao filho, Márcia, decidida, dirigiu-se ao quarto de Isabel. Depois de alguns minutos, parou diante da porta, bateu e entrou:

– Com licença, estou entrando. Posso?

José e João se levantaram para cumprimentá-la.

– Como vai, dona Márcia? – perguntou José solícito.

– Muito bem, graças a Deus.

– E Rodrigo como está?

– Recuperando-se.

Isabel, sentada na cama, pois já se encontrava em plena forma, apenas um pouco impaciente para sair do hospital, admirou-se pela visita, afinal, já estava completando duas semanas e ela ainda não tinha se dado ao trabalho de ver como Isabel estava passando.

– Como vai, Isabel?

– Graças a Deus, muito bem.

– Que bom, fico feliz em saber.

– Só está contando os dias para sair daqui – disse o irmão.

– É preciso ter paciência, Isabel, você só terá alta quando estiver completamente restabelecida.

– Ela sabe disso, dona Márcia.

Márcia não estava à vontade diante de Isabel e de sua família, mas precisava ter aquela conversa de qualquer maneira.

– Isabel, posso trocar algumas palavrinhas com você?

Ela também não se sentia à vontade na presença da mãe de Rodrigo, mas procurou ser educada:

— Sem problema nenhum. Pai, o senhor e o João poderiam nos deixar a sós?

— Claro, minha filha. Dona Márcia, fique à vontade — disse José gentilmente.

Assim que a porta se fechou, Isabel esperou pacientemente Márcia começar:

— Isabel, quero lhe agradecer por tudo o que fez pelo meu filho.

— Não tem de quê — respondeu Isabel, sem muitos rodeios.

— Não sei como começar, mas preciso lhe pedir mais um grande favor.

— A senhora quer me pedir um favor? A senhora?

— Não torne as coisas mais difíceis do que já são, Isabel.

— Tudo bem, dona Márcia, já sei que a senhora não gosta de mim, portanto não precisa dar voltas.

— Bem, Isabel, claro que você deve saber que fui eu quem pegou Daniel.

— A senhora não pegou Daniel, a senhora o sequestrou, não foi?

— Tudo bem, Isabel, se quer falar francamente, vamos lá. Eu tinha meus direitos, ele é meu neto!!!

— A senhora, dona Márcia, perdeu seus direitos quando expulsou Laura de sua casa.

— E você não ficou atrás, o que fez também foi errado, escondendo-os do próprio pai.

— Eu sei muito bem o que fiz, e sei que não foi correto, mas Laura, à beira da morte, me fez prometer que eu criaria Daniel e Danilo.

– Isso não serve como desculpa...

Isabel a cortou:

– E o que serve para a senhora, dona Márcia? A partir do momento em que deu as costas para a mãe, deu as costas também para os filhos. Ou a senhora acha que eu, Isabel, iria bater em sua porta mais uma vez e me humilhar pedindo que voltasse atrás! Se pensou assim, estava muito enganada. Eu jamais faria isso!!!

– É, garota, você seria a mulher certa para o meu filho.

Isabel arregalou os olhos assustando-se com que ouviu e, sem argumentos, permaneceu calada.

– E sabe por quê?

Isabel permaneceu calada:

– Não quer saber? Mas vou dizer-lhe assim mesmo. Porque tem fibra, luta pelo que quer e não se deixa intimidar por nada nem ninguém. Fala o que pensa e não é dissimulada para alcançar seus objetivos, luta fielmente sem máscaras e sem medo de cair e se levantar. É por uma mulher assim que eu gostaria que meu filho se apaixonasse. Mas não podemos ter tudo, não é mesmo? Jamais meu filho se apaixonaria por uma mulher tão dominadora.

Isabel sentia seu corpo todo vibrar, teve receio de que dona Márcia descobrira o que ela conseguiu esconder por muitos anos. Diante do silêncio de Isabel, ela continuou:

– Estou vendo que também não gosta de mim. Eu até a entendo, mas preciso lhe pedir um favor, ou melhor, suplico--lhe mais que um favor.

Isabel olhou dentro dos olhos dela e, já desconfiando do que se tratava, manifestou-se:

– E que favor é esse?

– Não conte nada a Rodrigo sobre Daniel, não conte que eu o peguei, deixe que ele acredite na história que lhe contei.

– E por que eu faria isso?

– Em troca, não a processo por ficar com meu neto Danilo, você volta para sua cidade e dou tudo por encerrado.

Isabel sabia que Márcia não estava brincando, que teria coragem para processá-la. Mas como jurara para Laura que assim que Rodrigo se curasse voltaria para sua cidade e seguiria seu caminho, respondeu:

– Isso não um pedido de favor, é uma chantagem.

– Pense como quiser, sabe muito bem que, por lei, tiro Danilo de você. Então, se for inteligente, para que contratar um advogado, gastar dinheiro? Seria só perder tempo. Na verdade, garota, estou a poupando de aborrecimentos e de aborrecer também meu neto. Afinal de contas, não sou hipócrita de achar que meu neto não sofreria. Pois, então, o que me diz?

Isabel sentiu seu peito apertado e descompassado, mas não queria realmente ver seus filhos Danilo e Daniel sofrer.

– Tudo bem, dona Márcia, mas não faço pela senhora, pois, como lhe disse, não sou covarde, sempre enfrentei meus problemas, mas farei por Rodrigo, que já sofreu muito em sua vida, ele tem todo o direito do mundo de ser feliz ao lado dos filhos.

Isabel terminou de falar e abaixou a cabeça para que Márcia não prolongasse seu sofrimento. Assim que Márcia saiu triunfante, Isabel colocou as mãos no peito e soltou um terrível grito de dor e lamento por ter de cumprir não só o que prometera com lealdade para Laura, mas por ter de arrancar de seus braços os filhos amados. Como viver sem Danilo e Daniel?

Como não sentir seu coração dilacerando por ter de sair dali sem suas únicas razões de ainda viver.

– Meu Deus, ajude-me, Senhor!!! Faça-me forte nesta hora tão miserável de meus dias!!!

Quando José abriu a porta, correu para socorrer sua filha, que, aos prantos, gritava uma dor latente e desesperada. Para ela, sua vida terminaria ali, sua alma sentia impiedosamente se desgraçando aos poucos, caindo em um abismo sem fim.

– Corra, João... Chame alguém... Um médico... Uma enfermeira... Corra, meu filho!!!

Isabel estava sofrendo o máximo que um ser humano podia aguentar. Assim que o médico entrou, examinou-a para avaliar o que poderia ter acontecido, mas constatou que Isabel teve apenas uma crise nervosa, assim lhe aplicou um tranquilizante. Isabel, aos poucos, voltou ao normal, mas as lágrimas ainda vertiam de seus olhos entristecidos. Seu pai e seu irmão ainda tentaram saber o que havia acontecido, mas foi em vão, Isabel se calou definitivamente. Aquela noite foi de muita tristeza para pai e irmão. Isabel não conversou com mais ninguém. Embora ela não dormisse com o tranquilizante, eles saíram para deixá-la descansar. Na manhã seguinte, Isabel teve alta e voltou para Minas Gerais, deixando nas mãos de Rodolfo uma carta para Rodrigo, contando-lhe tudo o que acontecera desde seu rompimento com Laura. Mas cumpriu, mais uma vez, o que prometera, ocultando o sumiço de Daniel. Sabia que, com o tempo, Rodrigo apagaria as duas de sua vida, e ambas se tornariam para ele apenas passado.

o tempo é um santo remédio

Passaram-se os dias e Rodrigo teve alta, sua recuperação era positiva a cada dia, embora ainda tivesse um longo tratamento com o dr. Rodolfo. Suas visitas ao hospital eram constantes, vivia mais dentro do que fora dele, mas estava confiante, tudo caminhava bem.

Danilo, embora entendesse que seu lugar era ao lado de sua família verdadeira, tornou-se apático, incomodando todos de sua nova casa, inclusive seu pai. Ele não acreditava nas desculpas que sua avó lhe deu em relação a sua mãe Isabel. Márcia fazia de tudo para o bem-estar do novo membro da família, enchia-o de presentes, os mais caros possíveis, mas não eram coisas materiais que comprariam sua felicidade, pois Danilo era um garoto muito maduro e tinha a nítida certeza de que ainda havia algo a ser cumprido.

Aos poucos, Rodrigo foi se fortalecendo e recobrando sua aparência. Não se conformava que Isabel tivesse sumido mais uma vez, deixando apenas uma carta. O dia estava caindo e a noite apontando, Rodrigo se encontrava deitado em sua cama, pois ainda não havia retomado seu cotidiano por recomendações médicas. Seus pensamentos iam e vinham em tormentas incansáveis por respostas.

— Isabel... Isabel... Por que mais uma vez foi embora? Será que não sente saudade dos meninos? Será que nem Danilo lhe faz falta?

Ele queria achar uma única explicação para suas dúvidas, mas, por mais que raciocinasse, não a encontrava, foi quando abriu a gaveta do móvel ao lado e pegou em suas mãos a carta que Isabel deixara. Mais uma vez não teve coragem de abri-la. Virou a carta para lá, virou a carta para cá, mas não conseguiu abrir e lê-la; tinha medo, não sabia definir do que propriamente, e assim tornou a guardá-la. Por mais que quisesse retomar sua vida, virar a página do livro e continuar, não conseguia apagar a imagem de Isabel de seus pensamentos. Exausto de tentar encontrar uma explicação, adormeceu recostado na cabeceira da cama.

ତ୍ର

Passaram-se alguns dias, e na fazenda todos estavam tristes por Danilo não ter regressado.

— Meu Deus, Zé, estou sentindo tanto a falta do meu neto Danilo!!!

— Eu sei, mulher, mas tem de se conformar, ele não é seu neto!!! Agora, sim, ele está com sua família verdadeira, e eu acho melhor não ficar falando mais sobre isso.

— E você acha que *tô* sofrendo tanto por quê, Zé? Não aguento mais ver nossa *fia* assim tão triste. Desde que chegou, não sai mais daquele quarto, nem *no* serviço voltou mais!!!

— Calma, dona Jandira, o tempo é um santo remédio. Daqui a algum tempo ela voltará a retomar sua vida, tenha paciência.

— É, eu sei, Matilde, mas é minha *fia*, é minha *fia*... Se eu pudesse, eu ia para São Paulo tirar essa história a limpo.

— Pare de bobagens, mulher, Matilde tem razão, daqui um tempo nossa filha acalmará seu coração e entenderá que Danilo e Daniel estão onde deveriam estar.

José levantou com o coração amargurado e saiu. Embora quisesse passar que tudo estava certo, cada qual em seu devido lugar, também não se conformava que Danilo, que aprendera a amar como neto, não estivesse mais ali correndo por aqueles campos.

— É, Matilde, Zé que ser forte, mas também *tá* sofrendo não só por nossa *fia*, mas por tudo que esse menino deixou em seu coração. Até o cavalo que comprou pra ele *tá* lá, coitado, não deixa ninguém mais montar.

— É, eu sei, minha amiga. Mas posso lhe dizer uma coisa?

— Claro, Matilde, pode dizer o que quiser.

— Tem alguma coisa aí nesse meio!!!

— E o que acha?

— Não sei direito, mas Isabel não iria deixar Danilo e Daniel em São Paulo sem mais nem menos. Sem brigar por eles.

– É por isso que não *tô* me conformando, Matilde, isso não é do feitio de minha *fia*, ainda mais ela que é briguenta que nem o cão!!!

– Pois é, mas ela não fala. Temos de orar por ela, dona Jandira.

– É o que resta. Nem Tânia conseguiu tirar dessa teimosa alguma coisa!!!

– Mas, pensando bem, a senhora está com a razão quando falou de ir para São Paulo.

– Você *tá* delirando, Matilde? Você acha que o Zé ia me deixar ir?

– A senhora não, mas a mim, ninguém pode me proibir!!!

– É mesmo, Matilde, você dá uma desculpa, e vai.

– Pois é o que farei, amanhã mesmo embarco para São Paulo!!!

– E o que você vai fazer *pra* descobrir?

– Ainda não sei, mas deixa comigo, quando chegar em São Paulo vou descobrir, Deus há de me auxiliar!!!

Matilde estava disposta a desvendar o porquê de tanta amargura mal resolvida que fez sua amiga sair de São Paulo sem os meninos. Estavam as duas amigas combinando os últimos detalhes quando João entrou:

– O que vocês duas estão tramando, hein?

Jandira olhou para Matilde e, sem rodeios, respondeu:

– De Matilde ir *pra* São Paulo, meu *fio*!!! Precisamos descobrir por que sua irmã voltou assim tão amuada!!!

– Irei com você, Matilde!!!

– Você? Pensei que fosse brigar conosco – disse Matilde admirada.

– Claro que não, já havia pensado nisso, mãe.

– Você, meu *fio*?

– É mãe, não gostei de dona Márcia, pode ter certeza de que ela está no meio disso tudo!!!

– Por que, meu *fio*? Você viu alguma coisa, foi?

– É, mãe, o pai não comentou nada para que a senhora não ficasse querendo saber a todo custo de Isabel, mas, antes de voltarmos, um dia antes de Isabel ter alta, dona Márcia apareceu no hospital.

– E o que ela queria, meu *fio*?

– Aí é que está, mãe, não sabemos, Isabel pediu que eu e o pai saíssemos. Quando voltamos, ela estava tendo uma crise nervosa.

– Minha Virgem Santíssima, e você e seu pai me escondendo isso, meu *fio*?

– Mãe, o pai quis saber de Isabel o que havia acontecido, mas ela se fechou como copas. Disse que não houve nada, apenas decidiu que os seus filhos, quer dizer, que os meninos tinham de ficar ao lado do pai. Mas não nos convenceu. Sabe que Isabel brigaria por eles até seu último suspiro, não sabe?

– Eu sei... Eu sei... Isabel até poderia perder os meninos, mas brigaria por eles até os últimos minutos!!!

– Isso mesmo, Matilde, minha irmã deve ter um motivo muito forte para ter deixado Danilo e Daniel assim, sem mais nem menos. Por tudo isso irei com você a São Paulo, Matilde.

– Isso, meu *fio*, é melhor você acompanhar Matilde, ninguém sabe o que pode acontecer!!!

Na manhã seguinte, Matilde partiu para São Paulo para tirar alguns documentos que havia perdido, pelo menos foi a desculpa que deu a José para que João a acompanhasse, não a deixando viajar sozinha.

Já se passavam algumas semanas e Danilo não se animava, durante uma noite, teve febre muita alta, deixando o irmão Daniel desesperado. Assustado, ele saiu em direção ao quarto do pai:

– Pai... Pai... Pai, acorde, pai...

– O que foi, meu filho?

– Danilo... Danilo está delirando!!!

Rodrigo levantou-se rapidamente e se dirigiu ao quarto dos meninos.

– O que foi, meu filho?

Danilo não respondeu, apenas delirava chamando pela mãe Isabel. Rodrigo sentiu que o filho queimava em febre; não pensou duas vezes, arrumou-se e o levou para o hospital. Assim que chegou, Danilo foi atendido. O médico de plantão tomou as primeiras providências ministrando o remédio para que a febre abaixasse de pronto. Assim que se recuperou, foram realizados alguns exames. Rodrigo não deixou o filho por um minuto. O dia estava amanhecendo, quando Raquel chegou assustada, pois Rodrigo, mais uma vez, contou com o apoio de sempre de sua melhor amiga. Ela bateu na porta e entrou.

– Puxa, Raquel, como demorou!!!

– Desculpe-me, Rodrigo, vim o mais rápido que pude. Como ele está?

– Graças a Deus a febre abaixou, mas o médico pediu alguns exames. Ah, Raquel, estou com medo...

Rodrigo chorou compulsivamente, nunca havia passado um susto como aquele, afinal de contas, agora as responsabilidades como pai o chamavam à razão.

332 ⊂℞ Uma longa espera

– Calma, Rodrigo, o mais importante era abaixar a febre. Veja como ele está tranquilo.

– Porque você não viu como chegou aqui!!!

– Mas agora está tudo bem, olhe como dorme tranquilo.

– Desculpe-me, sempre que tenho um problema em minha vida chamo por você. O que seria de mim se não a tivesse aqui comigo?

Raquel se aproximou e o abraçou com carinho.

– Não faz mal, sempre que precisar estarei aqui. Mas acho que você precisa de uma esposa e os meninos de uma mãe.

Rodrigo ficou aturdido com o que ouviu, sentiu que Raquel ainda não o via como amigo, que ainda nutria amor por ele. E, meio desconcertado, respondeu:

– Por favor, Raquel, sei que...

Raquel o cortou:

– Não diga nada, Rodrigo. Apenas me ouça.

Rodrigo ficou olhando-a admirado, pois algo havia mudado em Raquel. E se calando esperou que ela continuasse:

– Sabe, Rodrigo, amei-o por muitos anos, mas só hoje consigo entender que nunca conseguirei tê-lo como gostaria, e que você não me olha como mulher, e sim como um homem, o mais fiel dos amigos.

– Desculpe-me, Raquel, sei que você espera mais de mim.

– Não se preocupe. Hoje lhe asseguro que meus sentimentos em relação a você mudaram, gosto muito de você, mas como um irmão querido.

Raquel estava disposta a ter aquela conversa franca com Rodrigo, mas foi interrompida, pois logo bateram na porta:

– Com licença, estou entrando.

– Dr. Rodolfo?

– Como está, Rodrigo?

– Muito bem, graças a Deus. Danilo é que não se encontra muito bem.

– Eu soube, por essa razão vim até aqui.

– Dr. Rodolfo, já tem uma resposta sobre o estado de saúde do meu filho?

– Ainda não, Rodrigo, mas fique calmo, creio eu que não passou de um susto.

– Como assim, doutor?

– Pelo que me passaram, Danilo apenas está sob forte crise emocional.

– Como assim?

– Rodrigo, é um assunto delicado, precisaremos de tempo para conversarmos.

– Não, doutor, se meu filho está tendo problemas emocionais, preciso saber agora!!!

– Rodrigo, Danilo e Daniel perderam a mãe biológica no parto, isso já acarretou alguns traumas psicológicos, isso é comprovado cientificamente. Depois, conheceram Isabel como sua mãe, mesmo porque Isabel nunca escondeu isso deles, tampouco quis roubar o lugar da mãe verdadeira.

– O que está me dizendo? Meus filhos não perderam a mãe no parto, Laura já se encontrava doente.

– Não, Rodrigo, eles perderam a mãe no parto. Laura teve um parto difícil. Assim que eles nasceram, ela teve uma hemorragia e morreu.

– Não é possível!!!

Rodrigo olhou para Raquel completamente incrédulo, mas Raquel não disse nada. Rodolfo também olhou para ambos, percebendo que havia muita coisa que Rodrigo desconhecia.

— Espere um pouco, o que o senhor sabe que ainda não sei? Perdi alguma coisa?

O médico silenciou diante das tantas coisas que Rodrigo parecia não saber. E, meio confuso, perguntou:

— Rodrigo, você leu a carta que Isabel lhe deixou?

Rodrigo, por muitas vezes pegara a carta nas mãos, mas não teve coragem de lê-la, e, mais incrédulo, respondeu:

— Para falar a verdade, ainda não.

— E por quê, Rodrigo?

— Não tive coragem.

— Não teve coragem? Mas e se fosse importante?

— Tudo bem, o senhor foi quem me entregou a carta de Isabel, mas o que o senhor tem a ver com tudo isso que está acontecendo? O que tem a ver com Isabel para saber tudo o que aconteceu com Laura?

— Rodrigo, não posso lhe responder, você primeiro tem de ler a carta que ela lhe deixou, depois lhe prometo que voltaremos a conversar.

— Mas se diz respeito aos meus filhos e à mãe deles, o senhor tem de me falar agora.

— Não, Rodrigo, sinto muito. A única coisa que posso lhe adiantar é que Isabel, antes de voltar para sua cidade, confidenciou-me algumas coisas.

— Mas para o senhor? Por que ela não me procurou?

— Isso só você poderá responder, Rodrigo.

— O senhor não pode fazer isso comigo, afinal de contas é sobre a minha vida!!!

— Rodrigo, entenda uma coisa, eu sou médico e não confidente ou algo assim. Isabel me procurou, ela estava muito nervosa, teve uma crise muito forte, e eu, como médico, a ouvi, só isso. Estou aqui para cuidar de pessoas doentes e, se eu me intrometi, foi porque o caso de Danilo é emocional, e para chegarmos a um diagnóstico temos de eliminar resultados. Apenas errei, adiantei-me por crer que seus exames patológicos serão negativos e porque achei que estivesse a par sobre seus filhos.

Rodrigo olhou para Raquel, que permanecia quieta.

— Você já sabia dessa história toda?

Raquel, sem muito rodeio, respondeu:

— Já sim, Rodrigo.

— Eu não acredito!!! Estou me sentindo um grande idiota. Pelo visto, tem muita coisa que eu não sei.

— Rodrigo, desculpe-me, talvez eu tenha arrumado um mal-estar para você, mas não adianta querer descontar nas pessoas. Conheço você e sua família há muito tempo, e tudo o que quero é ver todos vocês bem. Só vou dar-lhe um conselho, não fuja das situações e, por piores que elas lhe pareçam, deve encará-las com coragem e resolvê-las. Bem, já vou indo, assim que saírem os resultados dos exames de Danilo, venho procurar por vocês, mas se acalme, tudo vai dar certo, a pior luta você já venceu. Lembre-se disso.

Rodolfo virou as costas e saiu. O silêncio se fez no quarto, cada qual com seus pensamentos. Rodrigo, depois de alguns longos minutos desalentado, pronunciou-se:

— Raquel, vou dar uma volta enquanto Danilo ainda dorme, você fica com ele?

— Claro, sem problemas. Mas posso lhe dizer só mais uma coisa?

Rodrigo não respondeu, apenas esperou Raquel concluir:

– Procure por Isabel, não perca mais tempo, a única que poderá mudar seu destino é ela. Sua felicidade está ao lado dela.

Rodrigo sentiu seu coração disparar ao ouvir aquelas palavras tão espontâneas de Raquel e, sem dizer nada, saiu. Ao fim daquele dia, os resultados dos exames de Danilo saíram, mas todos foram negativos, o que fez Rodrigo dar a mão à palmatória sobre a opinião de Rodolfo. Seu filho estava com problemas emocionais. Já passava das oito horas da noite quando ele entrou em casa com o filho.

– Danilo!!!

Daniel correu para abraçar o irmão com alegria. Osmar e Márcia se inteiraram dos acontecimentos da internação do neto por telefone, mas, mesmo assim, quando Rodrigo chegou, lhe fizeram mil perguntas.

– Está tudo bem com Danilo, meu filho? O que o médico falou? Por que vocês ficaram tantas horas no hospital?

– Mãe, por favor, está tudo bem, Danilo não tem nada, além do que a senhora já deve saber.

– Nossa, meu filho, você está bem? Sua mãe só estava preocupada!!!

– Desculpe-me, pai, mas é que a mamãe faz quinhentas perguntas ao mesmo tempo.

– Seu ingrato, só estou preocupada com meu neto, posso?

– Bem, como a senhora deve ter percebido, Danilo não tem nada, apenas precisa de um pouco de paz. Venha, Danilo, vamos tomar um banho, e você, Daniel, venha conosco, logo após seu irmão tomar banho quero conversar com vocês.

Daniel e Danilo não disseram nada, apenas saíram atrás do pai.

– Aconteceu alguma coisa, Rodrigo?

– Não, pai, fique sossegado, só quero ficar com meus filhos, só isso.

Rodrigo subiu para o andar de cima em companhia dos filhos, deixando os pais intrigados.

– Nossa, Osmar, o que será que aconteceu? Rodrigo está tão esquisito!!!

– Não sei, mulher, mas é melhor não se intrometer, afinal de contas, você o cobrou tantas responsabilidades e que desse atenção aos filhos, que deveria estar feliz.

– Não sei, não, acho que tem algo errado. Já sei, vou ligar para Raquel, ela estava com eles o tempo todo.

Osmar pegou no braço de Márcia firme e disse áspero:

– Não vai, não, chega de controlar a vida de nosso filho... Chega. Está mais que na hora de deixá-lo em paz, está bem crescidinho para saber o que fazer.

– Mas eu preciso saber o que aconteceu!!!

– Não precisa, não. Os filhos são dele, só ele precisa saber ou não o que houve.

Márcia não se conformou com a atitude do marido, mas achou melhor não discutir, afinal de contas, suas intuições não estavam a seu favor.

O amor
não escolhe

Matilde e João chegaram a São Paulo e foram direto para o hotel. Ele a ajudou a levar sua bagagem para o quarto e, depois, foi para o seu quarto, tomou banho e se deitou um pouco para descansar, mas seus pensamentos não o deixaram relaxar; e com um pouco de ansiedade, levantou-se e telefonou para Raquel:

— Alô, Raquel?

— Sim, quem é?

— É João, irmão de Isabel.

— Puxa!!! Que bom que ligou!!! Como você está?

— Eu muito bem, e você?

— Também. Estou feliz, você disse que telefonaria, eu não acreditei, mas cumpriu com o prometido.

— Eu não deixo de cumprir o que prometo.

— Quando vai vir para São Paulo outra vez?

– É sobre isso que quero lhe falar. A bem da verdade, já estou em São Paulo.

– Já!!! Que bom!!! Mas espera aí. Você não veio só porque também me prometeu ou foi?

– Também, mas o que me trouxe a São Paulo foi Isabel.

– Por quê? Aconteceu alguma coisa com sua irmã?

– Raquel, será que podemos nos encontrar?

– Claro. Quando e onde?

– O mais breve possível.

Raquel marcou no restaurante do hotel mesmo, afinal de contas, João não conhecia muito São Paulo. No horário marcado, entrou na recepção e pediu que o avisasse que ela havia chegado. Em seguida, ele desceu:

Raquel se aproximou e o abraçou com carinho:

– Já reservei uma mesa para nós.

João puxou uma cadeira para Raquel se acomodar e sentou-se a sua frente.

– João, você me deixou preocupada.

– Isabel não está nada bem, pedi que viesse na esperança de saber algo que pudesse me orientar para que eu possa ajudar minha irmã.

– Mas em que eu poderia ajudá-lo?

– Qualquer coisa que tenha ouvido na casa de Rodrigo.

– Mas o que eu poderia ter ouvido que vocês todos já não saibam?

– Para começar, o que dona Márcia disse sobre Isabel não ter levado Danilo e Daniel de volta para Minas Gerais junto com ela?

– O que vocês todos já sabem. Que Isabel decidiu abrir mão dos meninos em prol da felicidade de Rodrigo.

– Não consigo acreditar que minha irmã tenha tomado essa atitude!!! Ela não!!!

– Por que não?

– Porque minha irmã não podia ouvir falar na possibilidade de perder os meninos para Rodrigo. E, de repente, os entrega sem mais nem menos?

– Vai ver mudou de ideia. Ainda mais depois de Rodrigo quase ter perdido a vida. As pessoas mudam quando se deparam com uma situação igual à que ele passou. Isabel apenas está fazendo de tudo para que ele seja feliz.

– Nisso eu acredito. Seria a única explicação que teria sentido. Minha irmã ama Rodrigo, você sabia?

– Sabia, e Rodrigo ama sua irmã.

João a olhou assustado.

– Você não acredita que eu possa dizer isso com tranquilidade, não é mesmo?

– É, acho que não, pelo menos não com essa tranquilidade.

– Pois é, as coisas mudam, assim como Isabel mudou para ver o homem de sua vida feliz, eu também mudei para ver meu melhor amigo feliz. E, depois, do que adianta insistir em um caminho que jamais teria futuro? Eu e Rodrigo somos bons amigos, mas só agora eu entendi. Temos de fazer algo para que eles sejam felizes de verdade. Rodrigo e sua irmã só serão felizes quando entenderem que se amam.

– É isso... É isso... Só assim essa tormenta de minha irmã acabará. Precisamos ajudá-los a se entender.

– Pode contar comigo.

– Verdade? Não quero que você sofra.

– Já sofri tudo o que podia, João, agora me libertei.

João conversou com Raquel por muito tempo. Quase se esqueceu de Matilde e do motivo que os levou a São Paulo, mas conseguiu se redimir a tempo. À noite saiu em companhia de Matilde para jantarem em um simpático restaurante que Raquel reservara. Matilde passou a gostar muito de Raquel, abrindo a porta para mais um amizade sincera. Fez muitas perguntas para a mais recente amiga, chegando à conclusão de que o ideal era ajudarem Rodrigo e Isabel, em vez de procurarem respostas para as atitudes que Isabel havia tomado, amargurando sua alma. Matilde precisou retornar a Minas Gerais, mas João deixou Raquel convidada a passar alguns dias com ele na fazenda.

☙

Rodrigo, após Danilo ter tomado banho, juntou-se aos meninos, que se mostravam felizes, e, sentando-se entre os dois, foi taxativo:

— Arrumaremos nossas malas e viajaremos para Minas Gerais amanhã bem cedo.

Danilo abriu um sorriso que há muito tempo não se via e, eufórico, perguntou ao pai:

— É o que estou pensando, pai?

— Exatamente, meu filho, você, seu irmão e eu iremos em busca da mamãe Isabel.

Danilo e Daniel abraçaram o pai com emoção. Rodrigo sentiu o coraçãozinho deles acelerado junto ao seu. Depois de muito tempo, sentiu uma alegria imensa inundar sua alma, como se tivesse nascido novamente.

Na manhã seguinte, bem cedo, Rodrigo acordou seus filhos e os três desceram para o café da manhã. Todos ainda dormiam. Na sala de refeição, Rodrigo olhava para seus filhos reparando que nunca, nunca havia feito algo de tão bom para alguém, pois os olhos dos meninos se iluminavam por tamanha felicidade. A bem da verdade, Rodrigo estava com receio, mas teria de tentar se entender com Isabel, pois cada vez que lembrava de seu rosto seu coração disparava quase não se contendo dentro do peito.

— Vamos, meninos, apressem-se, quero chegar antes do almoço.

— Eu já acabei, pai. Estou pronto.

— E você, Daniel?

— Eu também, pai.

— Então me ajudem a levar as malas para o táxi, que já chegou e nos espera.

— Malas para o táxi? Quem vai viajar, Rodrigo?

— Eu e meus filhos.

— Mas vão para onde?

— Ser feliz, minha mãe. Apenas ser feliz!!!

— Mas como assim? Você não disse nada. Para onde vão?

— Para casa da nossa mãe em Minas, vovó – disse Daniel feliz.

— Você está brincado comigo, não está Rodrigo?

— Estou com cara de quem está brincando, minha mãe?

— Você não pode fazer isso comigo!

Márcia começou a ameaçar dar seus chiliques quando Osmar entrou na grande sala:

— O que está acontecendo?

— Osmar, seu filho está levando meus netos para Minas, Osmar!!! Diga a ele que não pode fazer isso conosco!!!

– Mãe, antes de eles serem seus netos, são meus filhos. A senhora não me cobrava todos os dias que eu fosse responsável e que os amasse? Amá-los eu já aprendi, e sou feliz por isso; e responsável serei agora, levando-os para o local de onde nunca deveriam ter saído, que é ao lado da mãe!!!

– Osmar, faça alguma coisa, como podemos deixá-los viver com aquela... Aquela...

Rodrigo a cortou:

– Mãe, estou revivendo a mesma cena, pense bem no que vai dizer!!! Lembra quando, há muitos anos, blasfemou a mesma coisa? Pois então, eu fugi por ser covarde, mas agora nem a senhora, nem ninguém vai desviar-me da felicidade.

Osmar, emocionado, defendeu o filho:

– Isso mesmo, meu filho, já não é sem tempo; vá, meu filho, vá ser feliz com seus filhos, que seja em Minas ou no fim do mundo, seja feliz e faça a quem merecer feliz também.

Osmar abraçou o filho e os netos e se prontificou a ajudá-los a levar as malas para o carro.

Márcia, sem conter a ira, colocou-se na frente do filho e dos meninos, impedindo-os de passar:

– Não faça isso, Rodrigo, nós somos uma família feliz, você e os meninos pertencem a mim.

Rodrigo parou diante da mãe em sinal de respeito:

– Mãe, por favor, deixe-nos passar?

– Não, Rodrigo, tudo o que eu fiz foi por amor a vocês, lutei tanto para que este dia chegasse, todos nós juntos como uma grande família feliz.

Rodrigo, diante do impasse da mãe, não teve alternativa a não ser segurar em seu pulso firmemente, dizendo com veracidade:

— Mãe, não duvido de que tenha feito de tudo para estarmos todos juntos como uma família feliz; só ainda não descobri que argumentos usou para que chegasse a esse termo "feliz". Agora, por favor, acalme-se, pois de um jeito ou de outro eu e meus filhos partiremos, portanto, que seja da melhor maneira, não quero sair daqui em desentendimento.

Rodrigo soltou os pulsos da mãe, que penderam para baixo, e saiu sem olhar para trás. Osmar chorava por ver Márcia tão frágil diante de suas próprias mentiras, mas acompanhou o filho e os netos até o táxi e ficou olhando ali parado até que saíssem do portão de entrada.

Vencendo provas

Depois do conselho de Raquel, Matilde e João concordaram que não adiantaria ir até a casa de Rodrigo e exigir que Márcia falasse o que houve naquele dia em que esteve com Isabel. Ela jamais se curvaria e contaria o que disse. Mas, quando Raquel os deixou no aeroporto, ficou com o coração saudoso.

Os dias se passavam e Isabel se encontrava cada dia mais melancólica. Jandira era mulher forte, não se curvava à toa, mas ver sua filha tão entregue ao desânimo dava-lhe revolta. Estava em frente a sua santinha de devoção orando, quando Tânia chegou, sentando-se no sofá em silêncio. Depois de longos minutos, ela disse:

— Puxa, minha *fia*, não te vi chegar!!!

346 ∽ Uma longa espera

– Não tem importância, há muito tempo não vejo uma pessoa diante de uma imagem orando. Para falar a verdade, há muito que não entro em uma igreja, acho que nem reconheceria mais os santos.

– Eu acredito muito na sua religião, mas não deixo por nada deste mundo minha santa sem uma velinha acesa a iluminando.

Tânia sorriu para Jandira e, pegando em suas mãos, disse:

– Aprendi a gostar muito de vocês, dona Jandira, principalmente da senhora.

– Mas por quê, minha *fia*?

– Por que a senhora é humilde e bondosa.

– Que é isso, minha *fia*, sou nada. Sou igual a todo mundo.

– É verdade, mas com uma vantagem, a senhora tem equilíbrio, e isso é muito bom. Por pior que seus filhos possam estar passando, a senhora não se desespera e, com humildade, serena sua alma e ora.

– É, minha *fia*, quando não tem o que se fazer, o melhor é orar e pedir misericórdia, assim a gente tem esse tal de "equilíbrio" que você fala.

– Bem, vamos deixar de papo, preciso ver Isabel.

– Isso, minha *fia*, vai lá, tenta animar essa menina!!!

Tânia pousou um beijo na testa de Jandira e foi ver Isabel.

– Posso entrar?

Isabel, com um sorriso amarelo, respondeu:

– Claro, Tânia, entre.

– Como você está hoje?

– Bem.

– Isabel, vim até aqui porque preciso conversar com você.

– Conversar comigo?

– Sim, tenho um recado pra você.

– Um recado? De quem?

– Da mãe Cida, você a conhece muito bem.

Isabel, não contendo as lágrimas, disse comovida:

– Mãe Cida?

– É, por favor, leia.

Isabel pegou a carta nas mãos e, trêmula, começou a ler:

Querida Isabel, já faz algum tempo que parti, mas não me esqueci de todos vocês. Você deve estar pensando o que eu poderia querer depois de tê-los abandonado, mas não se zangue, pois sinto muita, mas muita saudade.

Quero que saiba que Laura se encontra muito bem, e é por ela que deve reagir, não deixe que o desânimo se instale em seu coração, a vida nem sempre é como esperamos, mas nos amadurece a cada provação vencida, edificando nosso espírito a caminho da evolução. Não julgue as pessoas soltando ao vento pensamentos de mágoa e rancor, acarretando vibrações negativas, manchando seu espírito. Aprenda uma coisa importante: as pessoas dão o que possuem, não podemos doar carinho, amor, amizade, humildade e, principalmente, entendimento e sabedoria se não os possuímos. Portanto, faça sua parte e deixe que Nosso Mestre Jesus faça a sua. Espere, esperar é uma das mais sábias virtudes.

Peço-lhe, agora, que não se deixe levar nas correntes do sofrimento e da dor. Lute, lute sempre, mesmo que seja em pensamento. Sonhos, muitas vezes, tornam-se realidade.

Que Deus a abençoe e ilumine. Que assim seja... hoje e sempre.

Ao término da carta psicografada, Isabel chorava torrencialmente, mas com sua alma serena e fortificada.

– Meu Deus, era mãe Cida, a mãe de verdade de Laura!!!

Tânia abraçou Isabel com ternura.

– Recebemos ontem à noite essa psicografia, não sei o que está escrito, mas confio plenamente em seu conteúdo.

– Quer ler?

Tânia ficou em silêncio; apenas agradeceu em pensamento por tão providencial mensagem, pois Isabel mostrava visivelmente brilho em seus olhos.

– Leia, faço questão!!!

Tânia leu a mensagem e, quando terminou, agradeceu mais uma vez a solidariedade dos espíritos em evolução.

– Espero que essa carta traga paz e entendimento para sua alma e que você realmente valorize o sacrifício que essa sua amiga demonstrou se desdobrando para que essas poucas linhas chegassem em suas mãos, recobrando sua confiança para seguir em frente.

– Se o intuito dela foi fazer com que eu pare de ter pena de mim mesma, com certeza, ela conseguiu. Sinto-me muito envergonhada.

– Não precisa sentir-se assim, afinal de contas nós todos, às vezes, queremos sofrer, lamentar, é normal, somos humanos. O bem e o mal não são para sempre, tudo em nosso caminho vem para que possamos aprender alguma coisa que ainda nos falta.

Naquele dia mesmo, Isabel saiu do quarto e deixou de sentir pena de si mesma, embora fosse visível seu abatimento. Todos ficaram felizes e agradecidos a Tânia por trazer ao seio daquela família os estudos da doutrina espírita, acendendo em todos o grande interesse de conhecer mais de perto a casa espírita que ela frequentava. O almoço foi pleno para todos, um queria falar mais que o outro, parecia que estavam em grande festa.

Esperar é uma virtude

Rodrigo desembarcou no aeroporto com os filhos, alugou um carro e seguiu viagem por mais algumas horas até que chegaram à pequena cidade. Danilo, cheio de si, sentindo-se como gente grande, ensinou o caminho para o pai com orgulho. O trajeto não demorou muito. Daniel, muito curioso, não sabia para qual lado olhar; dos dois lados da estrada de terra se viam grandes fazendas, algumas com grandes pés de laranjas, outras com muitos cavalos, mas o que ele gostou mesmo foram as vaquinhas, algumas brancas, outras pretas e muitas malhadas. Danilo ria sonoramente com a euforia do irmão, mas para um garoto morador de cidade urbana e grande, era admiravelmente curioso ver tantas juntas de uma vez. Quando estavam próximos da grande porteira, Danilo começou a gritar para o pai e o irmão:

– É ali, pai... É ali, pai...

Rodrigo estava feliz por ver seus filhos felizes. Mas, a bem da verdade, estava mais ansioso que os meninos. Assim que imbicou o carro, Danilo disse eufórico:

– Eu abro, pai... Eu abro...

O garoto abriu o portão como se realmente fosse dono de tudo aquilo que o pai olhava com admiração. Logo, pararam diante da aconchegante e bela casa.

João, que vinha a cavalo ao longe, perguntou ao pai assustado:

– Pai, quem chegou?

– Onde, meu filho?

– Em frente a nossa casa!!!

De repente, sai de dentro do carro Danilo, chamando o irmão e o pai entusiasmado:

– Venha, pai... Venha, Daniel... Vocês vão amar tudo aqui!!!

João, quando viu dois garotos saírem do veículo, gritou:

– Meu Deus, não é possível, olhe pai... É Danilo com seu irmão, ou é impressão minha, pai?

Ambos dispararam a correr com os cavalos na intenção de se aproximar mais dos visitantes.

– Não é impressão, pai... São eles mesmos!!! Não estou acreditando.

Eles corriam mais e batiam com as botas no lombo dos cavalos, chegando rapidamente. Quanto estavam bem próximos, João começou a gritar emocionado:

– Danilo... Daniel... Danilo... Daniel.

Os meninos, por sua vez, também dispararam ao encontro dos dois homens. O tio desmontou e correu a abraçá-los:

– Não acredito... Não acredito... Vocês estão aqui... Meu Deus, quanta alegria!!!

José chegou logo atrás e desmontou. Ele nunca chorava, mas não aguentou tamanha alegria. E, apertando Danilo contra o peito, silenciou por longos minutos. Daniel e Rodrigo esperaram pacientemente o término dos cumprimentos mais que emocionante.

– Venha cá também, meu filho – disse José estendendo os braços para Daniel, que timidamente se aproximou. Ele o abraçou como se já fizesse parte da família o mesmo tempo que Danilo e, enxugando as lágrimas que teimosamente desciam, disse:

– Seja bem-vindo também, meu neto!!!

Aí, quem não aguentou foi Rodrigo, que recebeu aquelas palavras tão carinhosas como uma grande lição de humildade e desprendimento de um homem que se dispôs a ser avô sem nenhum interesse; simplesmente sentia amor verdadeiro por seus netos. Depois de grandes emoções que dividiram tio e avô, ele cumprimentou Rodrigo.

– Seja bem-vindo, Rodrigo.

– Muito obrigado, seu José.

João também cumprimentou Rodrigo com caloroso abraço. O burburinho era tão grande do lado de fora da casa, que Jandira e Matilde saíram para ver o que estava acontecendo. E, num repente, Jandira gritou levando as mãos ao céu:

– Minha virgem santíssima são os meninos!!!

Danilo correu para abraçá-la e puxou seu irmão também para que ele não se sentisse inibido.

352 ❧ Uma longa espera

A avó e Matilde não sabiam o que fazer por Deus ter sido tão generoso, trazendo mais uma vez os membros mais queridos por todos daquela família.

— Por favor, vamos entrar!!!

João passou o braço pelo ombro de Rodrigo como se já o conhecesse há muitos anos. Rodrigo não sabia explicar, mas nunca imaginou que houvesse pessoas tão generosas e espontâneas no mundo, pelo menos não em seu mundo.

Todos entraram e terminaram de cumprimentar Rodrigo com euforia. Danilo entrou pela casa adentro puxando o irmão e mostrando-lhe tudo, como um bom anfitrião. Rodrigo sentiu-se tão à vontade que não fez cerimônia nenhuma, porém seus olhos procuravam por Isabel e, sem se conter, perguntou de pronto:

— E Isabel, não está?

Todos se olharam, deixando Rodrigo encabulado.

— Isabel está na cidade, mas logo deve voltar — respondeu Matilde, acalmando a alma aflita dele.

— Que surpresa boa o senhor nos trouxe.

— Por favor, seu José, pode me chamar de Rodrigo.

— É, Zé, ele é muito moço ainda, o senhor *tá* no céu, não é, meu *fio*?

— A senhora está certa, senhor só aquele do céu mesmo.

Rodrigo gostou de Jandira logo de cara, sentiu que era uma mulher humilde, porém de fibra. Depois de muito conversarem, Jandira foi ajudar nos preparativos do almoço em companhia de Matilde. João e José levaram Rodrigo para conhecer os arredores da fazenda de charrete, pois o visitante ainda se encontrava em recuperação. Rodrigo se entusiasmou, seus olhos percorriam com muito interesse tudo o que José construíra ao longo dos anos.

O almoço ficou pronto e todos se sentaram à mesa. Isabel e Tânia chegaram atrasadas, entrando apressadas com muitas sacolas nas mãos.

– Mãe... Mãe...

Assim que Isabel chegou, deparou com o inesperado. Jamais poderia sequer imaginar que Deus lhe prepararia uma surpresa infinitamente edificante. Ela ia perguntar de quem era o automóvel parado lá fora, porém ficou emudecida e pálida na hora em que entrou. Danilo e Daniel se levantaram eufóricos correndo para abraçá-la.

– Mãe... Que saudades!!!

Isabel abriu os braços para agasalhar os filhos e, apertando-os contra o peito, chorava torrencialmente com a emoção a aquecer-lhe a alma, fazendo com que seu coração se acelerasse, quase não contendo o nervosismo a tremular todo seu corpo. Todos os que se encontravam à mesa na grande sala de refeições não contiveram a grande emoção. Rodrigo gentilmente se levantou e se aproximou dos três:

– Será que eu posso cumprimentar a mãe de vocês também?

José e Jandira se olharam felizes.

Danilo e Daniel não deram ouvidos ao pai e continuaram agarrados à mãe. Ele, sorrindo feliz, esperou pacientemente.

– Meus amores, Deus não poderia ter sido mais generoso comigo. Esse é o presente mais bonito de toda a minha vida!!! – disse Isabel com a voz quase sumida.

Tânia, sentindo que Isabel estava muito nervosa, interveio:

– Bem, agora vocês vão lavar as mãos e o rosto para almoçarem. Afinal de contas, todos pararam de comer só para

354 ◌ Uma longa espera

admirarem os dois príncipes da família – Tânia pegou nas mãos dos dois meninos e saiu.

Rodrigo, sem cerimônia, brincou:

– Puxa vida, Isabel, pensei que os meninos não fossem me dar pelo menos o prazer de cumprimentar minha salva-vida preferida!!!

Isabel, com o coração aos saltos, sorriu nervosamente. Ele se aproximou e, sem que ela esperasse, deu-lhe um forte abraço.

– Muito obrigado por tudo o que fez por mim!!!

Ela, ainda em seus braços, não conseguiu responder. Sentir o coração de Rodrigo pulsando junto ao seu era demais para suportar de uma vez só. Ele sentiu que Isabel já não alimentava ressentimentos por ele. E, afrouxando o abraço, olhou fixamente em seus olhos e concluiu:

– Precisamos conversar.

Isabel pensou que fosse desfalecer ao sentir o rosto de seu amor tão próximo ao seu.

– Tudo bem, só preciso me recompor, já estou ficando velha para tantas emoções, vocês não podiam fazer isso comigo!!!

– O que eu fiz desta vez?

– Não me preparou para ver meus filhos novamente!!! – concluiu muito emocionada.

– Sei que vocês têm muitas coisas para conversar, mas será que podíamos voltar a almoçar? – perguntou Matilde, amenizando o clima descompensado que todos, sem exceção, sentiam.

Todos voltaram à mesa e terminaram o almoço.

– Olha aqui, seu Rodrigo, pode comer tudinho, viu? Você precisa ficar bem forte *pra* não ter mais aquelas coisas ruins!

– Mãe!!!

— Pode deixar, João, sua mãe tem razão, ainda estou em recuperação. Muito obrigado pela preocupação, dona Jandira.

— É, meu *fio*, o tempo que ficar aqui, vou cuidar bem de você, quando encontrar sua mãe, nem vai acreditar!!! Zé vai buscar leite fresquinho da vaca, vou fazer você tomar todo dia, você vai ver que diferença, logo vai ficar forte que nem um touro!!!

— Mãe, para com isso, a senhora nem sabe quanto tempo Rodrigo vai ficar aqui conosco?

— Deixe-a falar, Isabel, é sinal de que sou bem-vindo. Bem, se vocês me aturarem, não terei pressa para ir embora.

Tânia olhou para Isabel com olhar malicioso, ela abaixou os olhos para não se condenar.

— Pode ficar o tempo que quiser, meu *fio*, a gente é simples, mas você vai ser muito bem tratado.

— Eu tenho certeza disso, dona Jandira, mas é melhor a senhora parar de ser tão generosa, porque senão não irei mais embora.

— Tânia e Matilde sorriram uma para a outra felizes.

Aquele foi um "belo dia", principalmente para os donos da casa. Irmã Olívia, mãe Cida e Laura estavam radiantes:

— Está feliz, Cida?

— Muito, irmã Olívia. E você, Laura, como se sente ao ver Danilo e Daniel de volta aos cuidados de Isabel?

— Eu diria que satisfeita, pois ainda não me sinto feliz, só me sentirei plenamente feliz se Rodrigo e Isabel se entenderem, preciso aliviar meu coração perante o que fiz. Como fui mesquinha!!!

— Acalme-se, Laura, Deus escreve certo por linhas tortas, confie e espere. Quem sabe logo poderá seguir seu caminho em paz!

— É o que mais espero.

Mãe Cida pousou um beijo em Rodrigo e Isabel e seguiu com Laura e irmã Olívia.

Depois do almoço, Jandira acompanhou Rodrigo ao seu quarto e o fez descansar um pouco. Danilo e Daniel saíram com José e João para percorrer aqueles campos todos, para que Daniel conhecesse os animais que criavam, mas Danilo queria mesmo era lhe mostrar o cavalo que ganhara do avô.

Isabel foi com Tânia andar a cavalo, pois precisava demais descarregar as energias acumuladas por tantas emoções contidas a pulsarem em sua alma. Isabel saiu em disparada, deixando Tânia para trás. Depois de correr por muito tempo, parou e desmontou, deixando o animal à deriva no pasto. Tânia chegou alguns minutos depois ofegante:

— O que deu em você, mulher?

— Sei lá, precisava sentir o vento batendo em meu rosto bem forte, para ver se não estou sonhando.

Tânia também desmontou e, rindo sonoramente, a provocou:

— Que homem é esse, hein? Isso porque ainda está se recuperando, imagina quando estiver totalmente curado!!!

— Ah, Tânia, por favor, estou tremendo até agora.

— Não é pra menos, ele veio atrás de você!!!

— Pare de falar bobagens.

— Falar bobagens? Eu? Está na cara dele ou você acha que veio para entregar os filhos dele a você e ir embora?

— Não sei... Não sei... Não alimente esperanças em mim, Tânia.

— Pode ter certeza de que é por sua causa.

— Tudo o que eu sonhava era vê-lo um dia aqui com os meninos. Meu Deus!!! E agora ele está aqui... Em minha casa...

– É a oportunidade que você tem para se declarar.

– Ficou louca? Ele nem sonha com uma coisa dessas!!!

– Quando vai confiar em Deus e na oportunidade que está lhe dando, Isabel? Seu medo a deixa cega!!!

– Eu não tenho medo, apenas tenho meus pés no chão, só isso.

– Isabel, pelo amor de Deus, esse homem veio atrás de você, o que a impede de falar para ele que o ama?

– Eu fiz uma promessa.

– Uma promessa? Uma promessa para quem?

Isabel ficou em silêncio, não quis responder.

– Isabel... Isabel... Não estou acreditando!!! Não é o que estou pensando? É?

– É sim, sempre fui leal a ela.

– Não acredito... Juro que não acredito!!! Isabel, caia na real. Laura não pertence mais a este plano, agora pertence ao mundo dos espíritos. Será que não enxerga que tudo está favorável para você e Rodrigo? Ela já não está aqui, Danilo e Daniel são seus filhos porque Deus quis assim, e Rodrigo é livre. Meu Deus!!! Ser fiel tem limites, nem a mais pura das criaturas seria tão leal como você!!! Sabe de uma coisa, Isabel? Acho que você se acostumou a sofrer por amor, e eu, eu não vou ficar aqui assistindo a um absurdo desses. Se quer deixar esse homem ir embora, é um problema seu, mas já teve provas suficientes para não pensar assim, até do Além querem ajudá-la e já lhe deram provas! Desculpe-me, amiga, mas você é a pessoa mais covarde que conheci na vida!!!

Tânia montou novamente no cavalo e saiu em disparada. Isabel ficou pasma, pois ninguém nunca havia falado com ela daquela maneira.

A amiga deixou o cavalo aos cuidados do empregado e entrou na casa, indo direto para a cozinha.

— Dona Jandira, vou embora.

— Mas já, minha *fia*?

— É, preciso ir, amanhã bem cedo vou para a capital.

— Aconteceu alguma coisa, Tânia? — perguntou Matilde desconfiada.

— Não, não aconteceu nada, é que amanhã tenho de ir à capital mesmo.

— *Tá* bem então, minha *fia*, espero que volte logo.

Tânia beijou Jandira e Matilde e saiu. Quando já estava descendo as escadas para ir ao carro, ouviu Rodrigo chamá-la:

— Tânia... Tânia... Aonde vai?

— Oi, Rodrigo. Vou embora, amanhã tenho compromissos na capital.

— Pensei que estivesse com Isabel.

— Posso lhe fazer uma pergunta?

— Claro, sem problemas, se eu puder respondê-la...

— Há quanto tempo procura por Isabel?

Rodrigo ficou intrigado e respondeu com outra pergunta:

— Posso saber por que quer saber?

— Pode, se você há muito tempo esperou por este encontro, ou melhor, por este momento, seja firme com Isabel e a faça feliz, ela merece, ela o espera há muito tempo também.

— Por que está me dizendo isso?

— Porque está mais que na hora de vocês dois serem felizes. Vocês se amam, Rodrigo, e há muito tempo.

Tânia virou as costas e entrou no carro. Rodrigo, sem concatenar o que Tânia havia falado, limitou-se a sorrir sozinho.

Ele nunca havia sentido tanta paz na alma. Sorrindo sozinho, sentou-se em uma cadeira de balanço que havia na varanda. Olhava aqueles pastos até onde a vista alcançava, espreguiçando-se com mil pensamentos a remexer suas emoções.

ॐ

Matilde viu quando Rodrigo saiu do quarto e foi atrás de Tânia, mas esperou, pois não quis ser indiscreta.

— Muito bonito aqui, você não acha?

Rodrigo olhou de onde vinha aquela voz e viu Matilde na soleira da porta.

— Ah... Matilde, estava justamente pensando nisso, parece até que leu meus pensamentos!!!

— De certa forma os li, pois seus olhos estavam sorrindo ao olhar tudo.

— Além de ser tudo muito bonito, trouxe uma paz indescritível a minha alma. Olhando tudo isso a minha volta, é como se eu tivesse nova oportunidade; eu renasci, Matilde!!!

— Foi a mesma reação que tive quando cheguei.

— Sabe, Matilde, depois que vi a morte bem próxima de mim, penso que não vale muito a pena sermos tão radicais com nosso cotidiano e querermos só trabalhar... Só trabalhar...

— É, eu sei, pena que não é todo mundo que pode desfrutar de um lugar como esse. Mas, com certeza, você pode!!!

Rodrigo a olhou fixamente e sorriu:

— É, eu posso, mas ainda não sei o que vai ser de mim, muito menos o que vou fazer com minha vida.

— Nossa, senti uma pontinha de piedade.

— Ah, Matilde, desculpe-me eu...

Matilde o cortou:

— Não precisa se explicar, Rodrigo, sei exatamente o que está sentindo.

Ele a olhou fixamente outra vez e perguntou:

— Sabe?

— Sei, mas só você pode organizar tudo isso, meu querido.

Rodrigo abriu a boca para falar, mas fechou-a outra vez. Isabel vinha disparada em cima do cavalo. Matilde olhou para Rodrigo que, em silêncio, esperou Isabel se aproximar e desmontar.

— Puxa!!! Você anda bem a cavalo!!!

— Não é tão difícil.

— Não é difícil? Mas eu nem sei montar em um!!!

— Ah, mas com o tempo você aprende também — disse Matilde.

Rodrigo apenas sorriu e não disse nada.

— Isabel, você faz companhia a Rodrigo, sua mãe está batendo um bolo e vou ajudá-la.

Ela, sem saída, balançou a cabeça positivamente. Assim que Rodrigo ficou a sós com Isabel, perguntou de pronto:

— Podemos conversar agora?

Isabel, sentando-se a seu lado, respondeu:

— Não quer esperar eu tomar pelo menos um banho?

— Não, há muito tempo espero por este momento. Eu lhe peço para esperar e tomar seu banho depois.

— Tudo bem, Rodrigo, acho que temos mesmo que conversar. Bem, o que quer saber?

Rodrigo levantou-se e tirou do bolso da calça a carta que ela havia deixado. Isabel olhou e disse:

— Você não leu?

– Não.

– Se tivesse lido, tiraria todas as suas dúvidas.

– Fui covarde, não tive coragem, portanto quero que me conte tudo o que houve.

Isabel suspirou fundo e começou:

– Laura estava muito doente e não tinha condições de criar os dois meninos, então fui a sua casa...

Rodrigo a cortou:

– Isabel, eu quero a verdade.

– Mas estou lhe contando a verdade!!!

– Não, Isabel, não sei quais foram os motivos, mas essa não é a verdade.

Ela se levantou aturdida, sem saber o que fazer. Rodrigo, gentilmente, levantou-se também apoiando as mãos no parapeito da grande mureta que adornava a varanda, e respondeu:

– Laura sofreu muito no parto, e logo que meus filhos nasceram ela não resistiu e veio a falecer...

Isabel, sem conter as lágrimas, revivendo toda a cena, ficou em silêncio. Rodrigo passou sua mão carinhosamente em seus cabelos e disse, lamentando:

– Agora sim a verdade começa a aparecer, não é, Isabel?

Isabel, chorando sentida, não respondeu, Rodrigo a puxou, agasalhou-a em seus braços e disse:

– Não quero que sofra mais, eu já sei tudo o que houve, só não sei o que minha mãe fez a você para Daniel ir parar em minha casa. Por favor, Isabel, acalme-se e me conte, preciso começar minha vida sem erros e sem mentiras.

Isabel sentou-se ao lado de Rodrigo e contou-lhe desde o dia da festa em sua casa até quando descobriu que sua mãe havia sequestrado Daniel, supondo que Laura tivesse dado à luz apenas uma criança. Ao término de toda a narrativa, Isabel já se encontrava nos braços do homem de sua vida. Rodrigo a apertava em seus braços, fazendo com que ambos aflorassem sentimentos reprimidos de suas almas sofridas por tanto tempo distante da união de duas pessoas apaixonadas.

– Isabel, não quero que sofra mais...

Rodrigo entregou o livro que ela mesma lhe dera e disse, carinhosamente:

– O conteúdo deste livro é a nossa história, nós fomos realmente grandes amigos; mas seu amor não é impossível. "Foi uma longa espera", mas hoje descobri por que minha alma almejava desesperadamente encontrá-la. Perdoe-me, mas descobri que a amo... Amo-a muito, Isabel...

Ela levantou a cabeça e, sentindo um imenso calor percorrer seu corpo, beijou seus lábios desesperadamente com amor, deixando que sua alma se edificasse junto à dele.

Tudo passa

Osmar já não sabia o que fazer com Márcia, que entrou em grande depressão, nem os remédios aliviavam sua tristeza. Sua alma, porém, já entendia que suas atitudes foram motivo de orgulho. Completava dois meses que Rodrigo e os filhos estavam em Minas e não mandavam notícias. Osmar não tinha ideia de onde procurá-los. Embora vivesse pálida, sem ânimo para nada, mudara visivelmente sua conduta, estava mais amável e solícita com todos, até mesmo com os empregados da casa. Sua dor e o desprezo do filho obrigaram-na a fazer grande reforma íntima e a enxergar que humildade e respeito cabiam em qualquer lugar, desde os lares mais ricos até os mais humildes. Era uma manhã qualquer do dia da semana e, vendo uma reportagem na televisão, sentiu como era fútil, como nunca havia feito nada para alguém desprovido de tudo, mas principalmente de amor, carinho e de uma vida mais decente. Isso realmente mudou os caminhos de Márcia. Ela, corajosamente, arrumou-se, pegou a bolsa e saiu, voltando à noitinha com outros pensamentos, aqueles, sabe? Aqueles que um dia, em nossa vida, nós falamos para nós mesmos: "Hoje, o dia valeu realmente a pena ser vivido". Foi quando Osmar a apoiou plenamente para construírem uma grande casa que acolheria crianças de todos os lugares. Crianças abandonadas, doentes, sem recursos para tratamentos, órfãs e até mesmo as que entraram por caminhos viciosos andando pelas ruas, sujas e assustadas.

Osmar comprou um terreno e começou a construir. No começo, achou que era loucura de Márcia, que não tinha o que fazer. Mas, aos poucos, reparou que a mulher já não estava com aquele aspecto pálido e doentio. Márcia, enquanto não finalizava a construção, trazia as crianças menores para sua casa. Os que se encontravam doentes, dependentes de vários tipos de drogas, com a ajuda de alguns profissionais médicos, aceitaram os tratamentos em clínicas recuperadoras de livre e espontânea vontade. Márcia realmente achou um sentido para sua vida. Embora ainda sofresse a ausência do filho e dos netos, percebeu que não adiantaria procurá-los desesperada-mente como fizera antes, pois aprendeu a orar para que o filho estivesse bem e feliz a sua maneira, e que, um dia, se ele a procurasse, seria de livre e espontânea vontade.

Irmã Olívia, mãe Cida e Laura estavam felizes na casa de Osmar e Márcia.

— Puxa vida, que mudanças Márcia alcançou!!!

– Graças à Cida, Laura. Sua mãe tem trabalhado bastante para que pessoas amadas, como Márcia, Isabel e Rodrigo, trilhem o caminho para a redenção de mais uma provação alcançada.

Laura deixou que suas lágrimas caíssem sem vergonha e, abraçando sua mãe, disse ciente e triste:

– E tudo por minha causa. Peço-lhe perdão, minha mãe!!!

Cida afrouxou seu abraço:

– O mais importante é que sabe onde errou e que nunca devemos forçar um amor. O importante é você saber que, antes de tudo, minha filha, deve-se ter respeito por si mesmo e respeitar o próximo. Mas quero pedir-lhe uma coisa, não apenas lamente o que fez, mas não se deixe levar mais pelas ilusões, deixe em seu espírito a humildade de reconhecer seus erros, só assim estará a caminho de sua evolução.

o passado traz revelações

Romilda era de família de classe média, moça gentil, bem-educada e muito bonita. Conheceu Antero e logo se casaram, viviam muito bem. Antero era um industrial e Romilda psicóloga. Depois de dois anos de matrimônio, ambos acharam que já estava na hora de ter seus filhos, mas, infelizmente, após muitos exames, Romilda desistiu, pois todos os médicos disseram-lhe que não poderia ter filhos. A moça não se deu por vencida e adotou uma menina que sofria de asma e, por esse motivo, era mirradinha e feia, vivia mais nos médicos do que a brincar como uma criança de sua idade. No começo, Antero foi contra, mas depois de alguns dias ficou perdidamente apaixonado pela filha. E tudo fizeram para que Aninha se fortalecesse ao longo de sua infância. A menina estava completando três anos de vida e suas crises se espaçavam. Romilda agradecia a Deus todos os dias por ter Aninha como filha, pois era uma menina meiga, carinhosa e muito extrovertida. Mas, como Deus sabe os porquês dos nossos caminhos, Romilda engravidou quando nem mais esperava por essa dádiva tão bela da natureza, e deu à luz outra menina. Adriana, ao contrário de Aninha, era saudável e robusta, mas tanto Romilda como Antero não faziam diferença nenhuma entre as duas, pelo contrário, Romilda tinha uma afinidade inexplicável com a filha mais velha. Os anos se passaram e tanto Aninha como Adriana se tornaram belas mulheres. Aninha já cursava a Faculdade e Adriana estava prestando exame. Era tanta correria que Romilda se dividia entre suas consultas e a casa. Embora tivesse empregada, preocupava-se com as filhas, não gostava muito que saíssem sozinhas, ela precisava de uma pessoa jovem, porém madura, para acompanhá-las. Antero, vendo-a cansada entre seus afazeres domésticos e suas consultas, consentiu que a irmã de sua esposa, Lídia, viesse morar com eles, pois ela não gostava de morar com os pais no interior. E assim foi feito, mas, com o convívio, Romilda percebeu que sua irmã fazia diferença entre suas filhas, o que a deixava muito triste.

– Lídia, por que não esperou Aninha para ir ao shopping também?

– Ah, sei lá.

– Sei lá não é resposta.

– Ah, mana, Adriana estava com pressa e Aninha disse que tinha de estudar.

– Então não fosse; fosse outro dia. Mesmo porque Adriana só pensa em comprar e comprar, estudar que é bom, nada!!!

– Ah, pare de implicar com a menina!!!

— Lídia, pedi que viesse morar conosco não só para estudar, mas para me ajudar com as meninas também. E se uma não pode sair com vocês porque está estudando, a outra também não pode. Gosto que minhas filhas sejam amigas e estejam sempre juntas. Se Aninha estava estudando, por que Adriana não estava também? Afinal de contas, está entrando para a faculdade e é preciso se dedicar muito.

— Ah, minha irmã, você implica muito com Adriana, e, quer saber, Aninha nem sua filha é!!!

Romilda ficou muito zangada.

— Pelo amor Deus, já lhe pedi para não falar bobagens. Claro que Aninha é minha filha!!! Nunca mais repita isso!!!

— Vai me dizer que não gosta mais de sua filha legítima?

Romilda, aborrecida, puxou o braço da irmã e disse rude:

— Preste bem atenção no que vou lhe dizer, e vou dizer uma vez só: nunca mais repita isso, eu amo minhas filhas da mesma forma; se quiser continuar a morar comigo, não toque mais neste assunto.

— Ah... Tudo bem, desculpe-me.

— Assim é melhor. E tem outra coisa, se surgir algum comentário já saberei de onde veio.

— Mas disse que iria contar!!! Por que não contou?

— Porque sempre achei que não era o momento. Mas antes de ela terminar a faculdade vou lhe contar, tenho certeza de que não será problema para ela, que é muito madura. Se toda jovem fosse igual a ela, o mundo seria melhor.

— Às vezes penso que gosta mais de Aninha do que de sua filha!!!

— Como você ainda é imatura para as verdades da vida! As duas são minhas filhas; sou eu que as alimento, educo, enfim, crio, e quem cria são·os pais. Portanto, Aninha é minha filha tanto quanto Adriana.

— Mas às vezes não parece, é muito mais dura com Adriana do que com a Aninha!!!

— Se sou mais dura com Adriana, é porque ela pede isso, tudo para ela é mais difícil; ao contrário de Aninha, que se esforça em tudo que se dispõe a fazer. Já Adriana tudo que começa para no meio, nunca conclui. E chega desse assunto. Não quero mais discutir com você.

Lídia deu as costas para a irmã e saiu, mas com muita raiva. Não engolia Aninha de maneira nenhuma.

Os dias se passaram e Aninha concluiu seus estudos. E, para a felicidade de seus pais, logo arrumou um emprego. Adriana também entrou para a faculdade, e só ficou porque seus pais a pressionavam, senão teria desistido. Ia aos trancos e barrancos, mas ia. Lídia começou a odiar Aninha cada vez mais, influenciando sua sobrinha Adriana, que já não era a mesma com a irmã. Lídia, em sua pouca percepção, achava Aninha exibida e muito melosa com os pais. Tantas virtudes eram para desconfiar, chamava-a de sonsa e sem graça.

Embora Aninha fosse mirradinha quando pequena devido à asma, tornou-se uma linda mulher, deixando, a cada dia, sua irmã com a alma invejosa. Lídia e a sobrinha viviam a julgá-la e sempre ficavam às escondidas a espiá-la para ver se descobriam o que tanto falava com a mãe. Para elas, a sonsa, como a chamavam, fazia segredos sobre o namorado que arrumara.

— Mãe, sábado meu namorado vem falar com a senhora e com o papai.

— Que bom, minha filha!!! Já não era sem tempo!!!

– Eu sei, mãe, mas a senhora mesma falou para que eu o trouxesse só quando o namoro estivesse firme.

– É, eu falei mesmo, esse negócio de trocar de namorado a toda hora e trazê-lo para dentro de casa não é coisa de uma moça de bem. Você sabe que eu e seu pai não aprovamos. Adriana mesmo já trouxe três e não ficou com nenhum, nós nos apegamos e depois somos abrigados a sofrer. O Raul, por exemplo, gostamos tanto dele; e o que foi que sua irmã fez duas semanas depois? Dispensou-o como se fosse um cacho de bananas, isso não é correto, não podemos iludir as pessoas, seja lá quem for, e depois as desprezarmos!!!

– Eu sei, mãe, mas não se zangue com ela, vai achar alguém, como eu, e se apaixonar perdidamente.

– Assim eu espero. Mas me diga, minha filha, está apaixonada mesmo?

– Ah, mãe... Muito...

– E ele, minha filha, também a ama?

– Tenho certeza que sim, e vou trazê-lo porque ele insistiu muito, por mim esperava mais um pouco.

– Não precisa ser radical, minha filha, afinal de contas já está com ele há bastante tempo, e depois seu pai já me cobrou que eu falasse com você para conhecê-lo. Sabe como são os pais, eles se sentem inseguros e enciumados.

Mãe e filha ficaram conversando por mais um tempo, combinando tudo para sábado, quando João Pedro ia conhecer os pais dela.

Lídia, na espreita, ouviu tudo. Assim que Adriana chegou da faculdade, mais que depressa foi contar para a sobrinha. Romilda preparou um jantar e todos da família conheceram João Pedro. Antero gostou muito do rapaz, pois demonstrava boas intenções com sua filha, sentiu que seria um ótimo marido. Aninha estava bem encaminhada. Só Romilda não estava confortável com o comportamento da irmã e da filha, que ficavam aos cantos cochichando e se insinuando o tempo todo. Passaram-se alguns dias e Lídia compactuava cada vez mais com a paixão súbita que Adriana sentiu pelo rapaz.

– Você é quem tinha de arrumar um rapaz como ele!!!

– Não fale assim, tia, confesso que o que sinto é amor, mas ele gosta e vai se casar com minha irmã.

– Pare de ser boba, ainda não se casaram, precisa lutar pelo que quer.

– Eu sei, tia, mas ela é minha irmã, não tenho o direito de fazer isso.

– Ah, Adriana, como você é idiota. Você acha que a sonsa merece toda sua renúncia? Pense bem, estamos falando de sua felicidade!!!

– Pare, tia... Pare... Não quero ouvir mais nada... Minha mãe não vai me perdoar se eu fizer isso com minha irmã!!!

– Ela não é sua irmã, sua idiota. Você tem mais direitos do que ela, vai dar de mão beijada um homem como esse para a doente da Aninha?

Adriana, quando ouviu a tia despejar tudo aquilo, indignada perguntou:

– Do que está falando?

– É isso mesmo que você ouviu. Aninha não é sua irmã!!! Seus pais a pegaram em um orfanato. Ela não tem nem eira... nem beira...

Adriana se levantou completamente com ódio nos olhos:

– E minha mãe a defende de toda maneira? Isso não está certo!!! Eu odeio minha mãe e meu pai por fazerem isso comigo!!! Quem eles pensam que ela é? Ah... Mas isso não vai ficar assim!!!

Adriana ia saindo do quarto, quando sua tia a puxou pelo braço:

— O que pensa em fazer?

— Vou agora mesmo falar com minha mãe, tudo para ela é Aninha pra lá... Aninha pra cá, minha mãe vai ver só!!!

— Nem pense em sair deste quarto!!!

— Mas não é justo, tia!!! Minha mãe sempre gostou mais dessa... Dessa... Desclassificada... E eu, como fico?

Lídia a impediu de sair do quarto daquela maneira e, por alguns minutos, arrependeu-se de ter contado. E como era mais experiente, a convenceu:

— Não, Adriana, eu a entendo!!!. Para você ver, quem gosta mesmo de você nesta casa sou eu, mas temos de agir de outra maneira, assim não vai conseguir nada. Preste atenção, se fizer isso vai pôr tudo a perder, lembre-se de que você ama João Pedro, não ama?

Adriana balançou a cabeça positivamente:

— Pois, então, precisamos ter calma, prometo ajudá-la a conquistá-lo.

— Jura, tia?

— Eu juro, minha querida. Eu juro que esse homem será seu.

E assim foi feito, Adriana não falou nada e Lídia, com seus planos, tentou fazer de tudo para que Aninha não se casasse com João Pedro. Mas foi em vão. Embora Adriana se oferecesse a ele procurando muitas "coincidências da vida", tropeçando nele em vários lugares alternados, dizendo que o amava desesperadamente, nada surtiu efeito, pois, sem ter problemas, João Pedro firmemente saía fora sem se importar com seus chiliques. Adriana, induzida pela tia, caía mais e mais de amores por João Pedro. Lídia, por sua vez, nutria cada vez mais ódio pela sonsa. Os meses foram se passando e, sem sucesso, Adriana foi ficando cada vez mais ligada a João Pedro, que, por sua vez, marcou a data do casamento, casando-se com Aninha. O casal apaixonado vivia muito bem, Aninha ficou grávida, para a felicidade dos avôs Antero e Romilda. Com a união da irmã e do cunhado, Adriana, rancorosa e rebelde, deixava-se levar pelas franquezas das ilusões viciosas. Seus pais sofriam muito pela filha querida, mas nunca souberam da revolta que ela nutria por eles nunca terem lhe contado a verdade sobre a irmã. Adriana, cega, sempre achava que os pais a comparavam com ela o tempo todo. Lídia não se conformava por não ter conquistado seus objetivos e continuou a perseguir Aninha, que estava entrando no oitavo mês de gestação. Assim que Aninha entrou na casa dos pais, Lídia veio recebê-la:

— Sua mãe não está.

— Onde ela foi?

— Não sei e, mesmo que soubesse, não lhe diria.

— Pare com isso, tia, está sempre de mau humor. E minha irmã?

— Está lá em cima em seu quarto.

— Então, vou vê-la.

Aninha subiu para o andar dos quartos, bateu na porta e abriu:

— Posso entrar?

Adriana, que estava à toa com as pernas para o ar ouvindo música, virou-se rapidamente, olhou para a porta e, sem nenhum entusiasmo, respondeu:

— O que quer?

374 ◦ Uma longa espera

– É assim que me recebe?

– O que queria que eu fizesse, soltasse fogos?

– Não, minha irmã. Só gostaria que pudéssemos conversar como boas irmãs.

– Conversar sobre o quê? Quando vem aqui só sabe me dar sermões.

– É para o seu bem.

– Já não basta a mamãe?

– Por que você é assim? Nossos pais são tão bons conosco!!!

Lídia entrou no quarto da sobrinha com ar de pouco-caso e sentou-se:

– Não pude deixar de ouvir o que Aninha disse.

– Não tem problema nenhum, o que digo você pode ouvir, oras.

– Você enche a boca para falar de minha irmã e de meu cunhado.

– Não é isso, tia, apenas quero mostrar a minha irmã que nossos pais são bons, ela deveria agradecer.

Lídia, com maldade nos olhos, olhou fixamente para Adriana, que logo arregalou os olhos assustada:

– Seus pais?

– É, nossos pais!!!

– E quem disse que eles são seus pais?

Adriana olhou a tia com medo e disse:

– Não ligue para a nossa tia, ela não sabe o que está falando.

– Sei muito bem, minha sobrinha Adriana!!!

– O que está tentando dizer, tia?

Lídia, sem suportar mais o ódio que estava sentindo, respondeu com sarcasmo:

– Você se faz de sonsa, mas não é, sua insolente!!!

– Pare, tia!!!

– Parar o quê? Ela tem de saber que não é nada!!!

– Do que ela está falando, minha irmã?

– Ela não é sua irmã, sua sonsa!!! Não é e nunca foi!!!

– Tia, pelo amor de Deus!!! Pare!!!

Lídia, sentindo o sabor da vingança, disse com os olhos brilhantes:

– Você não é nada da minha sobrinha Adriana. Você é um lixo que minha irmã fez o favor de adotar!!!

Aninha começou a sentir um aperto no peito e, com as mãos trêmulas, perguntou:

– Isso é verdade, minha irmã?

Adriana, deixando as lágrimas caírem, apenas ficou olhando Aninha com os olhos assustados a sentir-se mal.

– É verdade, sim. Adriana é muito melhor que você, e você, muito sonsa, roubou seu lugar. Tudo o que tem pertencia a minha sobrinha, tudo; a mãe, o pai e principalmente o marido, João Pedro, pertenciam a Adriana, e não a você!!!

– Tia, pare, por favor, pare, ela está passando mal... – disse Adriana assustada.

Aninha se levantou cambaleando, sem conter o susto da revelação. Adriana segurou o braço de Aninha, que mal conseguia andar, e saiu com ela do quarto para que se acalmasse. Mas, como a inveja nos cega, Lídia foi atrás a humilhando com palavras sem trégua. Aninha, com o coração aos saltos, começou a sentir dores terríveis no ventre. Adriana a apoiava em seu ombro:

– Calma, irmã, calma, vou ligar para mamãe!!!

– Irmã? Ela a faz sofrer por conta do amor que sente por João Pedro e você ainda a chama de irmã?

Aninha, sem conseguir falar por sentir dores terríveis, apenas olhou nos olhos da irmã, que a apoiava em prantos. Lídia, sem pensar duas vezes, vendo que ela realmente estava se sentido muito mal, gritava aos seus ouvidos:

– Você não é nada, você é adotada, nunca teve família!!!

Aninha, não suportando os gritos de Lídia, trêmula, pisou em falso e caiu escada abaixo, levando a irmã junto e perdendo os sentidos na hora. Adriana, embora estivesse toda machucada, arrastou-se até o telefone e ligou para a mãe em desespero. Aninha foi para o hospital, mas não houve tempo de salvar os gêmeos. Ela ainda não havia contado nada para os pais, deixando-os surpresos e infinitamente infelizes quando souberam. Para aumentar ainda mais o sofrimento, depois de alguns dias, Aninha também veio a falecer, pois os médicos não conseguiram conter a hemorragia.

Romilda e Antero ficaram completamente infelizes com a perda da filha e dos netos. Adriana, aos poucos, foi se recuperando de algumas escoriações e duas costelas quebradas, mas, o que mais lhe doía não eram algumas partes do corpo ferido, e sim o remorso. Não teve coragem de contar a verdade. Lídia, por sua vez, voltou para a casa dos pais, adquirindo crises seguidas de loucura, que a impossibilitaram de se casar e constituir família.

João Pedro se revoltou culpando os gêmeos que a esposa escondera, pensando fazer surpresa para os pais e para ele. Nunca mais conseguiu se relacionar com ninguém nem se dar oportunidade de tentar ser feliz novamente.

A caminho da evolução

João Pedro redescobriu o amor que há muito estava adormecido em sua alma, mas Aninha fez com que seu imenso amor esperasse nova oportunidade de tê-lo em seus braços. Os gêmeos humildemente perdoaram João Pedro por se revoltar e os culpar pela tragédia, e eles também, infelizes, voltaram a esperar uma nova oportunidade de estarem juntos ao seio dos pais amados. Adriana, por sua vez, descobriu que nunca amara João Pedro, apenas deixou-se levar por ilusões, acovardando-se e revoltando-se contra os mesmos que tanto a amaram e aceitaram suas fraquezas. Lídia, atormentada, desencarnou esquizofrênica. Trabalhou bastante para poder voltar e não cometer mais os mesmos erros, prometendo trazer em sua alma a humildade e irmandade acima de tudo, sem fazer diferenças entre os encarnados. Romilda, muito mais evoluída, insistiu em não deixar que sua irmã, mais uma vez, voltasse para o mundo dos espíritos com as mesmas marcas doentias. Trabalhou muito junto de seus superiores trazendo-a à razão a tempo de acalmar sua alma. Assim, feliz ela se encontrou, fazendo com que muitas crianças passassem heroicamente por faltas viciosas.

Laura, com auxílio de sua mãe Cida e de irmã Olívia, relembrou toda a trajetória de quando ainda era Adriana, buscando em seu espírito memórias tristes, porém, mais fortalecida para uma nova empreitada a caminho da evolução e não cometer os mesmos erros.

☙

Os dias estavam passando muito rápido, e, embora Isabel se encontrasse na mais plena felicidade de ter Rodrigo e os filhos a seu lado, como sempre sonhara, não concordava com Rodrigo, que insistia em nutrir mágoa no coração, esquecendo-se completamente dos pais. Isabel e Raquel tornaram-se amigas, fazendo muito feliz o irmão João. Rodrigo, embora tenha ficado surpreso quando sua amiga Raquel chegou à fazenda a convite do futuro cunhado, sentiu que havia uma possibilidade de vê-la feliz também. Era uma manhã linda de sol quando Isabel e Raquel estavam à mesa tomando café da manhã.

– Bom dia, meu amor, como dormiu?

– Eu muitíssimo bem!!! E os meninos?

– Já tomaram o café e saíram com o papai e meu irmão. Está com fome? Eu e Raquel o estávamos esperando.

– Estou morrendo de fome, desse jeito não só vou me curar por completo, como vou ganhar uns quilinhos!!!

– Estou muito feliz de vê-lo se recuperar, Rodrigo.

– Acho que estou indo muito bem, sei que preciso tomar algumas decisões, mas deixar isso tudo aqui não está em meus planos.

– Torne-se fazendeiro também, condições para isso você tem – disse Raquel entusiasmada.

Rodrigo deu um longo beijo nos lábios de Isabel e perguntou ironicamente:

– Só vou ser peão se meu amor urbano aceitar casar-se comigo.

Jandira e Matilde, que acabavam de chegar à sala de refeições, bateram palmas felizes:

– Eu ouvi direito o que disse, meu *fio*, ou estou ficando caduca?

– Não está caduca não, minha futura sogra!!! Mas, para isso, preciso do sim de sua filha aqui!!!

Isabel abraçou Rodrigo apertado e respondeu emocionada:

– Com você ao meu lado não ligo de deixar o movimento das grandes cidades para me tornar mulher de peão.

– Ah, mas para isso você tem de se cuidar bem, meu *fio*. Já terminou o tratamento?

– Ah, dona Jandira!!! Graças a Deus as aplicações de quimioterapia deram tréguas, apenas continuo com os remédios orais.

– Assim está melhor, quero meu genro bem curado, *pra mode* casar com minha *fia*.

380 ☙ Uma longa espera

— Fique tranquila, dona Jandira, Isabel me trouxe de volta à vida duas vezes, reconheço que Deus me ofereceu mais uma oportunidade, nunca pensei que ainda seria tão feliz assim.

— Sabe, meu *fio*, *tava* pensando, nas vezes em que foi *pra* São Paulo foi ver sua mãe?

Rodrigo olhou Jandira admirado:

— Bem, dona Jandira, sabe o que é...

Jandira o cortou:

— Sabe, meu *fio*, não *tá* certo isso, eu *num* tive muito estudo; sou uma caipira mesmo, mas posso dizer que, se não tomar cuidado, sua doença pode voltar.

— Mãe!!! — interveio Isabel.

— Deixe que sua mãe termine, Isabel.

— Mas ele lutou tanto contra essa... Essa...

— Doença, minha *fia*? Eu sei, por isso mesmo.

— Isabel, deixe que sua mãe termine de falar, você vai ver como tem razão — disse Matilde firme.

— Minha *fia*, eu sei que Rodrigo sofreu muito e teve a virtude de esperar por ajuda, mas para se livrar dessa doença de vez, precisa conversar com a mãe e tirar essa mágoa do coração, lembra da mãe Cida? Pois, então, ela sofria do mesmo mal, mas piorou muito quando Laura foi morar com você, *fia*, e deixou sua alma mais aflita. Sabe muito bem que ela não confiava na *fia*. Se Rodrigo não resolver as coisas do coração, ela pode até matar!!! Mágoa, rancor, deixam nossa alma infeliz e abrem caminho *pra* doença, que, por mais que se cuide com remédio, não vai ficar bom como tem de ser!!!

— Mãe!!! Como pode dizer uma coisa como essa em uma hora tão feliz de nossa vida?

– Sua mãe está certa, Isabel, aliás, sua mãe é muito sábia e depois não vive cobrando-o, Isabel.

– É tem razão, Matilde, enquanto Rodrigo não for ver sua mãe e se acertar, não vou sossegar.

Rodrigo não sabia o que dizer.

– Dona Jandira, às vezes, a senhora me surpreende!!!

– Não sei bem o que é isso, mas, se for alguma coisa que pode te trazer a razão, é muito bom.

Rodrigo não pôde deixar de sorrir sonoramente e disse compreensivo:

– É, dona Jandira, a senhora não precisa saber o que dizem certas palavras; sua alma tem muito mais entendimento, e isso não se encontra em nenhum livro.

Rodrigo pegou as mãos de Isabel com carinho:

– Isabel, não concordo com o que minha mãe fez a Laura e, principalmente, a você; mas, se isso fará todos nós felizes, iremos para São Paulo, eu lhe prometo.

Raquel abraçou Isabel e Rodrigo com entusiasmo:

– Façam isso, sua futura sogra tem razão, Rodrigo.

A seara do bem

Rodrigo e Isabel chegaram à casa dos pais e encontraram outra Márcia, tudo havia mudado; sua mãe, embora sentisse muita falta do filho e dos netos, achou grande sentido para continuar sua trajetória. As crianças deram-lhe nova direção, fizeram-lhe acender sentimentos e valores esquecidos por cultivar vaidade e arrogância.

Muitas vezes, em nosso caminho, deixamos que prevaleçam as ilusões do corpo físico. Quando chegamos aqui no planeta terra, enfraquecemo-nos, deixando o domínio do orgulho e da vaidade demasiados nos vencer. Assim, toda a oportunidade que nos foi dada de revermos nossas faltas, com o auxílio de espíritos benevolentes na seara do incansável bem da vida infinita de cada um de nós, fica no esquecimento.

Todos chegamos aqui com metas a cumprir e jamais estacionamos, e, por mais que deixemos algo pela metade, sempre estaremos amparados por algum espírito amigo a nos intuir princípios morais, que são a verdadeira essência a galgar para a evolução, até que alcancemos um equilíbrio aqui ou em outros planos. Tudo que de bom aprendemos e usamos será um ponto para essa evolução se concretizar em benefício não só nosso, mas de todos. O caminho a percorrer quase sempre é difícil, com muitos obstáculos a serem ultrapassados, portanto, quando se passa por insistentes crises de desânimo e lamento de sentimentos, como revolta, mágoa, rancor, fracasso por não se ter alcançado tão esperada oportunidade, seja lá qual for o ideal, tornam-se necessárias a reflexão e uma prece a Deus. Muitas vezes, as pessoas devem entender que, com certeza, não serão as primeiras nem as últimas a se sentirem impotentes diante da misteriosa caminhada escrita por elas mesmas, portanto, devem se confortar, pois todos passaremos por muitos percalços para extrair de nossos sofrimentos grandes lições de amadurecimento e evolução. Não se entregar ao desalinho, não deixar que lamentáveis doenças apoderem-se do corpo físico, trazendo lamentáveis dissabores, e o que é pior, medo, angústia, amargura para o espírito; procurar reparar as provas que Deus nos confiou e não abraçá-las ainda mais, como se fosse o ser mais infeliz da face da terra, tudo isso faz parte do nosso caminhar.

Entre muitas doenças provenientes do estado emocional, o tumor maligno é uma das mais cruéis enfermidades que cresce admiravelmente, atingindo irmãos que se encontram em desarmonia, nutrindo sentimentos desprezíveis perante os grandes ensinamentos que lhes foram transmitidos. E, sem exceção, todos aqui ainda somos alunos.

Portanto, queridos leitores, façam com que suas vidas sejam mais harmoniosas, tenham sempre equilíbrio. Eliminem de seus corações os sentimentos que possam vir a maltratar seus próprios destinos. Confiem, pois Deus sempre confiou em vocês.

Um grande abraço a todos.
Alexandre Villas

Leia este emocionante romance do espírito Alexandre Villas

Psicografia de Fátima Arnolde

Memórias de uma Paixão

Mariana é uma jovem de 18 anos, cursa Publicidade e, à tarde, trabalha na agência de seu pai, Álvaro. Na mesma Universidade, por intermédio da amiga Júlia, conhece Gustavo, estudante de Direito, um rapaz bonito, mais velho que ela, alto, forte e com expressões marcantes. Nasce uma intensa paixão que tem tudo para se transformar em amor... Até Gustavo ser apresentado para Maria Alice, mãe de Mariana, uma sedutora mulher, rica, fútil, egoísta e acostumada a ter seus desejos satisfeitos. Inicia-se uma estranha competição: mãe e filha apaixonadas pelo mesmo homem.

Obras de Irmão Ivo: leituras imperdíveis para seu crescimento espiritual
Psicografia da médium Sônia Tozzi

O Preço da Ambição
Três casais ricos desfrutam de um cruzeiro pela costa brasileira. Tudo é requinte e luxo. Até que um deles, chamado pela própria consciência, resolve questionar os verdadeiros valores da vida e a importância do dinheiro.

A Vida depois de amanhã
Cássia viveu o trauma da separação de Léo, seu marido. Mas tudo passa e um novo caminho de amor sempre surge ao lado de outro companheiro.

A Essência da Alma
Ensinamentos e mensagens de Irmão Ivo que orientam a Reforma Íntima e auxiliam no processo de autoconhecimento.

Quando chegam as respostas
Jacira e Josué viveram um casamento tumultuado. Agora, na espiritualidade, Jacira quer respostas para entender o porquê de seu sofrimento.

Somos Todos Aprendizes
Bernadete, uma estudante de Direito, está quase terminando seu curso. Arrogante, lógica e racional, vive em conflito com familiares e amigos de faculdade por causa de seu comportamento rígido.

O Amor Enxuga as Lágrimas
Paulo e Marília, um típico casal classe média brasileiro, levam uma vida tranquila e feliz com os três filhos. Quando tudo parece caminhar em segurança, começam as provações daquela família após a doença do filho Fábio.

O Passado ainda Vive
Constância pede para reencarnar e viver as mesmas experiências de outra vida. Mas será que ela conseguirá vencer os próprios erros?

No Limite da Ilusão
Marília queria ser modelo. Jovem, bonita e atraente, ela conseguiu subir. Mas a vida cobra seu preço.

Renascendo da dor
Raul e Solange são namorados. Ele, médico, sensível e humano. Ela, frívola, egoísta e preconceituosa. Assim, eles acabam por se separar. Solange inicia um romance com Murilo e, tempos depois, descobre ser portadora do vírus HIV. Começa, assim, uma nova fase em sua vida, e ela, amparada por amigos espirituais, desperta para os ensinamentos superiores e aprende que só o verdadeiro amor é o caminho para a felicidade.

Romances do **espírito Eugene!** Leituras envolventes com psicografia de **Tanya Oliveira**

Longe dos Corações Feridos
Em 1948, dois militares americanos da Força Aérea vão viver emoções conflitantes entre o amor e a guerra ao lado da jornalista Laurie Stevenson.

O Despertar das Ilusões
A Revolução Francesa batia às portas do Palácio de Versalhes. Mas dois corações apaixonados queriam viver um grande amor.

A Sombra de uma Paixão
Um casamento pode ser feliz e durar muitos anos. Mas um amor de outra encarnação veio atrapalhar a felicidade de Theo e Vivian.

Das Legiões ao Calvário
O espírito Tarquinius nos relata fatos ocorridos em uma época de grande conturbação no Império Romano. Vinicius Priscus, orgulhoso legionário romano, retorna a Roma com a intenção de desencadear violenta perseguição aos cristãos. Para tanto, procura realizar algumas alianças, como com Ischmé uma bela, ambiciosa e influente cortesã em Roma e Caius Pompilius, seu melhor amigo.

Duda – A reencarnação de uma cachorrinha
Uma ligação tão forte que nem a morte foi capaz de separar. Uma história de afeto e dedicação a uma amiga inseparável: Duda, que assim como nós, também reencarnou para viver novas experiências na Terra.

Livros da médium Eliane Macarini
Romances do espírito Vinícius (Pedro de Camargo)

Resgate na Cidade das Sombras

Virginia é casada com Samuel e tem três filhos: Sara, Sophia e Júnior. O cenário tem tudo para ser o de uma família feliz, não fossem o temperamento e as oscilações de humor de Virginia, uma mulher egoísta que desconhece sentimentos como harmonia, bondade e amor, e que provoca conflitos e mais conflitos dentro de sua própria casa.

Obsessão e Perdão

Não há mal que dure para sempre. E tudo fica mais fácil quando esquecemos as ofensas e exercitamos o perdão.

Aldeia da Escuridão

Ele era o chefe da Aldeia da Escuridão. Mas o verdadeiro amor vence qualquer desejo de vingança do mais duro coração.

Comunidade Educacional das Trevas

Nunca se viu antes uma degradação tão grande do setor da Educação no Brasil. A situação deprimente é reflexo da atuação de espíritos inferiores escravizados e treinados na Comunidade Educacional das Trevas, região especializada em criar perturbações na área escolar, visando sobretudo desvirtuar jovens ainda sem a devida força interior para rechaçar o mal.

Leia os romances de Schellida!
Emoção e ensinamento em cada página!
Psicografia de **Eliana Machado Coelho**

Corações sem Destino
Amor ou ilusão? Rubens, Humberto e Lívia tiveram que descobrir a resposta por intermédio de resgates sofridos, mas felizes ao final.

O Brilho da Verdade
Samara viveu meio século no Umbral passando por experiências terríveis. Esgotada, consegue elevar o pensamento a Deus e ser recolhida por abnegados benfeitores, começando uma fase de novos aprendizados na espiritualidade. Depois de muito estudo, com planos de trabalho abençoado na caridade e em obras assistenciais, Samara acredita-se preparada para reencarnar.

Um Diário no Tempo
A ditadura militar não manchou apenas a História do Brasil. Ela interferiu no destino de corações apaixonados.

Despertar para a Vida
Um acidente acontece e Márcia, uma moça bonita, inteligente e decidida, passa a ser envolvida pelo espírito Jonas, um desafeto que inicia um processo de obsessão contra ela.

O Direito de Ser Feliz
Fernando e Regina apaixonam-se. Ele, de família rica, bem posicionada. Ela, de classe média, jovem sensível e espírita. Mas o destino começa a pregar suas peças...

Sem Regras para Amar
Gilda é uma mulher rica, casada com o empresário Adalberto. Arrogante, prepotente e orgulhosa, sempre consegue o que quer graças ao poder de sua posição social. Mas a vida dá muitas voltas.

Um Motivo para Viver
O drama de Raquel começa aos nove anos, quando então passou a sofrer os assédios de Ladislau, um homem sem escrúpulos, mas dissimulado e gozando de boa reputação na cidade.

O Retorno
Uma história de amor começa em 1888, na Inglaterra. Mas é no Brasil atual que esse sentimento puro irá se concretizar para a harmonização de todos aqueles que necessitam resgatar suas dívidas.

Força para Recomeçar
Sérgio e Débora se conhecem e nasce um grande amor entre eles. Mas encarnados e obsessores desaprovam essa união.

Lições que a Vida Oferece
Rafael é um jovem engenheiro e possui dois irmãos: Caio e Jorge. Filhos do milionário Paulo, dono de uma grande construtora, e de dona Augusta, os três sofrem de um mesmo mal: a indiferença e o descaso dos pais, apesar da riqueza e da vida abastada.

Ponte das Lembranças
Ricos, felizes e desfrutando de alta posição social, duas grandes amigas, Belinda e Maria Cândida, reencontram-se e revigoram a amizade que parecia perdida no tempo.

Obras da médium Maria Nazareth Dória
Mais luz em sua vida!

A Saga de Uma Sinhá (espírito Luiz Fernando - Pai Miguel de Angola)
Sinhá Margareth tem um filho proibido com o negro Antônio. A criança escapa da morte ao nascer. Começa a saga de uma mãe em busca de seu menino.

Lições da Senzala (espírito Luiz Fernando - Pai Miguel de Angola)
O negro Miguel viveu a dura experiência do trabalho escravo. O sangue derramado em terras brasileiras virou luz.

Amor e Ambição (espírito Helena)
Loretta era uma jovem nascida e criada na corte de um grande reino europeu entre os séculos XVII e XVIII. Determinada e romântica, desde a adolescência guardava um forte sentimento em seu coração: a paixão por seu primo Raul. Um detalhe apenas os separava: Raul era padre, convicto em sua vocação.

Sob o Olhar de Deus (espírito Helena)
Gilberto é um maestro de renome internacional, compositor famoso e respeitado no mundo todo. Casado com Maria Luiza, é pai de Angélica e Hortência, irmãs gêmeas com personalidades totalmente distintas. Fama, dinheiro e harmonia compõem o cenário daquela bem-sucedida família. Contudo, um segredo guardado na consciência de Gilberto vem modificar a vida de todos.

Um Novo Despertar (espírito Helena)
Simone é uma moça simples de uma pequena cidade interiorana. Lutadora incansável, ela trabalha em uma casa de família para sustentar a mãe e os irmãos, e sempre manteve acesa a esperança de conseguir um futuro melhor. Porém, a história de cada um segue caminhos que desconhecemos.

Jóia Rara (espírito Helena)
Leitura edificante, uma página por dia. Um roteiro diário para nossas reflexões e para a conquista de um padrão vibratório elevado, com bom ânimo e vontade de progredir. Essa é a proposta deste livro que irá encantar o leitor de todas as idades.

Minha Vida em tuas Mãos (espírito Luiz Fernando - Pai Miguel de Angola)
O negro velho Tibúrcio guardou um segredo por toda a vida. Agora, antes de sua morte, tudo seria esclarecido, para a comoção geral de uma família inteira.

A espiritualidade e os bebês (espírito Irmã Maria)
Livro que acaricia o coração de todos os bebês, papais e mamães, sejam eles de primeira viagem ou não, e ilumina os caminhos de cada um rumo à evolução espiritual para o progresso de todos.

Leia estes envolventes romances do espírito Margarida da Cunha
Psicografia de Sulamita Santos

Doce Entardecer

Paulo e Renato eram como irmãos. O primeiro, pobre, um matuto trabalhador em seu pequeno sítio. O segundo, filho do coronel Donato, rico, era um doutor formado na capital que, mais tarde, assumiria os negócios do pai na fazenda. Amigos sinceros e verdadeiros, desde jovens trocavam muitas confidências. Foi Renato o responsável por levar Paulo a seu primeiro baile, na casa do doutor Silveira. Lá, o matuto iria conhecer Elvira, bela jovem que pertencia à alta sociedade da época. A moça corresponderia aos sentimentos de Paulo, dando início a um romance quase impossível, não fosse a ajuda do arguto amigo, Renato.

À Procura de um Culpado

Uma mansão, uma festa à beira da piscina, convidados, glamour e, de madrugada, um tiro. O empresário João Albuquerque de Lima estava morto. Quem o teria matado? Os espíritos vão ajudar a desvendar o mistério.

Desejo de Vingança

Numa pacata cidade perto de Sorocaba, no interior de São Paulo, o jovem Manoel apaixonou-se por Isabel, uma das meninas mais bonitas do município. Completamente cego de amor, Manoel, depois de muito insistir, consegue seu objetivo: casar-se com Isabel mesmo sabendo que ela não o amava. O que Manoel não sabia é que Isabel era uma mulher ardilosa, interesseira e orgulhosa. Ela já havia tentado destruir o segundo casamento do próprio pai com Naná, uma bondosa mulher, e, mais tarde, iria se envolver em um terrível caso de traição conjugal com desdobramentos inimagináveis para Manoel e os dois filhos, João Felipe e Janaína.

Laços que não se Rompem

Em idos de 1800, Jacob herda a fazenda de seu pai. Já casado com Eleonora, sonha em ter um herdeiro que possa dar continuidade a seus negócios e aos seus ideais. Margarida nasce e, já adolescente, conhece Rosalina, filha de escravos, e ambas passam a nutrir grande amizade, sem saber que são almas irmanadas pelo espírito. O amor fraternal que sentem, e que nem a morte é capaz de separar, é visível por todos. Um dia, a moça se apaixona por José, um escravo. E aí, começam suas maiores aflições.

Impressão e acabamento:

tel.: 25226368